KB200138

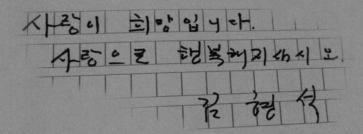

사랑이 희망입니다.
사랑으로 행복해지세요.

김 현 석

그리스도인으로 백년을

그리스도인으로 백년을

지은이 | 김형석
초판 발행 | 2023. 1. 26.
등록번호 | 제 1988-000080호
등록된 곳 | 서울특별시 용산구 서빙고로65길 38 두란노빌딩
발행처 | 사단법인 두란노서원
영업부 | 2078-3352 FAX | 080-749-3705
출판부 | 2078-3331

책 값은 뒤표지에 있습니다.
ISBN 978-89-531-4388-3 03230

독자의 의견을 기다립니다.
tpress@duranno.com http://www.duranno.com

두란노서원은 바울 사도가 3차 전도여행 때 에베소에서 성령 받은 제자들을 따로 세워 하나님의 말씀으로 양육하
던 장소입니다. 사도행전 19장 8-20절의 정신에 따라 첫째 목회자를 돕는 사역과 평신도를 훈련시키는 사역, 둘째
세계선교(TIM)와 문서선교(단행본잡지) 사역, 셋째 예수문화 및 경배와 찬양 사역, 그리고 가정·상담 사역 등을
감당하고 있습니다. 1980년 12월 22일에 창립된 두란노서원은 주님 오실 때까지 이 사역들을 계속할 것입니다.

그리스도인으로 백년을

100 years as a Christian

김형석 지음

✳ 김형석 교수의
믿음, 삶,
가르침

Bible

두란노

차 례

제2부 *
일의 소중함과
가치를
깨닫는 삶

제3부 *

예수의
가르침을
내 것으로 하다

제4부 *
나라와
교회를
걱정하는 마음

그리스도인으로 살아온
생각들을 정리하며

    지금 돌이켜보면 내 인생은 신앙으로 출발해 신앙인으로 끝나는 백년이었다. 신학을 공부하고 신학자나 목회자가 되고 싶었다. 그 뜻이 받아들여지지 않아 철학을 연구하는 교육자의 길을 택했다. 평생을 교회와 더불어 살았으나 교회 밖에서 더 많은 일을 했다. 세상 사람들은 나를 교육자, 철학 교수, 문필가라고 부른다. 수필 문학인으로 인정해 준다. 그래도 나는 신앙인이다. 신앙이 있었기에 오늘의 내가 있기 때문이다.

    그동안 나는 참으로 많은 것을 배우고 깨달았다. 기독교의 교리보다는 인간다운 삶의 진리가 더 소중하고 그 진리가 복음이라는 사실을 체험했다. 나에게 주어진 주님의 포도밭인 일터에서 최선을 다하면 교회와 더불어 하나님 나라가 이루어진다는 사명의식을 가지고 살아왔다. 나의 일터는 하늘나라를 위한 교회 못지않은 신앙의 공동체임을 터득했다.

    인류 역사 초창기에는 인류가 운명론에 안주했다. 그 안에서 지성을 갖춘 철인(哲人)들은 자유인이 되려고 노력했다. 나도 그중 한 사람이기를 원했다. 그러나 신앙은 나에게 신의 섭리 속에 자유가 완성된다는 사실을 가르쳐 주었다.

    평생을 교육계에 살면서 깨달은 진리는 '사랑이 있는 교육이 세상을 바꾼다'는 교훈이었다. 일제강점기와 공산치하의 교육을 체험했기 때문이다.

인류의 소원이 자유·평등·박애라는 주장은 인간다운 호소이다. 그러나 기독교의 가르침은 여기서 끝나지 않는다. '사랑의 나무에 자유와 평등의 열매가 공존한다'는 믿음이 기독교의 가르침이다.

내 일생은 '아버지의 나라가 우리 사회에 이루어지게 하소서'라는 기도의 연속이자 주님과 함께하려는 노력의 연장이었다.

이런 생각과 삶을 계속하는 동안에 내 인생도 석양을 맞이하게 되었다. 해가 지면 사람은 모두 안식할 집을 찾아간다. 갈 곳이 없는 영혼은 고아가 된다. 어디를 헤맬 것인가. 그때 들려오는 음성이 있다.

"사랑하는 자여, 내 품안으로 돌아오라."

바로 사랑하는 아버지의 약속이다. 모든 신앙인이 그렇게 살았고 나도 그중의 한 사람이다.

모든 사람이 코로나19로 고생하는 와중에 나에게는 시간의 여유가 생겼다. 그리스도인으로 살아온 생각들을 떠오르는 대로 기록해 두었던 글들이 이 책의 내용이다. 사상적 체계가 있는 것도 아니고, 신학적 문제들을 해설한 내용도 아니다. 다만, 사는 동안에 배우고 체험한 것들을 정리한 내용이다.

그렇게 흩어져 있는 글들이 '아가페의집' 이종옥 이사장과 두란노 식구들의 정성스러운 노력으로 한 권의 책이 되었다. 나에게는 신앙적 집필의 마지막 열매로 남게 된 셈이다. 재삼 감사드린다. 주님의 뜻 안에서 공감과 신앙생활의 뜻을 함께할 수 있으면 감사하겠다.

2023년 정월에
김 형 석

100 years as a Christian————

제1부

나는 어떻게
신자가 되었는가

나 자신이 겪어온 일들을 회상할 때마다
이런 일들이 일어난 것은 운명인가 하고
자문해본다. 아니다. 그러면 무엇인가.
하나님의 섭리라고 믿는다.

운명도 자유도 아닌
은총의 섭리였음을

서원기도 이후 신앙심과 건강이 함께 자라다

나는 104년 전 평안북도 운산에서 태어났다. 부친이 미국인들이 운영하는 금광촌에서 일하고 있을 때였다. 태어날 때부터 건강이 좋지 않던 나는 미국인들과 그 가족들을 위해 병설된 병원을 자주 찾아다녔다. 파워라는 의사가 정성껏 보살펴주었다. 다섯 살이 되어 운산을 떠나 송산리로 올 때는 파워 의사가 "이 애는 아버지가 의사나 되어야 하겠는데…"라고 걱정했다. 그러면서 처방해준 약을 평양기홀병원에서 받아와 복용했다.

내가 기억하기로는 8, 9세까지 약을 먹었을 것이다. 내 병명은 나도 부모도 모른다. 기억에 떠오르는 것은 내가 동네 또래들과 놀다가 쓰러지면 아이들이 밭에서 일하던 어머니에게 알렸고, 모친이 달려와 의식을 잃은 나를 품에 안고 눈물을 떨구곤 했던 일이다. 어머니의 눈물로 범벅이 된 채로 의식을 회복해 보면 어머니는 "많이 아프냐?" 고 물었다. 나는 아무렇지도 않다고 어머니를 위로해 드렸다. 집으로 들어가 몇 시간 잠들고 나면 몹시 지쳐서 그날은 누워서 보내곤 했다.

그래도 열네 살이 되면서 10리나 떨어져 있는 초등학교를 졸업했다. 그해 정월 초하룻날 밤에 어머니가 꿈을 꾸었다. 내가 조용히 무릎을 꿇고 기도하는 자세로 앉았다가 그대로 하늘로 올라가는 꿈이었다. 할머니와 어머니는 금년에는 장손이 죽을 팔자라고 단념했던 모양이다. 나도 왠지 모르게 어른이 될 때까지 남들처럼 건강하게 살지는 못할 것이라는 예감을 갖고 있었다. 죽음을 무서워하기보다 운명으로 느꼈던 모양이다.

그해 나는 숭실중학교에 입학했다. 건강 상태도 조금씩 안정되는 것 같았다. 1학년 크리스마스 때, 나는 숭실대학 강당에서 윤인구 목사님의 설교를 들으면서 신앙의 문으로 들어섰다. 그때까지 갖고 있던 마음의 소원이 기도로 바뀌었다. "하나님께서 나에게 건강을 허락해 주시면, 그때부터는 내 일보다 하나님의 일을 하겠습니다"라는 기도였다. 그다음부터는 신앙심과 건강이 함께 자란 것 같다. 50이 될 때까지 건강은 유지되었고 그 이후부터는 다른 사람보다 더 많은 일을 했다. 더 건강해졌다는 증거이다.

60이 넘으면서부터는 누구보다도 일을 많이 했다. 오전에 미국에서 돌아온 날 쉬지도 않고 오후 강의에 임하기도 하고 일 년 동안에 한 일의 통계를 보면 나도 의아하게 생각했을 정도였다. 내 건강의 기준은 같은 나이에 누가 더 일을 많이 하는가에 있었다. '적당한

운동은 건강을 위해서, 건강은 일을 위해서'라는 생각으로 지금까지 생활하고 있다.

10여 년 전에 일산국립암센터 사람들을 위해 강연을 갔다. 그곳 박재갑 원장이 대장암 전문의였는데, 나에게 대장암 검사를 언제 받았느냐고 물었다. 아직 한 번도 받아보지 못했다고 했더니 놀라는 표정이었다. 언제든지 연락만 하고 오면 된다며 걱정하는 눈치였다. 그러겠다고 약속을 했다. 하지만 바쁘기도 하고 하루는 식사도 끊어야 한다기에 마음의 부담이 되었는지 약속을 지키지 못했다. 이제는 100살을 넘겼으니까 단념하기로 했다.

종합적인 건강검진도 받아보지 못했다. 잘 아는 제자 의사가 "교수님 어디 가서 그런 말씀은 하지 마세요. 의사들이 실업자가 되겠는데요"라고 해서 웃었다. 자랑이 아니다. 어떻게 살다보니까 그렇게 되었을 뿐이다. 내 가족에게는 가급적 병원의 도움을 받으라고 권면한다. 내가 그렇게 살았다고 해서 모두가 나처럼 어리석게 살아서는 안 되기 때문이다.

어머니는 내가 70이 넘을 때까지 너의 생명의 은인은 네가 아기였을 때 돌봐준 파워 의사라고 말하곤 했다. 나도 그렇게 믿고 있다. 대학 시절 학도병으로 일본군 징집 대상이 되었을 때, 검진하던 내과 의사가 어렸을 때부터 병약했다는 내 얘기를 듣고는 "너는 안 되겠다"면서 불합격 판정을 내렸다.

한번은 강연을 위해 미국 댈러스에 갔을 때였다. 거기서 내 어머니와 마찬가지로 나와 같은 해에 운산에서 태어난 아들을 파워 의사에게 데려와 치료를 받곤 했던 노부인과 그 아들을 만났다. 아들과 악수를 나누었는데 자기도 1920년생이라면서 웃었다. 그의 어머니로부터 파워 의사는 세상을 떠났고 부인은 고향인 오하이오주에 사는데 노령으로 병중에 있다는 소식을 들었다.

◇◇◇◇◇◇ 나를 선한 길로 이끌어준 마우리 선교사와의 인연

내가 중학교 1학년 때였다. 토요일에 시골집에 왔다가 일요일에 평양 할머니 집으로 가는 것이 습관처럼 되어 있었다. 일요일 늦은 오후 신작로를 걷고 있는데 그 당시에는 보기 힘든 고급 자가용이 옆에 멈추어 섰다. 차 안에 있던 미국 선교사가 나에게 "숭실학교 학생이냐?"고 물었다. 내가 쓴 교모를 보고 알아봤던 것이다. 옆에 태워주면서 학교 부근까지 데려다주겠다고 했다. 나는 태어나서 그런 자동차를 처음 타보았다. 그것이 인연이 되어 마우리(Eli M, Mowry, 牟義理) 선교사와 친분이 생겼다. 마우리 선교사는 숭실전문학교 총장이면서 평양 주변의 몇 교회를 도와주고 있었다.

내가 중학교를 끝내고 일본으로 유학을 떠날 때는 와세다대학교의 호아시 리이치로(帆足理一郎)라는 철학 교수를 소개해 주기도 했다. 마우리 선교사와 호아시 교수는 친구 사이였다. 나는 중학생 때 호아시 교수의 책을 읽은 적이 있기 때문에 뵙고 싶기도 했다. 소개편지를 들고 찾아갔다. 고급스러운 주택가의 이층집이었다. 마우리 선교사의 소개편지를 읽은 호아시 교수는 나를 비교적 점잖게 대해 주었다. 소개 내용이 좀 과찬이었던 것 같다.

처음 인사였으나 비교적 긴 시간 이야기를 나누었다. 호아시 교수는 한국 실정을 잘 알고 있었다. 나는 그의 책을 통해 그가 일본군 국주의 정책에 대해 비판적임을 알고 있던 터라 한국 교수를 대하듯 여러 가지 얘기를 나누었다. 신사참배 때문에 퇴교했고 후에는 식민지 일본 교육을 받은 내용을 서슴지 않고 얘기했다.

내가 떠나려고 일어나자 호아시 교수는 "여기는 일본이고, 철없는 일본 경찰이 아무것도 아닌 문제를 갖고 한국 학생들을 괴롭히는 일이 있으니 언행을 조심하라"고 당부하며 "유학생 단체에 가담하는 일도 삼가는 것이 좋겠다"고 조언해 주었다. 며칠 전에도 제자인 한국 학생을 위해 경시청에 다녀왔다는 얘기까지 해주었다. 마우리 목사를 통해 짐작했던 사태들이었다.

나는 대학생활을 하면서 도쿄에 있는 한인 교회는 나가지 않았다. 일본 기독교를 알고 싶었고 책을 통해 이름 있는 몇몇 기독교 지도자도 알고 있었기 때문이다. 나는 하숙을 옮길 때마다 교회를 바꾸곤 했다. 어떤 교회에서는 대학생들이 신약 한 권을 원어로 함께 공부할 정도로 진지했고 그 태도가 좋았다.

내가 나가는 일본 교회에는 한국 학생은 거의 보이지 않았다. 나를 대하는 일본 목사들의 태도는 친절했고 겉으로 말은 하지 않으나 일본 정부가 한국인들을 어떻게 대하고 있는지 알기에 기독교 정신에 비추어 사죄하고 싶은 마음을 갖는 듯했다. 그런 목사님을 만나면 원수들의 사회 속에서 고향친구를 만나는 것 같은 기분을 느끼기도

했다. 역시 크리스천은 국경과 정치의 강을 건너 한 구세주 아래 형제라는 생각이 들었다. 저 사람은 일본인이 아니고 크리스천이라는 공감대가 더 두터웠던 것 같다.

이렇게 여러 가지로 가까이 지내던 마우리 목사는 태평양전쟁 말기에 미국으로 돌아갔다. 긴 세월 미국에 있으면서 내 소식을 찾다가 연세대학교에 갔음을 알고 나에게 편지를 보냈고, 그렇게 다시 편지로 믿음의 정을 나누었다. 마우리 목사와의 관계는 다른 지면을 통해 알려져 있기 때문에 여기에 다시 남길 필요는 없을 것 같다. 강원도 양구에 있는 양구인문학박물관에 가면 그분의 모습을 볼 수 있다.

나 자신이 겪어온 일들을 회상할 때마다 이런 일들이 일어난 것은 운명인가 하고 자문해본다. 아니다. 그러면 우연한 사건들인가. 그것도 아니다. 그러기에는 그 사건들의 의미가 너무 중요하다. 내가 택한 자유의 결과였는가. 그것도 아니다. 그러면 무엇인가. 하나님의 섭리라고 믿는다. 섭리는 은총의 체험에서 온다. 자연에는 법칙이 있고 우리 정신계에는 질서가 있듯이 신앙적 체험에는 은총의 질서가 있다. 그래서 기독교는 기적이 아닌 은총의 체험을 섭리로 받아들이는 것이다.

내 신앙을 키워준
하나님의 거룩한 일꾼들

◇◇◇◇◇◇ **배움과 온정을 나눠준 잊을 수 없는 신앙의 선배들**

나는 어려서부터 기독교 분위기에서 자랐고, 중학교 1학년 때 신앙을 갖기 시작했다. 신앙이 성장하면서 목사나 신학자가 되지 못한 것을 아버지께 죄송스럽게 생각했다. 부친의 꿈이었기 때문이다.

그 길을 택하지 못한 나는 인문학도가 되고 철학 교수가 되었다. 성직자는 되지 못했지만 크리스천다운 교육자이자 학자가 되고 싶었다. 30대 중반 이후부터는 기독교계의 여러 지도자를 직접 모시면서 많은 배움을 얻었다. 그 과정에서 나도 모르게 신앙다운 신앙에 가까워지고 있음을 발견했다. 존경하는 선배이면서 친구인 많은 분이 나에게 베푼 고마움을 잊을 수가 없다.

영락교회의 한경직 목사님은 모두가 존경하는 목회자다운 목회자로 주님의 선택받은 일꾼이었다. 또 목회자로서의 지도력과 지혜를 갖춘 분이었다. 나는 월드비전의 이사가 되면서 오랫동안 그분을 모셨고 많은 교훈과 깨달음을 얻었다. 1년 동안은 영락교회 청년과 대학생들을 위해 시간을 할애하는 기회도 얻었다.

경동교회의 김재준 목사님은 한국신학대학교(지금의 한신대학교) 학장으로 계실 때 내가 한 해 동안 시간강사로 출강하면서 인연을 맺은 분이다. 그분의 지성을 갖춘 학구적인 열정에 존경스러운 마음을 가졌었다. 아마 한국 교회 지도자로서는 가장 지성적이며 사회참여에 선구적 역할을 담당하신 분이지 않았나 싶다. 그분의 인격은 아호인 장공(長空)의 뜻에 잘 나타나 있다. 꾸밈 없고 이중적이지 않은 조용하고 소탈한 성품을 지니신 분이었다. 우리 기독교계에 가장 많은 신학자를 배출시킨 고마운 분이기도 하다.

한번은 나에게 송창근·한경직 목사와 같은 시기에 교회를 개척해서 처음에 두 분은 다 성공했으나 자신은 실패했다고 생각했었다며 나중에 자신의 뒤를 이은 강원룡 목사 때에야 정상적인 교회로 성장했다는 회고담을 들려주셨다. 그 대신 많은 신학계 후배들을 키워주셨다.

내가 연세대학교에 있을 때 대학신문 편집을 맡은 적이 있었다. 학생기자들과 함께 우리 신문에 게재할 글을 쓸 만한 대학 총장들을 찾기 위해 회의를 가졌다. 뜻밖에도 총장들 가운데서는 좋은 글을 쓸 사람이 보이지 않았다. 숙명여대의 윤태림 총장과 한국신학대학교의 김재준 학장이 있을 뿐이라는 결론이었다. 내가 보기에는 윤태림 총장보다 김재준 학장이 더 좋은 문장과 내용을 남겨줄 것이라고 생각했다. 그 당시에도 한 신문사로부터 우리 사회에서 가장 좋은 문장을 갖춘 사람으로 추대받았을 정도였다.

김 목사님이 작고하고 1년 후였다. 1주기를 기념하는 예배와 강연회가 경동교회에서 개최되었다. 내가 그 기념예배 강연의 연사로 초빙되었다. 참석했던 많은 목사와 신학자들에게는 내가 의외의 연사였을 것이다. 수많은 후보자 중에서 열외의 사람이 등장했기 때문이다. 생각해보면 나에게 주어진 뜻밖의 영광이었다.

홍현설 목사님은 감리교신학대학교의 대부로 불릴 만한 지력을 갖춘 신학 교육자였다. 감리교신학대학교는 긴 역사를 가진 감리교의 대표적 신학교육기관이다. 그분은 그곳에서 제자들은 물론 후배 교수에게 크게 존경받는 목회자이자 신학자의 인품을 갖춘 지도자였다. 나도 몇 차례 초청을 받아 학생들의 강연을 맡았던 경험이 있다. 홍 목사님과는 월드비전을 함께 도우며 서로 존경과 친분을 나눈 사이였다.

여생을 강원도를 중심으로 한 농촌운동에 바친 이호빈 목사도 잊을 수 없는 분이다. 내가 30대 때 예산제일감리교회에서 3년여 동안 부흥회를 함께 맡아주었던 선배 목사였다. 월드비전에는 나와 이호빈 목사 우리 둘이 강사로서 가장 많은 도움을 주었을 것 같다. 그분의 삶 자체가 예수의 뜻을 따르려고 노력하는 것이었다. 널리 알려지지는 않았으나 그분은 한국적 기독교에 깊은 관심을 갖고 있었다. 서울에서 야간 중앙신학원을 개척해 기독교 신앙과 사회봉사에 헌신했다. 그 이름 없던 신학원이 사회복지학을 겸비하면서 대학이 되었고 지금은 사립종합대학인 강남대학교으로 발전했다.

그는 인간미가 풍부한 분이었다. 어느 추운 겨울에 속초 지역에서 농촌 교회 지도자 수양회가 있었다. 그 책임자였던 이 목사가 나를 이끌고 하루에 두 번씩 속초시의 조용한 다방으로 안내하곤 했다. 그 당시는 박정희 대통령이 커피 판매를 금지하고 공개적으로 커피를 마시는 것도 제한하던 시절이었다. 이 목사는 다방 한쪽 구석에 자리를 잡고 다방 아가씨에게 우리는 몸이 아프기 때문에 한약을 먹어야 하니 뜨거운 물을 좀 달라고 부탁한 후에 주머니에서 커피가루가 든 병을 꺼내 커피를 타서 나에게 주곤 했다. 내가 커피를 좋아하는 줄 알았기 때문이다.

지금은 그렇게 따뜻한 정을 나누던 목회자들이 다 세상을 떠났다.

◇◇◇◇◇◇ **서로 위치는 달랐지만 신앙의 공동목표를 위해 함께 성장하다**

나는 평신도 교수로서 개신교 소속이었으나 일본에서 천주교 계통의 조치(上智)대학교를 다녔기 때문에 몇몇 신부님과도 동창 사이였다. 서강대학교의 김태관 신부는 내가 나온 철학과 선배였다. 2년 후배인 김수환 추기경과는 깊은 신앙의 유대를 갖고 지냈다. 그분은 추기경으로 가장 상위의 성직을 맡았고 나는 직책 없는 평신도의 한 사람이었지만 신앙의 사명만은 동일하게 느꼈다. 나는 그분을 추기경으로, 그분은 나를 대학의 선배로 모셨다. 김 추기경이 인제대학교에서 주는 제2회 인제인성대상을 받는 자리에 내가 참석한 적이 있다. 식이 끝나면서 김 추기경이 나에게 "선배님의 뒤를 이어 제가 상을 받게 되어 영광입니다"라고 인사를 나누었다.

　얼마 전 우리 곁을 떠난 정진석 추기경은 중앙학교 때 내 제자였다. 그래도 나는 그분을 추기경으로, 그분은 나를 은사로 존경하며 서로 뜻을 나누었다. 6년쯤 전이었을 것 같다. 천주교 서울 대교구에서 대규모 시민 강연회를 개최했다. 정치·경제 등 사회 관심사를 주제로 한 강연회였다. 대중 강연을 많이 해온 경력 때문인지 천주교인이 아닌 내가 종교 분야 담당 강사로 선임되었다.

　강연회에 나갔더니 한 분이 다가와 정중히 인사를 하고는 "오늘 정진석 추기경께서 내 강연을 듣기 위해 꼭 오시기로 준비하고 계셨는데 갑자기 몸이 불편해 나오시지 못하게 되어 죄송하다고 인사를 전해달라고 하셨습니다"라는 아쉬움을 전해 주었다. 그런 일들이 있었기 때문은 아니지만 내 책을 읽은 신부님들은 지금도 기회가 생기면 천주교 성당에서 신앙 강연회를 갖곤 한다.

　나는 이처럼 신앙적으로 맺는 친분을 60여 년 동안 쌓아왔다. 그분들은 내 신앙을 키워주었고 나는 그분들에게 작은 관심의 대상이 되었다. 그런데 이상할 정도로 그분들과 나 사이에 신앙의 근본적인 차이점을 발견하거나 교회와 사회에 대한 교리적 거리감을 느껴본 적이 한 번도 없었다. 성직자와 평신도로서 서로의 위치는 달랐으나 다 같은 하나님의 겸손한 일꾼으로 서로 존경하며, 기독교의 목적이 교회를 넘어 하나님 나라 건설에 있음을 깨닫고 그것을 공동목표로 삼아왔기 때문이다. 또한 교회는 그 사명을 위한 기독교 공동체의 모체가 됨을 공감하고 진리의 말씀을 바탕으로 함께 성장했기 때문이다.

네가 나를 택한 것이 아니라
내가 너를 택했다

신앙은 새로 태어남이다

많은 사람의 존경을 받는 니고데모라는 정신적 지도자가 조용한 밤에 예수를 찾아왔다. 대중의 눈길을 피해 은밀히 예수와 대화를 나누고 싶었던 것이다.

예수를 하나님께서 보내신 사람으로 믿고 있었던 니고데모는 예수에게 "내가 어떻게 하면 하나님의 나라를 볼 수 있겠습니까?"라고 물었다. 예수는 "새로 태어나지 못하면 하나님 나라를 볼 수 없다"고 대답했다. 니고데모는 어른이 된 사람이 어떻게 다시 태어날 수 있느냐며 그 뜻을 물었다. 예수는 "물과 성령으로 거듭나지 않으면 하나님 나라를 볼 수 없다"고 설명했다. 그리고 "모세가 구리로 만든 뱀을 들어 이스라엘 민족이 죄를 용서받았던 것같이 인자도 인간들의 죄를 대신해 십자가에 들려질 것이며 이는 그를 믿는 자마다 영생, 즉 구원과 생명을 얻게 하기 위함"이라는 예언을 남겨 주었다. 우리가 신앙인이 된다는 것은 그리스도의 죽음을 통해 거듭나는 변화임을 강조했다(요 3:1-15 참조).

다시 태어난다는 것은 하나님의 부르심을 받아 새 사람이 된다는 뜻이다. 베드로는 그중 대표적인 사람이다. 그와 같이 부르심을 받고 여러 차례 거듭해서 새로 태어남을 체험하는 사람도 있고, 바울 사도처럼 크게 한 번의 부르심으로 곧 사명감을 갖고 생애를 보낸 사람도 있다. 우리는 대부분 그 중간쯤 위치를 차지하는 것 같다. 조금씩 깨달아가면서 새로워지는 과정을 밟는 것이 보통 사람들의 공통점이 아닌가 싶다.

나 자신의 과거를 회상해보곤 한다. 중학교 1학년이 끝나는 크리스마스 때였다. 두 목사님의 설교를 통해 나와 함께해 주시는 예수님과 하나님이 어떤 분이신가를 깨닫고 믿음으로 받아들였다. 이상하게 그때부터 나는 내 인생을 혼자 살아가는 것이 아니라 나와 또 한 분 예수님이 함께하신다는 생각을 가졌다. 90년이 가까운 지금까지 그런 삶이 계속되었다. 예수가 내 믿음의 주인이 된 것이다. 중학교 3년을 끝내고, 신사참배를 피하기 위해 학교를 중퇴했을 때도 그랬다. 일제강점기에는 더 깊이 주님을 의지했던 것 같다.

중학교 4학년, 18세 때의 일이다. 여름방학 때 평양 북쪽 순안 지역의 덕지리라는 곳에 있는 교회에 하계 아동성경학교 선생으로 간 적이 있었다. 나보다 연상이고 사회 경험도 많은 Y군이 주빈 강사가 되고 나는 그의 보좌역을 맡아 가기로 했는데 Y군이 갑자기 복통으로 못 가는 바람에 내가 주빈을 맡게 되었다.

10일 동안 새벽기도회, 아동들을 위한 성경공부, 저녁에는 지역 주민들을 위한 부흥회 설교를 맡아 고생했다. 다행히 기적 같은 결과가 나타났다. 많은 교인과 주민에게 큰 호응을 얻어 부흥회를 성공리에 마칠 수 있었다.

피곤에 지쳐 돌아오는 기차에서 차창가에 기대어 잠들었는데 기차가 철교를 통과하는 소리에 눈을 떴다. 차창 밖으로 해가 서산에 걸려 있었지만, 아무리 밤이 늦더라도 평양에서 20리나 되는 집으로 걸어가겠다는 생각으로 가득 차 있었다. 그 순간이었다. 어디선가 말 없는 소리가 들려왔다.

"네가 열네 살 때, 나와 약속하지 않았느냐. 네 건강을 회복시켜주면 하나님의 일을 하겠다고. 그런데 주님께서 맡겨준 일을 끝내고 돌아오는 너는 집 생각에만 사로잡혀 앞으로 있을 나와의 약속은 어떻게 할지 안중에도 없느냐?"

나는 놀라서 기차 창가에 엎드려 기도를 드렸다.

"제가 잘못했습니다. 앞으로는 주님의 뜻에 기꺼이 따르겠습니다."

나 자신이 한없이 부끄러웠다.

다음해 여름에는 평양 동쪽에 있는 숭실전문학교 농장 일대 교회 부흥회에 주빈 강사로 초청을 받았다. 나는 20대 이전에 일어난 이런 일들을 통해서 새로 태어나는 체험을 했다. 그런 일들은 오늘까지 계속되고 있다.

나의 20대는 사망의 음침한 골짜기를 벗어나 희망과 새로운 삶을 향해 출발하는 시기였다. 대학생 때, 학도병으로 일본 제국주의를 위해 군대로 끌려갈 신세가 되었다. 피할 수 없는 운명이었다. 그러나 주께서 함께하시어 피할 수 있게 해주셨다. 그리고 한국으로 돌아와 해방을 맞이했다. 그런 과정을 밟으면서 두 가지 확신을 가졌다. '네가 나를 택한 것이 아니다. 내가 너를 택했고 많은 열매를 맺게 하겠다'는 하나님의 새로운 약속이었다. 해방과 더불어 새로운 사명감을 갖고 새로운 삶을 시작하게 된 것이다. 내 친구들 모두가 비슷한 체험을 했다. 그러나 30대가 되면서 민족사의 최대 비극인 6·25전쟁에 직면하게 되었다. 나와 내 가족을 위한 시련과 고난보다 민족과 국가의 종말을 앞둔 절망감에 빠져 있었다.

부산 피난지에서 한국 교회를 대표하는 장로교가 기독교장로회와 예수교장로회로 분열되는 전국 총회를 방청하는 기회가 생겼다. 그때 나는 내 신앙의 모체였던 교회에 대한 실망과 환멸을 느꼈다. 한국 교회에는 민족을 주님의 뜻으로 구원할 가능성과 희망이 없는 것 같다는 회의와 절망감을 느꼈다. 방청을 포기하고 부산 대청동 미국공보원 앞을 지나는데, 조용한 음성이 들려왔다. "죽은 자들로 하여금 죽은 자들을 장례 지내게 하고, 너는 하나님 나라의 복음을 전하라"는 주님의 말씀이었다. 어디서 들려오는 소리인가 하고 하늘을 올려다보았다. 하늘은 한없이 맑고 조용했다.

그런 경험은 나의 신앙에 변화를 가져왔다. 어릴 때부터의 꿈이었던 신학을 공부하고 목회자가 되겠다는 뜻을 단념했다. 평신도의 한 사람으로 철학을 계속하면서 교육자로 교회와 교회 밖의 하늘나라를 위해 봉사하겠다는 새 꿈을 향한 출발이었다. 새로운 신앙의 길과 삶을 선택할 수밖에 없었다. 주님의 뜻이었다. 지금도 그 길을 계속 가고 있다. 그때의 변화가 새로운 신앙의 태어남이 되었다.

휴전이 되고 나는 서울로 돌아왔다. 피난 기간에 부산 광안동에서 내가 시작해 키워온 광안장로교회를 떠나야 했다. 그때 나는 주님과 약속했다. 환도와 더불어 나는 주님의 짐을 나르는 지게꾼이 되겠다는 기도였다. 여러 가지 고민 끝에 나는 중고등학교 교육자의 자리를 떠나 학자와 학문을 위한 교수직을 택했다. 내가 택한 것이 아니라 주님의 이끄심이었다. 그리고 30여 년을 주님의 포도밭인 연세대학교의 일꾼이 되었다.

나에게는 기독교 대학은 기독교 교회와 다른 사명이 있어야 하늘나라가 성취된다는 생각과 기독교 대학은 대학으로서의 또 다른 사명이 있다는 신념이 있었다. 같은 기독교 공동체이지만 주어진 사명과 사회적 목적이 같아서는 안 된다는 뜻이었다. 대학이 교회적 신앙의 연장이 되는 것에 만족할 수는 없었다. 이러한 내 생각과 기도는 버림받지 않았다. 나는 연세대학교에 있는 동안 교수로서의 책임 외에 많은 신앙적 결실을 재정리할 기회를 갖게 되었다.

비로소 나의 인생관과 가치관이 주님의 뜻과 일치되었다는 사실을 느꼈다. 주님의 말씀이 진리가 된다는 것은 나의 세계관은 물론 인생의 목표와 방법이 주님의 말씀과 하나가 되는 것이었다. 나 자신도 주님의 이끄심을 받아 정신적으로 다시 태어났다는 사실을 깨닫게 되었다. 그것이 역사관과 윤리관은 물론 나의 철학이 되고 하나님 나라 건설을 위한 하나님의 뜻과 일치되었기 때문에 더 변할 수도 없고 바뀌어도 안 되는 신념이 되었다. 남은 것은 어떻게 실천하고 사회적 열매를 거둘 것인가였다. 내가 남긴 기독교 관련 저서들뿐 아니라 철학적 저서들 안에도 일관된 주님의 뜻이 실려 있음을 자타가 공인하게 되었다.

열네 살의 씨앗이 청장년으로 성장하는 30여 년 동안 다시 태어남의 한 단계가 이루어졌다는 감사한 마음으로 봉사를 했다. 연세대학교와 숭실대학교에서 성직자가 전담하던 대학부흥회의 강사가 되었고, 전국 기독교 중고등학교의 신앙운동을 도왔다. 대구 계성중고등학교는 내가 많은 신앙적 씨를 뿌린 학교 중의 하나이다. 또한 미국과 캐나다의 대표적인 한인 교회의 신앙부흥을 도울 수 있었다. 새문안교회에서는 나에게 최초이자 유일한 평신도 신앙부흥 강사의 책임을 맡겨 주었다. 대부분의 신학대학교에서 초청 강사가 되기도 했다. 신학을 공부한 목사 못지않게 교회 신앙운동에 동참할 수 있었다. 그렇게 해서 신앙으로 다시 태어난다는 것은 새로운 사명을 갖고 주의 종이 되는 것이라는 체험을 했다.

이런 일들은 나로 하여금 다시 한번 정신과 신앙적으로 새 출발을 할 수 있는 기회가 되었다. 그다음부터는 주님께서 안겨 주신 신앙의 기도를 드린다. 이제는 하나님 나라가 이 땅 위에 성취되기 위해 맡겨진 짐을 나르는 지게꾼으로 아름답게 마무리하기를 바라는 마음이다.

세계적 신학자들로부터
신앙적 암시를 받다

<hr>

◇◇◇◇◇◇◇ **중학생 시절 책과 강연으로 만난 크리스천 작가들**

내가 중학생 때는 기독교 관련 책이 거의 없었다. 할 수 없이 일본에서 전해지는 책을 읽어야 했다. 어떤 경로였는지 모르겠으나 일본 사회운동의 선구자이자 목사인 가가와 도요히코(賀川豊彦)에 관한 글을 읽었다. 중학교 2학년 때로 기억되는데 그가 평양을 방문해 우리 숭실학교에서 강연했을 때는 체육관을 겸한 넓은 강당이 가득 찰 정도로 군중이 모였다. 모두가 크리스천 시민들이었다. 나도 그 강연회에 참석했고 강연 내용의 일부를 지금도 기억하고 있다. 일본에서 대학생활을 할 때도 그의 강연을 두세 차례 들었다.

해방이 되고 긴 세월이 지난 뒤 어느 날 뉴스를 보니 가가와에 대한 기사가 나왔다. 전쟁에 항복한 일왕이 새로운 일본을 위해 정치와 경제 등 각 분야에 걸친 공부를 시작했는데, 그때 일본 최초의 민

간인으로 노동운동을 개척했던 가가와를 스승으로 선택했다는 내용
이었다. 하명을 받은 가가와가 전후의 일본 모습을 그대로 보여주는
남루한 옷을 입고 군중 속으로 들어가는 사진이 소개되었다.

왕의 스승이 된 가가와는 사실 천민 중의 천민으로 태어났다. 정
치를 한답시고 지방을 다니던 부친과 기생 사이에서 태어났다. 여자
아이 같았으면 버려졌을 테지만 남자아이였기에 부친의 호적에 넣어
길러졌다. 그 소년이 크리스천이 되면서 주님께서 뜻이 있어 자신을
택했다는 사명의식을 자각하게 되었다.

그는 평양에서 그런 자신의 과거를 고백하면서 모든 여성이 자
기 어머니처럼 버림받아서는 안 되며, 자기와 같이 미천한 출신이라
도 주님의 부르심을 받았을 때 하나님의 뜻을 따라야 한다는 감명 깊
은 강연을 했다.

3부작으로 된 그의 장편소설 『사선을 넘어서』는 그 당시 일본 독
서계의 베스트셀러가 되기도 했다. 한국의 많은 크리스천 젊은이가
그의 영향을 받았다. 나도 그중의 한 사람이다.

그 뒤를 이어 나에게 신앙적 영향을 준 사람은 우치무라 간조(內
村鑑三)였다. 그는 크리스천이 되지 않았다면 철저한 국수주의자가 되
었을 것이다. 그의 묘비에는 "나는 일본을 위하여, 일본은 세계를 위
하여, 세계는 그리스도를 위하여, 모든 것은 하나님을 위하여"라는
글이 새겨져 있다고 한다. 크리스천이 아니었다면 "나는 일본을 위하
여"로 끝났을 사람이다. 신앙인이 되었기 때문에 그리스도를 위하는
인물로 새로 태어났던 것이다.

우치무라는 홋카이도의 삿포로농학교에서 농업을 공부하면서 미국 선교사의 영향을 받아 크리스천이 되었다. 그의 신앙생활은 시작할 때부터 교회가 아닌 사적 모임에서였다. 후에 미국으로 떠나 기독교에 대해 폭넓게 접할 수 있었다. 일본에 돌아와서 교회생활에 동화하지 못하고 자신을 따르는 후배 젊은이들과 같이 성경연구 활동을 이끌어온 것이 계기가 되어 무교회주의 신앙운동을 시작했다. 미국에도 목회자로서의 성직자가 없는 신앙 공동체들이 있었으나 우치무라의 집회는 공동체 의식이 배제된 성서 신앙이 개인 중심의 신앙운동으로 성장했다. 집회는 있었으나 제도와 조직은 없었다. 교회주의에 반대되는 개념으로 무교회주의 운동으로 평가받을 만하다.

일찍 일본으로 유학 가 그 모임에 참여했던 양정고보의 김교신이 그 후계자가 되어 '성서조선' 중심의 성서주의 신앙운동을 계승했고, 함석헌 선생이 서북 지역에서 같은 모임을 이끌었다. 내가 고향 송산리를 떠나 일본 유학생활을 할 때 함 선생이 고향의 농민학교에서 성경연구반을 운영하기도 했다. 해방 후에는 함 선생 중심의 성경연구반이 계속 이어졌고, 후에는 노평구 선생도 YMCA에서 모임을 가졌다.

나는 그분들과는 상관없이 중앙학교에 있을 때 고등학생들을 위한 성경공부반을 이끌어왔고 후에는 대학생들과 사회인을 위해 오랫동안 성경반을 운영했다. 그래서 무교회주의자라는 오해를 받기도 했다. 내 모임에 참석한 사람들은 크리스천이 되어 교회에 나가거나 교인으로 있으면서 교회에서 얻지 못했던 성경지식을 보충해 성실히 교회를 섬겼다.

나는 지금도 무교회주의 기독교운동이나 신앙은 인정하지 못한다. 다만, 교회주의를 극복하기 위한 성서주의라고 불리는 또 하나의 신앙 공동체로 받아들이며 그런 운동은 더 많아져도 좋겠다는 생각이다.

우치무라는 철저한 애국자였다. 메이지유신 때 일본 사회에 미친 영향은 대단했다. 그는 자신의 조국 일본이 기독교 국가로 거듭나도록 하는 데 생애를 바쳤다. 그의 기독교 정신은 열린 사회를 위한 애국심을 통해 하나님 나라가 성취된다는 신앙을 남겨준 셈이다.

도쿄대학의 야나이하라 다다오(矢內原忠雄) 교수도 우치무라의 후계자였다. 태평양전쟁 기간에 국립대학의 교수로 반전평화운동을 계속했고 말년에는 대학에서 추방당해 일본 군벌에 의한 순교자가 되기를 각오하면서 성경공부를 계속했다. 8·15 종전 얼마 전에는 사랑하는 제자들에게 누군가가 그리스도의 정신으로 역사의 증인이 되어야 한다면 자신이 그 책임을 감당하기 바란다는 뜻을 남겼다. 그의 바람대로 전쟁이 끝난 후 국제재판에 회부된 전범자들과 일본 군벌의 범죄를 증언하는 유일한 일본인으로 선정되었다. 나도 그의 『묵시록 해설』을 읽으면서 인문학적 관점에서 많은 암시를 얻었다.

나의 중학생 시절 영향을 준 또 한 사람은 일본의 구세군 사령관이었던 야마무로 군페이(山室軍平)였다. 평범한 서민들을 위한 그의 생활신앙은 일본인들에게 적지 않은 영감을 남겨 주었다. 두 가지 일화를 살펴보면 그가 어떤 사람인지 짐작할 수 있을 것 같다.

우수한 성적으로 초등학교를 졸업한 야마무로가 최상급의 학생들이 지원하는 중학교에 입학원서를 제출하고 시험을 보았다. 마지막으로 면접을 보는 자리에서 교장 선생이 야마무로에게 입학원서의 글씨가 아주 단정하고 예쁜데 네가 쓴 것이냐고 물었다. 소년은 입학원서는 본인이 써야 하는데 나는 그것을 모르고 어머니가 대신 써주었으니 큰일났다고 생각했다. 입학이 취소될지도 모르겠다는 착각과 걱정이 앞섰다. 그래서 자기도 모르게 "네" 하고 대답했다. 거짓말을 한 결과가 되었다. 집에 돌아온 야마무로가 어머니에게 그런 사연을 얘기하면서 거짓말을 했다고 용서를 빌었다. 그 얘기를 들은 어머니는 다음날 아침 학교로 가 용서를 구하자고 타일렀다.

다음날 어머니는 야마무로를 이끌고 교장을 만나 아들의 잘못에 대한 용서를 구하며 성적과는 상관없이 입학을 취소해 달라고 부탁했다. 그 얘기를 들은 교장은 야마무로 머리에 손을 얹고, "너의 정직이 성적보다 중하니 입학할 자격이 충분하다"고 칭찬해 주었다.

그 소년이 자라 1895년 일본 구세군 창립 이후 동양인 최초로 일본 구세군 사령관이 되었다. 내가 일본에서 유학생활을 시작하고 얼마 안 되었을 때였다. 야마무로 1주기 추모예배에 참석하는 기회가 생겼다. 도쿄 도심지에 있는 대강당에 수백 명이 참석했다. 그때는 태평양전쟁 분위기가 조성되던 시기였다. 일본·이탈리아·독일이 동맹관계를 맺으면서 영국을 적대시하고 원수 국가로 치부하는 일본내 여론이 비등(沸騰)해지고 있었다. 그래서 야마무로 1주기 추모 행사는 일본 군국주의자들로부터 배척당하는 분위기였다.

엄숙한 분위기에서 진행된 추모예배가 끝날 즈음이었다. 사회자가 기념사의 마지막 순서로 도쿠도미 소호(德富蘇峰)가 야마무로와의 우정을 위한 기념사를 해주겠다고 소개했다. 관중은 모두 놀랐다. 도쿠도미는 일본을 대표하는 최고의 국수주의자로 알려진 인물로 일본서 최고 부수를 점유하고 있는 M신문사의 대표 사주였기 때문이다. 도쿠도미는 휠체어를 타고 안내를 받으면서 연단에 나타났다. 내가 들은 그의 기념사 내용은 간결했다.

"나는 병석에 머물러 있었습니다. 의사는 외출을 허락하지 않았습니다. 할 수 없이 휠체어를 타고 앉아서 말씀드립니다. 야마무로는 철없는 학창시절부터 내 평생에 둘도 없는 친구였습니다. 다른 점이 있다면 그는 일찍 크리스천이 되고 나는 아직까지 크리스천이 아니라는 점입니다.

내 친구 야마무로는 서재 책상머리에 기독교 신앙을 갖게 되기를 바라는 지인들의 명단을 적어놓고 매일 그분들을 위해 기도드리곤 했습니다. 내가 바로 그 두 번째였습니다. 첫 번째는 물론 세 번째부터도 대부분이 크리스천이 되었습니다. 내 친동생(로카-유명 소설가)도 그 명단에 들어 있었는데 지금은 크리스천이 되었습니다. 아마 야마무로는 나를 위해 수십년 기도해 주었을 것입니다.

요사이 항간에서는 구세군이 영국과 관련이 있다고 해서 야마무로와 구세군에 대한 의도적인 박해가 있는 것 같습니다. 내가 오늘 여기 나온 것은 내 친구 야마무로는 누구보다도 존경스러운 애국자라는 것을 알리기 위해서입니다. 그 애국심의 수준과 이상이 너무 높기 때문에 우리는 따라갈 수 없을 뿐입니다. 나는 야마무로의 애국심이 나보다 높고 영원하다는 사실을 의심하지 않습니다."

이런 사람들의 신앙적 영향을 받았기 때문에 나도 도산 안창호 선생과 고당 조만식 장로를 누구보다도 존경스러운 신앙인으로 따르게 되었던 것 같다.

◇◇◇◇◇◇ 더 높은 차원의 신앙으로 비상하는 기회

나는 철학 교수로 있었으나 세계적으로 유명한 신학자들에 대해 깊은 관심을 갖고 지냈다. 20세기에는 철학자들에 대한 사회적 기대보다는 신학자들에 대한 관심과 영향이 더 컸던 것도 사실이다.

내가 40을 넘기는 해였다. 연세대학교는 나에게 1년간 미국에 교환교수로 가는 특혜를 마련해 주었다. 그 덕분에 나는 분에 넘치는 학문, 사상, 신앙적 변화를 찾아 누릴 수 있었다. 이 논에서 저 논으로 물웅덩이를 찾아다니던 물오리가 대륙을 넘고 바다를 건너 세계로 비상하는 새로움을 발견했다.

미국에 머물면서 시카고대학교에서 종교학계를 대표하는 M. 엘리아데의 강의에 참석할 수 있었고, 1962년 봄 학기에는 하버드대학교에서 P. 틸리히와 R. 니부어의 강의를 들을 수 있었다. 나로서는 잊을 수 없는 축복이었다. 그 당시까지의 내 좁은 지식과 사상, 신앙을 높은 차원에서 정리하는 아주 좋은 기회였다. 귀국할 때는 유럽과 서구문명은 물론 이집트와 예수의 고향을 방문했고 중동 지역과 인도

및 동남아를 거쳐 돌아왔다.

그뿐만이 아니다. 교회 신학계를 대표하는 K. 바르트의 특강에 두 차례 참석했다. 바르트가 미국을 방문했을 때 프린스턴 신학대학교에서 두 차례 강연을 했다. 그때 보스턴에 머물고 있던 나는 뉴저지까지 가 그의 강연을 들었다. 그 당시 「타임」지는 바르트의 미국 방문이 천주교 교황의 방문만큼이나 센세이션을 일으켰다고 보도했다. 물론 그의 강의를 한 학기 들은 것이나 그의 강연회에 참석한 것이 큰 이슈는 아니다. 그러나 평소부터 그의 저서와 사상을 접해왔고 적지 않은 관심과 영향을 받아왔기에 나에게는 그의 강의가 큰 도움이 되었다.

내 입장에서는 P. 틸리히와 더 가깝고 그의 학문을 연구 대상으로 삼았다. 그를 흔히 철학적 신학자라고 부른다. 그리고 독일 철학자와의 연관성이 큰 비중을 차지했다. 그의 신학체계와 내용이 내게는 많은 가르침과 신앙적 혜택을 주었으나 한국의 교계와 신학계에는 그다지 영향을 미치지 못한 것 같다. 그만큼 수준이 높고 내용이 어렵고 방대했다. 독일 계통 학문의 조직과 체계성은 유례가 없을 정도이다. 철학자들도 그를 20세기의 아우구스티누스라고 평했다.

그에 비하면 R. 니부어는 아메리카는 물론 역사와 사회 속에서 기독교가 책임져야 할 과제가 무엇인가를 예고해 주는 예언자적 신학자였다. 틸리히가 기독교의 체계적 탑을 쌓았다면 니부어는 역동적으로 하나님 나라로 이끌어가는 사명자 역할을 강조했다. 두 사람에 비하면 바르트는 교의적 신학을 완성시킨 대표자였다. 교회와 교리적 정초(定礎)를 완성시키려고 노력했다. 니부어와는 상당히 대조적이었다. 바르트가 미국에 왔을 때, 니부어는 '바르트의 교의학'을 다 읽으려면 성경을 읽을 시간이 있겠느냐고 평했을 정도였다.

나 같은 문외한은 세 신학자를 평할 자신도 없고 신학 전공도 아니다. 그럼에도 한국의 한 지성적 크리스천으로서 그들의 학문과 사상을 받아들인 것은 큰 행운이 아닐 수 없었다.

틸리히를 통해서는 더 깊이 있고 체계적인 인간의 철학적 신앙을 배우고 깨닫는 데 도움을 받았다. 니부어를 통해서는 현대 사회와 한국의 역사 속에서 무엇을 해결해야 하는가에 대한 조언을 받았다. 역사와 사회적 삶에 동참하지 못하는 신앙은 생명력을 상실하기 때문이다. 바르트는 조직신학의 대표라고 평가받고 있으나 성경을 통해 그리스도를 인격적으로 받아들인 신앙인으로서는 지나치게 부담스러운 면이 있다고 생각했다. 한국 신학계가 바르트를 통해 이단과 정통을 문제 삼는 예가 바로 그런 현상인지도 모르겠다.

그러나 세 신학자는 모두 기독교가 지녀야 할 철학, 역사, 교리가 뿌리내리는 데 큰 학문적 역할을 담당했고, 나 같은 평신도로서는 막중한 신앙적 암시를 받은 것이 사실이다. 감사할 따름이다.

신앙적 우정을
더 많이 나누지 못한 아쉬움

◇◇◇◇◇◇◇ **빌립과 나다나엘이 나눈 신앙적 우정**

예수의 공생활 초창기의 일인 것 같다. 예수가 사랑하는 몇몇 제자와 길을 떠났다. 같이 가던 빌립이 좀 더 가면 친구 나다나엘의 집에 당도한다는 것을 알고 먼저 앞서가 나다나엘을 찾았다. 나다나엘은 마침 집 뜰의 아무도 없는 무화과나무 아래서 기도를 끝내고 들어오던 참이었다. 신앙심이 깊었던 나다나엘은 일과처럼 정해진 시간에 하나님께 기도를 드렸다. 무너져가는 이스라엘의 장래가 걱정되어 절망감에서 드리는 기도였다.

빌립은 미소를 지으며 맞이하는 나다나엘에게 "우리가 간절히 기다리던 메시아로 믿어지는 사람이 여기로 오고 있으니 같이 가보자"고 청했다. 나다나엘이 어떤 사람이냐고 묻자 빌립은 나사렛 사람이라고 말했다. 이에 나다나엘은 "갈릴리 나사렛 같은 데서 무슨 신통한 지도자가 나오겠는가?"라면서 깊은 관심을 갖지 않았다. 빌립은 다른 말은 없이 저기 오고 있으니 같이 가보자고 권했다.

나다나엘이 가까이 왔을 때 예수는 그를 향해 "저 사람이야말로 간사한 것이 없는 참 이스라엘 사람이다"라고 옆 사람들에게 말했다. 나다나엘이 "어떻게 저를 아십니까?"라고 물었더니 예수는 "빌립이 너를 부르기 전에 네가 무화과나무 아래 있는 것을 보았다"라고 대답했다. 그 말을 들은 나다나엘은 "당신은 하나님의 아들이시고 우리 이스라엘의 왕이십니다"라며 엎드려 인사했다. 예수는 조용한 음성으로 "내가 너를 무화과나무 아래서 보았다고 해서 믿느냐? 앞으로 너는 이보다 더 놀라운 일들을 보고 겪게 될 것이다" 하고 그를 받아들였다(요 1:43-51 참조).

소설의 한 장면 같은 기록이다. 여기서 우리가 깨닫는 것은 빌립과 나다나엘 두 사람의 신앙적 우정이다. 그런 신앙의 우정을 나눌 수 있는 사람은 함께 예수의 제자가 될 것이다. 가룟 유다를 제외한 열한 제자들이 신앙의 동지가 된 것도 그런 사명을 같이하는 우정의 산물이었다.

나는 긴 세월을 교회와 기독교 대학에서 보냈으나 빌립과 나다나엘 같은 신앙의 우정은 갖지 못했다. 숭실중학 때 친구들 중 몇은 목사가 되었다. 긴 세월을 같이 보낸 유응기 목사는 예수교장로회 목사가 되었고 신학대학에서 가르치기도 했다. 그는 보수적 장로교 목사여서인지 내가 장로교에서 감리교로 교적을 옮긴 것과 천주교와의 돈독한 관계에 대해 불평을 하기도 했다. 안타깝게도 좀 일찍 세상을 떠났다. 집안끼리도 가까이 지냈지만, 따뜻한 우정을 지속적으로 나눌 기회는 별로 없었다.

이화여대의 교목이었던 조찬선 목사는 숭실학교 동기 동창이었다. 맡은 일이 제각기 달랐지만 서로 연락하며 지내는 사이였다. 나중에 조 목사기 미국에 거주하게 되면서 자연스레 연락도 뜸해졌다. 1947년 월남한 이국선 목사는 인천에서 노동운동을 지원하는 사회운동의 선구자가 되었다. 한국신학대학교의 이사장직을 맡기도 했다. 그는 비교적 일찍 작고했다. 그가 숭실학교 기독학생회 회장으로 있을 때 나는 간부의 한 사람이었다. 그는 정의감이 강한 편이었다.

그 친구들은 내가 부산 피난 시절에 광안장로교회를 설립했다는 사실은 모른다. 내가 얘기를 안했기 때문이다. 광안동에 있는 육군피복창에서 주일마다 설교로 섬기다가 군목에게 이양하고 군부대 밖에 사는 신도들을 위해 예배를 드리기 시작한 것이 교회가 되었다. 내가 떠난 후에는 장로교에 속하는 교회가 되었다. 나 같은 사람도 주님의 교회를 설립할 수 있었다는 영광을 주님께 돌리고 싶은 마음이다.

나는 연세대학교에서 평생을 보냈다. 기독교 학교여서 신과대학도 있고 교목실도 있었다. 하지만 맡은 직책이 달랐기 때문에 교목과 신앙적 우정을 깊이 나누지는 못했다. 목사가 아닌 몇몇 교수와는 신앙적 대화를 나누곤 했다. 고병려 교수와는 신앙적 공감대가 두터웠다. 그는 누구보다도 크리스천다운 면모를 갖추고 있었다. 신약전서를 번역하기도 했지만 성서주의자여서 교회에 나가지는 않았다. 오히려 동년배의 목사로서는 성결교의 정진경 목사와 오래 사귐을 가졌다. 월드비전에서 정 목사님은 이사장을 지냈고 내가 오랫동안 이 사직을 맡아 도운 인연이 있다.

∞∞∞∞∞ **학문과 진리를 사랑하는 지성인들의 우정**

나에게는 오히려 신앙적 우정보다 학문적·사회적 우정을 나눈 친구가 더 많았고 그들이 더 소중했다. 기도로 통하는 빌립과 나다나엘의 우정에는 종교 사회라는 배경에서 민족과 국가의 장래를 위해 메시아를 기다리는 염원이 있었다. 그에 비해 내가 친구들과 나눈 우정에는 민족과 국가를 위해 무엇을 할 것인가 하는 깊은 고민이 있었다. 물론 철학이나 윤리학이 전 인류적·세계적 보편성을 갖는다. 그러나 당시에는 세계와 인류보다 우리 사회와 민족이 인간다운 삶과 행복을 찾아 누리는 것이 더 절박한 과제였다.

나와 친구들의 관계는 어떻게 하면 더 좋은 신앙생활을 하며 훌륭하고 모범적인 교회를 육성할 수 있을까보다 어떻게 하면 더 많은 국민이 참 행복과 인간다운 삶을 향유할 수 있을까라는 사회적 책임을 같이 짊어지는 우정이었다. 인류를 위한 철학과 학문보다는 민족의 삶의 가치와 참 행복을 위한 사명감 비슷한 공감대가 있었다.

그런 뜻에서 나와 안병욱·김태길 교수의 우정은 소중한 것이었다. 1960년대부터 우리 세 사람은 한때 우리 사회의 관심과 기대를 모으기도 했다. 학문과 사상, 윤리적 가치관에서는 김태길 교수의 노력이 더 컸다. 그러나 나와 안병욱 교수는 고향을 등진 탈북민이었기 때문에 대한민국에 대한 관심이 좀 더 컸을 것 같다. 지금 김태길 교수는 고향 가족묘지에 잠들었고, 안 교수와 나는 휴전선 바로 남쪽에 있는 강원도 양구에 함께 안식하게 되었다.

그러나 내가 여기서 다루고 싶은 문제는 기독교 신앙에 관한 부분이다. 안병욱 교수의 경우 부인이 독실한 기독교 신자였고 교수로 있는 아들도 평신도로서 교회를 섬기고 있다. 내가 그들보다 더 신앙을 권할 위치에 있지 못했다. 안 교수와 함께 긴 여행을 할 기회가 있었다. 유럽의 대표적인 성당에 가면 그가 나보다 먼저 기도를 드리는 때가 많았다. 안 교수는 인간적으로는 공자를 존경했고 신앙의 영역에서는 기독교적 정신을 지니고 있었다. 나와 구체적인 이야기는 하지 않았으나 인생에서 가장 어렵고 중대한 문제가 생겼을 때에는 기도를 드리면서 살았을 것이라고 생각한다.

김태길 교수는 지성인의 양심에 비추어 기독교 신앙 밖에 머물렀으나 신앙에 대해 문을 닫고 살지는 않았다. 김 교수의 선배였던 박종홍 교수는 진리를 탐구하는 철학자로서 신앙을 가질 수 없다고 믿는 편이었다. 말년에 암으로 투병하면서야 인간적 성실성을 넘어 경건한 심정으로 신앙을 받아들였다.

김태길 교수도 그런 과정을 밟았다. 한번은 따님 사건으로 참담한 심경이 되었을 때, 지금과 같은 상황에서는 철학과 윤리학이 아무런 위로와 해결이 되지 못한다고 고백하기도 했다. 그 역시 점차 신앙의 방향에 가까워지고 있었던 것이다. 자기도 기도를 드리게 되었다는 고백은 예사로운 변화가 아니었다.

교회에서는 기도가 형식과 습관이 되는 것을 느끼지만, 철학도의 입장에서 기도는, 인간을 기도드리는 사람과 기도드리지 못하는 사람 두 종류로 나눈다고 말할 정도로 심각한 문제이다. 김태길 교수도 말년에는 신앙인으로 생애를 완성한 셈이다.

나는 두 친구와 부족하나마 애국심으로 하나가 되고 기독교 신앙심으로 함께 인생을 마무리하게 된 것을 감사히 생각한다. 그것이 학문과 진리를 사랑하는 지성인들의 우정이었기에 더욱 그렇다.

포도원의 악한 소작인들이
돌아가야 할 곳은 어디인가

◇◇◇◇◇◇ **안창호·조만식·김성수 세 선배의 마지막을 되새기며**

마가복음에는 예수의 비유가 잘 보이지 않는다. 하지만 마태·누가복음에도 동일하게 나와 있는 '포도원의 소작인 비유'는 실려 있다. 그 비유는 예수의 죽음과 이스라엘 민족 및 당시 종교 지도자들에 대한 메시지를 담고 있어 비중이 컸던 것 같다.

한 사람이 모든 것을 갖춘 포도원을 장만하고 먼 지방으로 가면서 소작인들에게 도지(賭地)로 빌려주며 그 소출을 도조(賭租)로 받기로 약속했다. 세월이 지나 포도 수확 시기가 되자, 종을 보내 약속된 도조를 받아 오도록 했다. 그런데 소작인들은 도조를 지불하지 않았다. 오히려 주인이 보낸 종을 능욕하고 빈손으로 돌려보냈다. 두세 차례 더 종들을 보냈다. 처음과 같이 더러는 얻어맞고 돌아오기도 하고 심지어 죽임을 당하기까지 했다.

포도원 주인은 할 수 없이 아들을 보냈다. 아들에게는 약속과 예의를 갖출 것으로 믿었기 때문이다. 그런데 소작인들의 생각은 달랐다. 상속자인 아들까지 죽여 유산을 자기들이 갖고자 했다. 그들은 아들을 죽이고는 포도원 밖으로 내던졌다. 그 사실을 알게 된 주인은 종들을 이끌고 와 소작인들을 죽이고 도지를 다른 사람들에게 맡기겠다고 한다(마 21:33-46, 막 12:1-12, 눅 20:9-19 참조).

아무리 비유라고는 하지만 있을 수 없고 용납해서도 안 될 일이다. 예수는 구약의 예언을 인용하면서 그 일이 벌어질 것이라고 말했다. 그 비유를 들은 제사장·율법학자·서기관·바리새인들은 그 소작인들이 자신들을 가리킨다는 것을 알아챘다. 그래서 예수를 더욱 빠른 시일 안에 사형에 처해야겠다는 결심을 굳게 된다.

예수의 여러 비유 중에서 이 비유는 생애 마지막에 남긴 것이다. 곧 다가올 자신의 운명과 역사의 심판이 어떤 것임을 암시해 준다.

나는 개인적으로 스승이자 선배인 도산 안창호, 고당 조만식, 인촌 김성수 세 분의 인생과 그 마지막을 접하면서 이 비유의 심각함을 다시 한 번 되새겨보게 된다.

도산 안창호 선생의 생애 마지막은 일반 강연이 아닌 설교였다. 그 설교가 있은 지 얼마 후에 도산은 세상을 떠났다. 고당 조만식 장로의 마지막은 직접 대하지 못했다. 후에 사모를 통해 전해들은 이야기로는 아이들을 이끌고 대한민국으로 가라고 작별을 고하면서 당신은 북한 동포와 운명을 함께할 것이라고 말했다고 했다. 그러고는 6·25전쟁 때 세상을 떠났다. 인촌 김성수 선생과는 중앙중고등학교 교사로 부임한 뒤 6·25전쟁을 함께 치렀다. 그를 마지막으로 만난 것은 그가 천주교에 입교하고 병중에 있을 때였다. 심형필 교장과 같이 새해 세배를 겸한 방문이었다. 인촌은 내가 기독교인임을 전부터 알고 있었다. 새해 아침에 기도를 드리자면서 병석에게 일어나 직접 기도를 드렸다. "하나님, 저희가 할 노력은 다했습니다. 이 민족과 국가의 운명은 하나님께서 도우시고 이끌어 주시기 바랍니다"라는 기도였다. 그때 나는 30대 초반으로 어느 정도 철 들어 있었다. 70년의 세월이 지났다. 지금은 인촌의 신앙인으로서의 심정을 이해할 수 있을 것 같다.

◇◇◇◇◇◇ 포도원 소작인 비유의 역사적 의미

그들을 떠올리며 예수의 비유를 음미해보면, 그것은 비유로만 그치지 않는다. 비유에 깔려 있는 역사적 의미를 찾고 어떤 변화가 현실에서 나타나고 있는지 성찰하게 된다.

하나님은 아브라함의 후손인 이스라엘 민족을 끝까지 믿고 사랑하셨다. 그래서 긴 세월 동안 여러 선지자와 예언자들을 보내셨다. 이스라엘 민족이 잘못을 저지르면 회개할 기회도 주셨고 하나님 품으로 되돌아오기를 권고하고 기다리셨다. 그러나 그들은 인간적 욕망과 잘못된 율법으로 기득권을 누리기 위해 대중을 오도했고 하나님의 정의와 사랑의 권고를 거부했다. 마지막 경고의 책임을 맡았던 세례자 요한도 죽였고 하나님의 아들이자 메시아인 예수마저 처형했다.

그 뒤 1세기가 지나지 못해, 이스라엘은 종교에 대한 권리와 정치적 독립성을 상실하고 로마제국의 치하로 전락했다. 소작인의 권한을 내놓아야 했다. 그리고 놀랍게도 처형받은 예수의 가르침과 진리가 이스라엘은 물론 로마제국을 정신적으로 영도하게 되었다. 세계 역사의 큰 전환을 초래한 것이다. 지금은 어떻게 되었는가. 유대교와 이스라엘은 구약 신앙과 더불어 세계 무대에서는 주권을 상실한 결과가 되었다. 기독교의 주도권이 이스라엘의 영역을 배제했을 정도이다.

그러나 문제는 또 다른 면에서도 나타났다. 서구사회가 탄생시킨 유물사관과 평등 사회주의를 목표로 삼은 마르크스와 공산주의 국가들이 세계 무대에서 점차 위축되고 있다. 그들은 종교가 없는 사회, 기독교를 소외시킨 사회를 제1 목적으로 삼았다. 그러나 신도들의 가치관 및 세계관을 바꾸어놓을 수는 없었다.

중요한 것은 기독교회가 아닌 그리스도의 정신이다. 예수의 가르침과 진리는 역사에서 희망의 빛을 증대시켜왔다. 기독교의 종교성은 버림받았을지언정 그리스도의 가치관과 세계관이 버림받은 것은 아니다. 기독교는 휴머니즘을 탄생시켰고 그 근본이 되는 인간애의 정신은 어느 사회에서도 버림받아서는 안 되는 절대 가치이다. 다시 말하지만 중요한 것은 기독교의 교리와 교권이 아닌 인간애의 진리이다. 인간의 존엄성과 인권이다. 기독교는 모든 종교적 가치를 초월한 인간의 가치와 역사의 희망을 위해 존재하기 때문이다. 기독교를 유대교의 민족 신앙이 아니라 인류의 보편적 가치인 자유와 정의 그리고 인류의 희망을 위한 신앙으로 받아들여야 한다.

우리는 그 사실을 우리 민족의 역사에서 찾을 수 있다. 북한과 대한민국의 70여 년 역사에서 나타난 그대로이다. 해방과 더불어 북한에 공산정권이 출범하면서 모든 종교를 배제하고 기독교를 종식시키려고 했다. 구소련이 이미 그 방향을 택했고 중국도 같은 노선을 걷고 있다. 그런데 지금 북한은 어떻게 되었는가. 김일성 정권은 민족역사에서 절대로 용납할 수 없는 6·25전쟁을 일으켰다. 전쟁은 폭력중의 폭력이며 용서받을 수 없는 역사 악이다. 그들은 정치이념을 위해 진실과 정직을 포기했고, 사회정의는 찾아볼 수 없게 됐다.

그것으로 끝나지 않았다. 인간됨의 최고 가치인 자유를 박탈했는가 하면 인간 존재와 행복의 원천인 사랑의 정신까지 정치이념의 제물로 삼았다. 그 배후에 깔려 있는 것은 무엇인가. 기독교회와 종교로서의 기독교보다 기독교 정신을 이루고 있는 진실·정의·자유·사랑의 가치와 존엄성을 거부한 것이다. 인간다운 삶의 가치와 희망을 박탈한 것이다.

모든 종교가 마찬가지이지만 기독교는 율법과 계율 같은 교회를 위한 규범에 빠져서는 안 된다. 교회는 기독교 공동체의 모범적 모체로 지속되었다. 그러나 기독교는 교회를 위해 존재하지 않는다. 기독교 정신의 핵심인 그리스도의 교훈을 통해 자유와 인간애가 넘치는 하나님 나라가 건설되기 위해 존재하는 것이다.

포도원의 소작인들, 즉 그 뜻을 거부하는 개인과 사회가 다시 주인의 품으로 돌아가는 과정이 기독교가 개척해야 할 역사의 길이다.

모든 비유의 상징적 의미는 삶의 체험을 통해 실제화되어야 하고 그
것이 기독교가 추구해야 할 올바른 가치이다.

가난했지만
행복했던 기억들

◇◇◇◇◇◇◇ **트럭 통근차에 편승했던 혜택**

6·25전쟁이 휴전협정으로 끝을 맺고 사회가 어느 정도 안정되었을 때였다. 각 대학들도 서울에서 다시 문을 열기 시작했다. 교수들의 출퇴근이 힘들었기 때문에 대학마다 교통편을 강구하게 되었다. 고려대학에는 학교에서 사용하는 트럭이 있었다. 운전석 뒤 짐칸에 양쪽으로 접었다 폈다 하는 긴 의자를 만들고, 교수들이 트럭 뒤 사다리를 이용해 오르내리곤 했다. 비가 오는 날에는 포장장치를 설치해 우산 없이도 이용할 수 있었다. 만석이 되었을 때는 보조의자가 준비되곤 했다.

유진오 총장은 특별히 운전대 옆 조수석에 앉았다. 교통편의 혜택이 고마웠던 교수들은 아침·저녁의 출퇴근 시간을 기다렸다. 게다가 그 트럭 안에서는 교수다운 얘기들이 오가곤 했다. 나는 당시 고려대와 같은 재단인 중앙학교에 봉직했기 때문에 고려대학 통근차에 편승하는 특혜를 누리곤 했다.

전쟁이 끝난 후 오랫동안 야간 통행금지 시간이 있었다. 자정이 되면 서울을 비롯한 대도시에는 인적이 끊겼다. 단속이 엄격했기에 사정이 있어 귀가가 늦은 사람들은 호텔이나 여관에 투숙했다. 우리 집 주변에 사는 교수들도 밤 시간에 회담을 하다가도 자정 이전에는 귀가하는 것이 보통이었다. 사실은 전화 통화도 불편했다. 전화 없는 가정이 많았고 있어도 시설 불안정으로 통화가 제대로 안 되었다.

문제는 방송국이었다. 지금 같으면 녹음했다가 자정 후에 방송하면 되지만 그때는 녹음시설이 없었다. 신년 특집이나 성탄절 특집 방송을 하려면 출연자가 직접 남산에 있는 방송국에 가야 했다. 나도 그런 강사 중의 한 사람이었다. 새벽녘에 방송이 끝나면 대기하고 있던 방송국 차를 타고 귀가하는 것이 보통이었다.

지금 같으면 사양했겠지만 그 당시는 KBS에 출연하는 일이 약간 자랑스러웠기 때문에 그런 요청이 들어오기를 은근히 기다리기도 했다. 내 아내도 옆집 교수 부인들로부터 "어젯밤에 교수님 방송 잘 들었습니다"라고 인사받는 것을 즐겼던 것 같다.

그 무렵에 있었던 일이다. 남산 KBS에서 상당히 비중 있는 프로그램을 기획했다. 네 명의 강사가 주말마다 '우리 민족의 이상은 무엇인가'에 관한 강연을 하고 월말에 그 강사들이 출연해 종합토론을 진행하는 방식의 프로그램이었다. 토요일 늦은 오후에 방송되었는데, 결론을 위한 마지막 종합토론은 공개할 뿐 아니라 청취자의 의견도 접수하기로 했다.

국사학자인 이선근 교수, 훗날 서울대 사범대학장이 된 김기석 교수, 홍익대학 총장이 된 이항녕 교수 등이 참석했다. 90분 정도의 긴 시간을 할애했던 것으로 기억한다. 김기석 교수는 3·1운동 정신이 세계 어디에서나 자랑스러운 내용이라고 추천했다. 이선근 교수는 화랑정신을 제안했다. 이항녕 교수는 동학사상을 현대화시키면 좋겠다고 제안했다.

그런데 주제를 전개시켜 나가다가 우리 민족의 이상은 '밝은 사회'가 적절하다는 결론으로 기울기 시작했다. 누구의 주장이나 학설이기보다 민족의 역사적 삶 자체가 그랬다는 견해였다. 지명(地名)만 해도 그렇다. 태백산맥, 소백산맥, 백두산, 한라산 등 모두가 밝은 고장에서 살았다는 뜻이고, 신라, 백제, 고구려와 고려, 조선 등 나라 이름도 밝고 고운 나라로 상징되어 있다. 건국의 왕명들도 박혁거세, 동명성왕 등 밝게 다스린다는 뜻이 포함되어 있다. 신라에서는 지금 국회에 해당하는 기관을 화백(和白)이라고 불렀다. 이처럼 결백한 품위가 존중받았고 회색이나 어두움을 벗어나 밝은 사회를 염원했던 것이 사실이다. 이는 다른 민족에 비해 흰색을 선호한 백의민족이라는 전통이나 민족 기질에서도 찾아볼 수 있다. 토론을 진행하는 중에 그런 '밝은 나라'가 우리의 이상이었다는 결론에 도달했다.

지금 같으면 어떤 공감대가 있었을까. 정직과 진실을 존중히 여기는 사회, 의리와 정의를 최고 가치로 삼는 정치, 서로 존중하면서 따뜻한 정이 통하는 삶을 우리의 이상으로 거론했을 것 같다.

텔레비전이 보급되기 시작하던 시절의 이야기이다. TV 보급이 보편화되기 전인 1960년대 초반에 TV를 갖는다는 것은 행운에 속했다. 도둑들이 잘사는 집을 선택하는 첫 번째 기준이 TV가 있는지 여부였을 정도였다. 내가 TV를 처음 시청한 것은 뒷집에 사는 서강대학교의 이 교수 집에 초청을 받았을 때였다. 1966년 6월 25일, 세계 복싱 챔피언이었던 이탈리아의 벤베누티 선수가 서울 장충체육관에서 우리나라의 김기수 선수와 세계선수권 쟁탈전을 갖게 되었다. 그 경기를 보기 위해 TV가 없는 교수들이 이 교수집에 초청을 받았던 것이다.

그 무렵 내가 TV에 출연하는 기회가 생겼다. 지금도 그렇지만 당시에 TV에 출연한다는 것은 큰 경사 중 하나였다. 가족들은 TV가 있는 집에 찾아가 내가 TV에 출연하는 장면을 시청했다.

TV가 대중화된 후에는 TV에 대한 평가도 제각각이었다. TV 선진국인 미국에서는 TV가 수준 낮은 국민들의 오락프로여서 세월이 지나면 TV의 대중화 때문에 국민의 지적 수준이 떨어질 것이라고 걱정했다. 일본에서도 저명한 문화평론가가 가정주부나 노인들을 위한 오락프로그램을 젊은이들까지 즐겨 보게 되면 안 된다며 'TV망국론'을 제기해 문제가 되기도 했다.

지금 우리 사회에서도 비중 있는 내용을 다루는 것은 오히려 TV보다 라디오 방송이라고 평하는 이들이 있다. 특히 정치적 목적이나 상용의 수단으로 전락할 정도가 되면 TV의 의미가 무엇인가 묻고 싶어지기도 한다. 생각 있는 사람들도 TV에서 얻는 것이 있을 만큼 양질의 프로그램과 내용이 되었으면 좋겠다.

전화가 보급되던 시절에 관련해서도 재미난 일화가 있다. 지금의 젊은 세대는 우리가 어떤 과정을 밟아 전화가 보급되었는지 잘 모른다. 전화는 6·25전쟁 후 오랫동안 국가적 공공기관에서만 허용되었다. 대학에서도 자가용 전화를 쓰는 교수들이 없었다. 오죽하면 결혼 중매를 서는 사람들이 "그 집안은 전화가 있을 정도"라며 전화를 소유한 것이 부의 상징이었겠는가.

상당한 세월이 지난 후에야 안정적인 직업을 가진 개인들도 전화를 신청할 수 있게 되었다. 나도 교수의 자격으로 신청했지만, 그것도 하늘의 별따기 만큼 어려운 일이었다. 당첨 발표가 있던 날 나는 시내로 나갔다가 광화문 시민회관(지금은 소실됨) 앞으로 가 발표를 보기로 했다. 내 아내와 권영배 목사가 먼저 나와 있었다. 집에서 당첨되게 해달라는 기도까지 드리고 왔던 것이다. 수많은 사람이 모여 있고 회관 발코니에서 접수번호를 발표하는 절차였다.

정해진 시간이 끝나갈 무렵이었다. 몇십 명이 당첨되었으나 대부분은 소득 없이 돌아서기 시작했다. 확성기를 통해 "이제 몇 명이 더 남아 있어요. 거의 끝났습니다. 남은 것은 세 사람뿐입니다"라는 말이 들려왔다. "마지막을 발표하겠습니다"는 소리와 더불어 끝난 줄 알았다. 그런데 "한 사람 더 있습니다"라고 실무자가 소리를 질렀다. 그 추가된 마지막 번호가 우리 번호였다. 권 목사와 내 아내는 박수를 쳤다. 따라왔던 둘째도 번호표를 확인하고는 내 얼굴을 보면서 웃었다. 가정에 보물이 들어온 셈이다.

일 년 쯤 후에는 우리 대학의 몇 교수도 당첨되었다. 독문과의 정 교수는 전화번호가 8949였는데 장사하는 사람들이 비싼 값으로 인수하고 싶다고 해 더 좋아했다. 또 몇 년의 세월이 지났다. 이른 아침에 김태길 교수에게서 전화가 왔다. 웬일이냐고 물었더니 어젯밤에 전화가 들어왔는데 아침에 첫 전화를 시험해본다면서 반가워했다. 인사가 오간 후에 김 교수는 집사람이 순서를 기다려서 양보한다면서 웃었다. '이제야 내 뒤를 따라오느라 고생했다'고 놀리고 싶었는데 전화가 끊겨 버렸다.

이렇게 전화가 보급된 후에도 김포공항이나 서울역 같은 공공시설에는 수많은 공중전화가 설치되었다. 집에 가야만 전화를 걸 수 있었기 때문에 밖에서 전화를 하려면 이 방법밖에 없었다. 아무리 급한 용무가 있어도 전화를 걸려면 줄을 서서 차례를 기다려야 했다. 김포공항에는 수십 대의 공중전화기가 있었으나 어떤 때는 20~30명씩 줄을 서 있기도 했다. 앞사람의 전화가 길어지면 짜증을 내고 싸움도 벌어지곤 했다.

그 당시에는 지금의 카페에 해당하는 다방이 수없이 많았다. 전화가 있는 다방에는 언제나 손님이 많았다. 집에 전화가 없는 사람들에게는 다방의 전화가 공용 전화이기도 했다.

그러다가 액정에 전화번호가 뜨는 무선호출기 '삐삐'가 등장했고 지금의 휴대폰에 이르렀다. 나 같은 늙은이들에게는 휴대폰으로 전화를 거는 것만도 감사한데, 스마트폰은 전화를 넘어 안되는 기능이 없다. 좀 더 발전하면 외국어를 공부할 필요도 없이 국제통화까지 가능해질 것 같다.

60년 전 내가 처음 미국에 갔을 때의 일이다. 가족이나 친지에게 국제전화를 걸기 위해서는 먼저 편지로 몇 날 몇 시에 한국에서 전화를 걸 테니 대기하라고 알려준 후에 전화를 걸었다. 춘원 이광수의 아들 이영근 교수의 회고담이다. 이 교수의 어머니, 즉 춘원의 부인이 미국에 있는 딸에게 전화를 걸었다. 따님이 집 생각에 사무쳐 울었다. 그러자 어머니가 "야! 전화요금이 얼만데 울고 있느냐?"고 책망했다고 한다. 그런 우스갯소리도 이제는 추억이 되었다.

기계의 발달만큼 삶도 행복해졌을까

지금은 정말 삶이 편리해졌다. 감사한 일이다. 그렇게 되었다고 해서 기계의 발달만큼 행복해졌을까? 기계만능 세상이 되면 인간의 가치도 그만큼 높아질 수 있을까? 무한경쟁에서 기계가 인간을 이기게 되면 인간이 기계의 노예가 되지 않을까 우려된다. 기계의 기능은 등비급수로 상승하고 인간의 지능은 등차급수로 뒤따르게 되면 그 다음에는 어떻게 될지 모르겠다.

원자력을 잘 이용하면 삶의 질이 좋아지고 행복해진다. 그러나 지금은 핵무기를 만들어놓고 인류가 전전긍긍 떨면서 살아가고 있다. 윤리성이 빈곤해지면 메커니즘의 우월성이 인간의 가치와 존엄성을 해칠지도 모른다.

며칠 전 한 TV방송의 촬영 팀이 찾아왔다. 서재에서 만년필로 집필하는 장면을 찍고 싶다는 것이다. 그런 의미 없는 일상적인 영상이 왜 필요한지 몰랐다. 다시 생각해보니 나와 같이 하루에 수십 장씩 원고를 쓰는 사람이 드물 것 같았다.

그렇지 않아도 20년 전쯤, 두 친구와 이같은 문제로 의견을 나눈 적이 있다. 우리도 뒤늦게나마 타이프를 칠 것인지, 아니면 필기를 계속할지 상의한 것이다. 김태길 교수는 "몇 해나 더 살겠다고… 그대로 사는 것이 편하지…"라는 의견이었다. 안병욱 교수는 "나는 일찍부터 서예를 했기 때문에 글씨를 써야 생각도 떠오르고 예술적 정감도 풍부해진다"면서 반대했다. "나는 20세가 될 때까지 전등도 없는 시골에서 살았기 때문에 기맹(기계맹인)이어서 자신이 없다"고 단념했다.

책 한 권을 내기 위해서는 적어도 200자 원고지 800~900장은 써야 한다. 그러니 젊은 후배들에게는 내가 만년필로 원고를 쓰는 모습이 신기로운 관심이 되기도 했을 것이다.

결국 인생이란 역사의 유구한 강가에서 주어진 기간 동안 제각기의 삶을 살다가 가는 것이다. 지나친 욕심은 자제해야 행복하게 살도록 되어 있는 것 같다.

고향 송산리에서 겪은
북한 정권의 종교 탄압

⬥⬥⬥⬥⬥⬥ **북에서 남으로 사선(死線)을 넘다**

1947년 7월 10일이었다. 그날도 고향마을 송산리는 조용했다.

그 당시 나는 공산치하였지만 고향 중학교에서 교장직을 맡고 있었다. 규모는 작아도 그 지역 일대 청소년들의 중등교육을 돕고 싶었다. 뜻을 같이하는 친구들이 함께 협조해 주었다. 고향을 떠나 평양에서 사업을 해 재정적 여유가 있었던 김현석 장로는 이사장으로 도우면서 조만식 장로와 더불어 정치계에 투신하고 있었다.

한번은 나를 찾아와 공산정권이 확장되는 동안은 우리 중학교가 유지되기 어려울 뿐 아니라 우리 신분까지 유지하기 힘들 것 같으니 월남하는 것이 좋겠다는 충고를 해주었다. 자신은 이미 탈북 준비를 갖추고 있다는 암시였다.

그날 낮 시간이었다. 과거에는 그런 습관이 없었는데, 나는 집 앞산 중턱까지 올라갔다가 소나무를 등지고 낮잠에 빠져들었다. 짧은 시간이었는데 꿈을 꾸었다. 내 앞에 한 보안요원 같은 이가 나타나 "김일성대학의 교수로 오게 되어 있었는데 왜 약속을 어겼느냐? 같이 가자"고 말했다. 어깨에 메고 왔던 총부리를 내 앞에 겨누면서 나를 일으켜 세우고는 가자고 명령했다. 당황한 나는 "내가 가기로 약속한 것이 아니고, 나 대신 갈 사람을 찾아 보내기로 했다"고 변명했다. 나를 체포하러 왔던 요원이 그럴 리가 없다는 표정을 짓더니 "그러면 다시 오겠다"면서 총부리를 하늘로 향하고 발포를 했다. 그 소리에 깜짝 놀라 꿈에서 깨어났다.

산 밑을 내려다보았다. 트럭 한 대가 우리 집 쪽을 향하는 시골길 네거리에 서 있었다. 두세 명의 동작으로 미루어보아 우리 집 쪽으로 올지 아니면 그대로 갈지 망설이고 있는 것 같았다. 그런데 내 막냇동생이 헐떡이면서 집 쪽으로 뛰어 올라오고 있었다. 손짓을 하는 나를 보면서 "저기 김현석 장로가 잡혀가고 있으니 형님은 빨리 산 위쪽으로 도망쳐요"라고 말해 주었다. 나는 산 아래 사정을 살피고 있었다. 당장 달아나 도망칠 곳은 있었기 때문이다.

잠시 후에 트럭이 동네 밖으로 다시 이동하기 시작했다.

그런 일이 있은 지 40일 쯤 후에 나는 탈북해 남쪽으로 향했다. 부모님이 아들, 며느리, 손주를 말없이 떠나보냈다. 부친은 어떤 예감이 있었는지 한 번 더 자세히 보자면서 장손주의 모습을 살피셨다. 남겨진 다섯 살짜리 큰딸에게는 평양에 갔다가 선물을 사가지고 온다고 거짓말을 했다. 비밀을 지켜야 했기 때문이다. 그리고 아내와

손주에게는 그것이 탈북하지 못한 부친과의 마지막 이별이 되었다. 그렇게 '사선(死線)을 넘어서'라는 체험을 치렀다. 서울에 와서 겨우 자리를 잡았을 때 6·25전쟁이 터졌다.

◇◇◇◇◇◇ **북한 공산 정권의 탄생과 교회 탄압**

우리가 지칭하는 북한은 지금의 김일성 왕가의 탄생으로 시작되었다. 1945년 10월 3일 김성주가 평양공설운동장에서 김일성으로 등장하여 시민들의 환영을 받은 것이 실질적으로는 김일성 공산정권의 출발이었다.

김성주는 기독교 가정과 전통 안에서 태어났다. 그의 부친은 기독교 학교인 숭실중학을 다녔고, 모친은 기독교 신앙을 이어받은 칠골 강 씨 집안 출생이다. 김성주는 고향인 만경대를 떠나 외가에 머물면서 교회 학교인 창덕소학교를 졸업했다. 그 학교는 교회 목사가 교장직을 겸하고 있었다. 나도 소학교 5·6학년 과정을 그 학교에서 다니고 숭실중학에 적을 두었기 때문에, 김성주 부친과 김성주의 학교 후배로 자란 셈이다.

김성주의 외삼촌인 강양욱 목사는 해방 직전에 내가 자란 송산교회에서 부흥회를 인도했다. 내 숭실중학 동창인 강세욱은 김성주의 외삼촌뻘인 친척이었다. 초등학교 때 동창 중에 강 씨가 많았던 것은 창덕소학교가 강 씨 집성촌에 자리 잡고 있었기 때문이다.

이런 분위기에서 성장한 김성주가 해방 직후 러시아, 중국을 거처 귀국했을 때는 공산주의자로 변신해 있었다. 귀국환영 조찬모임에는 몇 사람의 김성주 고향 선배와 유지들이 동참했는데, 나는 젊은 후배의 자격으로 참석했다. 게다가 그 주변에는 대학 출신이 나밖에 없었고, 나도 기독교 신자로 자랐던 때문이었다. 그 자리에 참석했던 지방 유지들의 대부분은 송산교회 장로와 기독교 신자였다.

식사가 끝났을 때 김성주가 우리 민족과 새로 태어날 국가적 사명이 무엇인가에 대해 얘기했다. 친일파 숙청이 첫째였고, 전 국토의 국유화, 자본가와 지주 숙청과 노동자·농민을 위한 경제기관의 국유화 등을 초등학생이 숙제를 암송하듯 제시했다. 그 얘기를 들으면서 나는 '김성주가 공산주의자이고 공산국가의 정책 과제를 제시하는구나' 하고 생각했다. 그런데 이상하게도 종교를 배격하거나 기독교는 허용될 수 없다는 항목은 빠져 있었다. 식사를 같이한 사람이 모두 교회 신도였기 때문에 구체적인 정책 항목에서는 배제했던 것 같다. 그 당시 나는 만 25세였고 김성주는 8년 선배였다.

한 달쯤 후에 김성주는 김일성이라는 이름으로 북한 정권의 주체로 자리 잡기 시작했다. 그 배후에는 역사 환경적 분위기가 성숙되어 있었다. 평양시 일대에는 앞으로 해방된 조국의 정치지도자는 어떤 사람들인가 하는 서울 소식이 전해졌다. 그것은 북한 국민의 큰 관심사였다. 그때 평양 시내에 붙은 벽보와 전해오는 소식에 따르면, 서재필·김구·이승만·김일성·안재홍 같은 지도자의 이름이 거론되었다. 그런데 다른 사람은 대부분 서울로 갈 사람들이지만 만주 일대에서 무력 항일운동을 이끌던 김일성만은 평양으로 귀국할 것이라는 소문이 파다했다.

소문에 의하면 김일성은 용강지역 출신의 50~60대 장군 자격을 갖춘 사람으로 추측되는 지도자였다. 그런데 실제로 나타난 사람은 30대 초반의 김성주였다. 만경대에서 아침식사를 같이 했던 고향 사람의 얘기가 지금도 잊히지 않는다.

"김 선생도 같이 갔으면 좋을 뻔했어. 조만식 선생도 함께 등단 했는데, 김일성이라고 믿어지지 않아서 가까이 가 자세히 보았더니 틀림없는 김성주였다니까."

그는 그날 조만식 장로가 한 말도 전해 주었다.

"내가 죽기 전 유언은, 내 묘에 두 눈을 크게 뜬 비석을 세워달라 는 것이다. 한쪽 눈으로는 일본이 망하는 것을 보고, 다른 쪽 눈으로 는 우리의 독립을 보고 싶다."

김일성이 등장한 후로 북에서는 각 지역 인민위원회가 생겨 정 치와 행정을 담당했다. 나도 동네 사람들에 밀려 고평 인민위원회에 참석했고 다시 선출되어 대동군 인민위원회에 참여한 적이 있다. 널 리 알려진 홍기주 목사가 위원장으로 있었다. 북한 공산당이 정권을 차지했고 인민위원회는 그 심부름을 하는 제도였다. 각 위원회에는 훈련받은 당원이 있어 실권을 행사했다.

내가 사는 대동군의 지리적 위치가 남한에서 경기도가 서울시 를 감싸고 있는 것처럼 되어 있기 때문에 많은 것을 볼 수 있었다. 2~3개월 후에는 그 직책을 떠나 고향의 중학교를 재건하는 일에 전 념하면서 해방 후 2년의 세월을 보냈다.

인간의 존엄성과 인간애가 사라진 사회

북에서 행정은 인민위원회가 맡았으나 종교정책 같은 큰 문제는 공산당이 주관했다. 여러 종교기관과 기독교회를 관리하고 없애는 일은 직접 당의 주관 하에 이루어졌다. 그 무렵 내가 겪은 몇 가지 사건을 소개한다.

송산교회는 200~300명이 모이는 전통 있는 교회였다. 만경대를 포함한 남(南)리 사람들도 송산교회에 다녔다. 그런데 공산당은 교회와 기독교 활동에 드러나게 관여하지는 않았다. 다만 그 교회 운영에서 중요한 역할을 맡고 있는 장로들을 여러 구실을 붙여 다른 지방으로 이주시켰다. 때로는 직장이나 사회활동을 제약해 교회활동을 금지시켰다.

그렇지 않아도 기독교 지도자들은 해방과 더불어 대거 북한을 떠나 버렸기 때문에 대도시를 제외한 교회는 빠른 속도로 위축되기 시작했다. 평양에서도 그랬다. 그들이 배제하는 소위 불순 반역 분자의 성분 조건에 크리스천은 반동 분자로 되어 있었다. 공직에 취업하지 못하는 것은 물론 사회 모든 분야에서 배제되었다. 크리스천이 공무원이 된다는 것은 불가능했고 마침내는 크리스천 교사들까지도 머물 수 없게 제도화시켰다. 북한은 점차 김일성 정권에서 이용당했던 크리스천 지도자들도 교회를 떠날 수밖에 없는 사회로 변해갔다.

그런 상황이 전개되던 시기의 일이다. 김오성 목사가 시무하던 칠골교회에 강면석이라는 내 동창이 있었다. 반공운동에 참여했다가 평양 감옥에 수감되고 병사했다. 그 시신을 받아서 옷을 갈아입히려고 했더니 가슴 위에서 젓가락을 꺾어 만든 작은 십자가가 나왔다. 내 친구는 감옥에서 신앙을 지키기 위해 그 십자가를 안고 있었던 것이다. 김오성 목사는 월남할 때 그 십자가를 갖고 와 교회에서 간증하기도 했다.

내가 자란 송산교회의 김철훈 목사는 후에 산정현교회 담임 목사가 되었다. 조만식 장로를 비롯한 애국자 장로들이 섬기는 교회였다. 김철훈 목사는 강경하게 북한 정권에 항거하는 대표 목사였다. 교회의 장로들은 목사의 가족과 주변 사람들에게 "목사님은 절대로 혼자 외출하면 안 된다"고 경고했다. 반공 대표자들이 행적도 모르게 납치되는 일이 자주 있었기 때문이다.

그러던 어느 날 김 목사는 한 교우와 장례식장에 참석하기 위해 잠시 집을 나섰다가 행방불명이 되었다. 그 짧은 시간에 납치되었던 것이다. 그 후 김 목사의 사모와 가족은 서울에 와 살고 있었다. 사모를 100세가 넘어 만났다. 납치된 후로 어떤 행방도 찾지 못했다고 호소했다.

이런 사태를 겪으면서 북한에서는 교회가 종적을 감추게 되었다. 나중에 국제적으로는 종교의 자유가 있다는 사실을 공표하며 대한민국의 재정적 도움을 받기 위해 봉수리교회와 칠골교회를 유지하고 있었으나 실질적 교회활동과 신앙운동은 사라진 지 오래이다. 우리 교계 인사들이 두 교회에서 예배를 드리곤 했다. 아마 최근에는 그 교회까지 문을 닫았을지 모른다. 구소련에서도 그랬고 중국에서도 마찬가지 상황이 벌어졌다. 북한은 그 극을 택하고 있기 때문에 기독교 없는 사회가 되었다.

기독교회와 더불어 기독교가 없어졌다는 것은 무엇을 의미하는가. 기독교의 근본정신인 진리와 진실, 정의의 가치, 자유의 가능성, 심지어는 인간의 존엄성과 인간애가 사라졌다는 뜻이다. 지옥이란 다른 곳이 아니다. 이런 인류 생존의 가치가 소멸된 사회이다. 북한의 문제만이 아니다. 공산주의 국가에서는 어디서나 찾아볼 수 있는 현상이다.

우리 사회도 그렇다. 교회들은 있어도 진리·정의·자유·사랑이 없는 사회가 된다면 그 사회는 존재 가치를 상실한다. 귀한 것은 진리·정의·자유·사랑이지 그 책임을 감당하지 못하는 교회나 기독교 기관이 아니다. 그런 사회악을 극복하지 못한다면 기독교는 사회로부터 버림을 받는다. 기독교 정신을 포기했기 때문이다.

기독교 정신을 바탕으로 우리 사회에 주님께서 원하셨던 하나님 나라를 건설하는 것은 크리스천의 의무요 책임이다. 기독교는 구원의 역사적 책임을 감당해야 한다.

다시는 없어야 할
전쟁의 아픔을 되새기며

⬦⬦⬦⬦⬦⬦ **떠나는 사람과 남은 사람, 그 운명의 갈림길**

1950년 6월 25일은 저주스러운 날이었다. 일요일 낮에 광화문에 나왔다가 전쟁 소식을 들었다. 몹시 불안했다. 다음날 내가 재직 중인 중앙학교의 심형필 교장에게 "이번 전투는 전쟁으로 번질 것 같다. 은행에 맡겨둔 돈을 찾아 교직원들에게 3개월치의 봉급을 미리 지불해 주었으면 좋겠다"고 제안했다. 잘못되면 공산군의 침입으로 공금이 사라질 수도 있었기 때문이다. 다행히 교주인 인촌 김성수 선생의 양해를 얻었다. 중앙학교의 모든 교직원들은 선금을 받은 덕분에 그 어려운 3개월을 넘길 수 있었다.

인촌 선생은 한 재단인 고려대학의 현상윤 총장에게 같은 내용을 상의했던 것 같다. 현 총장은 그런 공금문제는 책임질 수 없다고 거절했다. 응당 그럴 수 있다. 중앙학교보다는 규모 자체가 방대했으니까.

전쟁의 위협을 느낀 사람들이 한강을 건너 피난길에 오르기 시작했다. 인촌은 친분이 두터운 현 총장에게 어떻게 할 계획인지 물었다. 현 총장의 신념은 확고했다. 자기는 아무런 잘못도 없기에 정권의 변화가 온다고 해도 피해볼 것이 없으니 그대로 머물겠다는 뜻을 밝혔다. 맞는 말이다. 대한민국이 인민공화국으로 바뀐다고 해도 두려워할 것이 없었기 때문이다. 그러나 공산군은 현 총장을 포함한 여러 인사들을 지명 수배했고 후에 체포해 북으로 끌고 갔다. 결국은 무의미하게 목숨을 잃은 결과가 되었다.

나는 그때 30세의 철부지였다. 가족을 남겨둔 채 한강을 건너 피난을 떠났다. 떳떳하지도 못하고 자랑스러운 선택도 못 된다. 그러나 나는 공산주의가 어떤 정치적 집단인지, 탈북자인 나에게는 어떤 결과가 올 것인지 예측했기 때문에 피난을 선택할 수밖에 없었다. 현 총장처럼 신념을 굽히지 않은 사람도 많았고 나같이 도피했던 사람도 많았다. 탈북도 어떻게 보면 약자의 선택이었고 피난도 최선의 방법은 아니었을지 모른다. 그러나 알아야 할 것을 모른다는 것은 지혜가 될 수 없다.

중앙학교에서 같이 교사로 있던 엄진기 선생과 배속 장교 송 선생은 좌파 학생들에게 체포되어 죽임을 당했다. 우파 교사로 지목되어 있었기 때문이다. 나도 잡혀갔으면 같은 운명에 처했을 것이다.

당시의 일이다. 나와 오래 친분을 가졌던 김 교장은 중고등학교의 원로 교육자였다. 담임을 맡았던 반 학생 중 하나가 좌파로 지목받아 곤경에 처한 사건이 생겼다. 그 학생의 자질과 장래를 걱정한 김 교장은 그 학생을 위해 최선을 다해 보호해 주었다. 사제 간의 정이 두터웠기 때문이다. 그 와중에 6·25전쟁이 벌어졌다. 그 학생이 김 교장을 찾아와 "선생님은 피난 가시지 말고 집에 그대로 머무세요. 제가 보호해 드리겠습니다"라고 약속했다. 김 교장은 그 학생을 믿었기 때문에 집을 떠나지 않고 지냈다.

하루는 김 교장이 오후에 잠시 볼일이 있어 나갔다가 집에 돌아오는데, 그 제자가 두 명의 공산군과 함께 문 밖에서 서성거리는 것을 보았다. 김 교장은 자기를 체포하기 위해 왔다는 사실을 직감하고 몸을 숨겼다. 그 후로 3개월을 피신해 보냈다. 그런 사건을 치른 김 교장은 지금도 공산주의자는 자신들의 목적을 위해서라면 어떤 행동도 서슴지 않으며 스승의 사랑을 악의 제물로 삼는다고 말한다. 그러면서 그 당시 얘기를 할 때마다 의분을 감추지 못한다. 선을 악으로 갚는 사람만큼 악한 행위는 없다고 말한다.

<<<<<<< **6·25전쟁, 민족사에 씻을 수 없는 죄악**

누가 6·25전쟁을 일으켰는가. 이 말을 제일 먼저 들고나온 정권은 북한이었다. 그들은 이승만 정권이 북침해 왔기 때문에 반격했다고 주장했다. 그러나 한국과 미국을 비롯한 자유진영 국가들은 공산군의 남침이라고 국제사회에 공포했다. 지금은 그 문제를 가지고 싸우지 않는다. 구소련이 붕괴되면서 공산 정권의 남침이었음이 밝혀졌기 때문이다. 한때는 세계적인 철학자 사르트르, 메를로 퐁티 같은

철학자들도 공산당을 믿고 따랐지만, 그 허위성이 드러나면서 프랑스나 이탈리아의 많은 공산당원이 진실을 찾아 공산당을 떠났다. 유사한 사건이 거듭되면서 진실과 정직을 존중한 지성인들이 이탈한 것이다.

나는 북한에서 해방을 맞이했다. 김성주가 김일성 장군으로 등단하면서부터 북한의 공산정권이 정착하기 시작했다. 공산국가의 정치적 목표와 과정 및 방법은 교과서처럼 되어 있기 때문에 북한정권은 2년쯤 후부터 대내외정책을 진행시켜 나갔다.

짐작컨대 북한정권은 1949년 후반부터 전쟁준비를 갖추기 시작했던 것 같다. 1950년 3·1절에는 평양 시내를 통과하는 탱크부대의 행진이 있었고, 아시아에서 제일 호화스러운 평양역을 건축한다면서 큰 울타리를 만들고 그 안에 그 무기들을 숨겨두었다. 작전준비를 갖춘 후에도 삼팔선 주변 여기저기서 국지적 군사충돌을 일으켜 대한민국이 갖고 있는 무기의 종류와 화력을 살펴보았다. 그 국지적 충돌을 격퇴한 국군 수뇌는 "전쟁이 나면 점심은 평양에서 먹고 저녁은 신의주에서 먹는다"라는 철없는 낙관론을 펼쳤다.

당시 대한민국 정부와 국군의 현실은 어떠했는가. 한 가지 상상할 수 없는 사건을 지적하지 않을 수 없다. 지금의 국방부 청사 뒤에 육군회관을 건설하고 있던 때였다. 그 완공을 축하하는 기념파티가 6·25 전날 토요일 저녁 때 벌어졌다. 그 행사에 전방의 사령관들을 초대하는 동시에 장병들에게는 휴가를 주었다. 전쟁이 일어나기 직전 저녁에 지휘관들은 군무를 쉬면서 축하장에 모여들었고 장병들은 휴가를 즐기기 위해 서울까지 가족을 찾아왔다.

그 밤 자정에 북한공산군은 전투를 개시했다. 일요일 낮에 휴가 중인 모든 군 장병들은 부대로 곧 복귀하라는 방송이 거리 곳곳에서 흘러나왔다. 서울시 동북부까지 공산군이 진격해 왔다는 풍문이 떠돌았다. 다급해진 정부는 대전을 거쳐 부산까지 후퇴하고 국민들은 제각기의 생존을 위해 서울을 떠나 남쪽으로 향할 수밖에 없었다. 후에 군 지휘부 일각에서 전해진 소식에 따르면 정부는 물론 군 내부에까지 공산당 간첩의 암약이 있었다고 했다. 누구도 부정할 수 없는 현실로 나타난 것이다.

왜 뒤늦게 이런 사실을 들추어내는가. 정치이념이 다르다고 해서 또는 정권을 유지하기 위해서 역사적 사실까지 왜곡하는 정치 행위는 없어야 하기 때문이다. 적어도 정치 지도자는 역사적 사실 앞에서 애국적 양심을 외면하는 판단이나 행위를 해서는 안 된다. 정치적 목적을 위해 사실을 은폐하거나 역사의 정도를 왜곡시키는 범죄자가 되어서는 안 된다. 국가와 민족의 장래를 위하는 국민들은 정치이념이나 정권욕에 빠진 지도자들을 바른 길로 이끄는 의무와 애국심을 발휘해야 한다.

지금도 비슷한 정치적 문제들이 우리 주변에 남아 있다. 천안함 폭침 문제가 그런가 하면 백선엽 장군에 대한 대한민국의 역사적 해석이 정리되지 않고 있다. 6·25전쟁은 우리 민족사에서 용서받을 수 없는 죄악이다. 나에게는 잘못이 없었다고 말하는 사람이 죄인이다. 다시는 용납할 수 없는 범죄를 되풀이해서는 안 된다.

신앙인에게
기도가 갖는 의미

◇◇◇◇◇◇ **'주의 기도'에 담긴 큰 뜻을 깨닫다**

잘 아는 철학과 교수가 6·25전쟁 때 서울을 벗어나지 못했다. 공산군과 좌파 제자들의 위협을 가까이서 느끼는 처지가 되었다. '주께서 제 생명을 지켜 주시면 제가 신앙인으로 인생을 다시 시작하겠습니다'라고 기도했다. 그것이 계기가 되어 기독교 신자가 되고 후에는 기독교 대학의 교수로 생애를 보냈다. 그 교수와 같은 체험을 한 사람은 여럿일 것이다.

그런 지성인의 인생은 두 종류로 구분할 수 있을 것 같다. 기도를 드릴 수 있는 사람과 기도를 드릴 수 없는 사람이 그것이다. 그 차이가 종교인과 비종교인을 나누는 기준이 되기 때문이다.

아우구스티누스 같은 철학자는 기도와 상관 없는 세상에 살다가 30여 년의 고뇌 끝에 기독교 신앙을 받아들이면서 세계 사상사를 바

그리스도인으로 백년을   71

꾸는 성자가 되었다. 철학자 F. 니체는 기독교 가정에서 자랐다. 어려서는 기도를 드렸을지 모르지만 후에는 기독교를 떠나 '운명을 사랑'하는 철학자로 끝났다.

크리스천의 대부분은 어렸을 때부터 기도와 더불어 자랐기 때문에 기도의 참뜻을 깨닫지 못하고 예배 진행의 소중한 절차로만 여기기 쉽다. 예수 당시의 제사장이나 바리새파 지도자들이 그랬다. 나도 그렇게 자랐다. 예를 들면 '주님의 기도'에 대한 전통적 인상이 모두 비슷했다. 그러다가 두 사람의 평신도를 통해 주님의 기도의 큰 뜻을 깨달았다.

한 사람은 1893년부터 1914년까지 일본 도쿄대학에서 철학 교수를 지낸 R. 쾨베르라는 철학자이다. 그가 일본 대학생들에게 이런 신앙고백을 했다. "나도 이전에는 내가 드리고 싶은 기도를 드렸지만, 지금은 '주님의 기도'를 드린다. 그 이상의 기도를 드릴 수 없기 때문이다. '아버지의 나라가 임하옵소서' 한 구절만 해도 감당할 수 없는 기도가 되었다."

또 한 사람은 맥아더 장군이다. 그가 인천상륙작전에 성공한 뒤 이승만 대통령에게 행정권을 이양하면서 대국민 메시지를 발표했다. 그는 메시지 끝에 "나는 이승만 대통령과 대한민국 국민과 함께 인간이 하나님께 드릴 수 있는 가장 겸손한 기도를 드리겠다"며 '주님의 기도'로 자신의 신앙심을 실연(實演)했다.

나는 그 두 사람을 통해 '주님의 기도'를 드리는 자세를 바꾸었다. 구약에는 다윗의 시편 23편의 기도 이상이 없고 기독교의 기도는 예수가 가르쳐준 주님의 기도만큼 모든 것을 담은 기도가 없다. 오히려 우리 교회가 주님의 기도를 예배 절차의 하나로 희석시킨 것 같다.

천주교에서는 기도문의 내용이 주어져 있기 때문에 신도들이 기도를 통해 신앙적으로 탈선하는 일이 적은 편이다. 그 대신 자신의 신앙과 연관되는 기도는 많이 드리지 않는다. 개신교에서는 주어진 기도 내용의 규범이 없기 때문에 자신의 주관적인, 어떤 때는 이기적이고 기복적인 기도에 빠져 드릴 수 없는 기도까지 삼가지 않는 때가 있다.

◇◇◇◇◇◇ 절망을 극복하고 새로운 희망을 품게 하는 기도

예수는 뜻도 모른 채 중언부언하거나 남을 의식하여 몇 시간씩 의미 없이 드리는 긴 기도를 삼가라고 가르쳤다. 하나님의 뜻이 이루어지기 위한 기도라면 반드시 이루어진다고 했다. 그래도 인간의 기도는 하나님의 뜻에는 미치지 못한다. 내 경험도 그렇다. 열네 살 때, '저에게 건강을 주시면 건강이 허락되는 동안은 하나님의 일을 돕겠다'는 기도를 드렸다. 100세가 넘도록 그 기도의 울타리 안에서 살고 있다.

일제강점기 학도병으로 끌려갈 운명에 처했을 때 성경을 보다가 "너희가 나를 택한 것이 아니요 내가 너희를 택하여 세웠나니"(요 15:16)라는 말씀을 읽고는 조용히 눈을 감았다. 그리고 세상에 태어나 가장 짧은 기도를 드렸다. "하나님 아버지!"라는 기도였다. 그렇게 하나님을 부르고는 눈물만 흘렸다. 나를 세상의 누구보다 사랑하시는 하나님이 내 아버지가 되었는데 내게 더 필요한 것이 무엇인가. 더는 기도를 드리지 못했다.

해방을 맞이하고 삼팔선을 넘을 때는 내 인생의 다시 없는 위기와 환희의 체험을 했다. 그때도 기도가 절망을 극복하고 새로운 희망을 품을 수 있다는 신념을 갖게 했다.

철든 것 같으면서도 내 기도는 언제나 부끄러운 것이었다. 6·25전쟁으로 부산 피난생활을 끝내고 간신히 서울로 환도했을 때였다. 저녁이 지난 밤 시간에 중앙학교의 두 제자가 찾아왔다. 다음 날 아침에 전쟁 중 최초로 서울에서 평양까지 가는 후생성의 기차가 떠나는데 선생님 고향에 다녀오시라면서 군복과 군속 신분증까지 준비해 가지고 왔다. 그 제자들은 내가 교향에 두고 온 가족을 만나기 위해 얼마나 애태우는지 잘 알고 있었다.

그 혜택으로 평양을 거쳐 고향 집에 찾아갔다. 그곳에는 부모님과 두 남동생과 여동생, 그리고 5년 6개월 때 부모님께 맡겨두고 떠났던 큰딸이 있었다. 아이는 이제 여섯 살을 넘기고 있었다. 헤어져 있는 동안의 회포도 풀지 못했는데 전쟁 뉴스가 전해졌다. 중공군이 전쟁에 투입되어 유엔군과 국군이 후퇴하고 있다고 했다.

부모님의 뜻에 따라 부모님을 남겨둔 채 동생 셋과 큰딸까지 네 가족을 이끌고 대동강을 건너 역포까지 왔지만, 하루를 머물며 살펴보았더니 부모님까지 모시지 않으면 다시 뵐 기회가 없겠다 싶었다. 큰 남동생에게 빨리 돌아가 부모님을 모시고 서울 집으로 오라고 당부하고 떠났다.

그 뒤 전운은 급박해졌는데 동생에게서는 아무 소식이 없었다. 빈집에 '서울을 떠나 부산 대연동에 있는 교회 사택으로 오라'는 쪽지를 남기고 부산으로 떠났다. 내가 큰 실수를 한 것이다. 내 동생이 고향에 갔다가 붙잡히면 공산당에게 죽임을 당할 게 뻔했다. 부모님은 모면할 수 있어도…. 안타까운 마음으로 부산에서 서울 빈집까지 다시 와보았으나 소식이 없었다. 그때부터 매일 두 차례씩 기도를 드렸다. 금년이 가기 전에 소식이라도 듣고 싶어서였다.

◇◇◇◇◇◇ 주님의 짐을 지는 지게꾼이 되고자

1950년 마지막 날이 되었다. 교회 기도실에서 혼자 기도를 드렸다. 새해가 되어도 기도는 계속할 수밖에 없다고 생각하면서 교회 뜰 안으로 들어섰다. 밤 시간이 되어가고 있었다. 교회 사택 뜰 대문 밖에서 인기척이 나더니 어떤 목소리가 들려왔다. 전도사 사모가 대문을 열어주자 "여기에 김형석 선생의 가족이 머물고 있느냐"고 묻는 목소리가 들렸다. 동생의 음성이었다. 어머니가 뒤따르고 사촌동생들이 함께 들어섰다. 평양서 부산까지 걸어온 피난길이었다.

다음날 새해 아침에는 함께 감사의 예배를 드렸다. 그다음부터는 나와 내 가족을 위한 기도는 뒤로 미루는 습관으로 바뀌었다. 그동안 더 많은 사람이 더 큰 고통을 받고 있음을 잊었던 때문이다. 그리고 기도의 결과는 내가 소원하고 예상했던 것보다 더 큰 축복으로 보답받곤 했다.

1953년 부산 피난생활을 끝내고 서울로 떠날 때 기도를 드렸다. 서울에 도착한 후에는 나의 요청과 계획을 버리고 주님의 짐을 지면서 사는 '지게꾼'이 되겠다는 기도였다. 내가 나와 우리를 위해 하는 일은 사회에 남은 것이 없으나 '주님의 일'은 하늘나라를 위해 남을 것이라는 믿음을 갖게 된 것이다.

1954년 가을이 되면서 중앙학교 교감직을 떠나 연세대학교로 일터를 옮기게 되었다. 모든 절차에 내 뜻은 개입하지 않은 주님의 섭리였다. 연세대학교의 백낙준 총장의 결정으로 그 학교가 하루 동안에 나에게 주어진 주님의 포도밭이 되었다.

1960년 8월 13일 늦은 아침, 내가 청주 서문교회를 위한 부흥집회를 끝내고 서울로 떠나는 버스 안에서였다. 날씨는 흐리지 않았는데 청주 무암산 뒤로 영롱한 색깔의 무지개가 보였다. 그때 그냥 스쳐가듯 무심하게 '더 늦기 전에 나도 미국이나 유럽에 가서 좀 더 높고 넓은 학문과 사상계를 접해보았으면 좋겠다'라고 생각했다. 말 없는 기도였다. 그러고는 잊고 있었다.

그런데 꼭 1년이 지난 1961년 8월에 미국 국무성 초청 교환교수로 1년 동안 미국과 유럽을 다녀올 수 있는 특전이 주어졌다. 내가 원한 것이 아니다. 대학에서 마련해준 평생 잊을 수 없는 선물이었다. 그 1년이 나로 하여금 새로 태어나는 변화를 만들어 주었다. 나는 상상도 못했기 때문에 더욱 감격스러웠다.

성경에는 "쉬지 말고 기도하라"(살전 5:17)는 말이 있다. 지금 나는

그 뜻을 기도하는 마음으로 살라는 의미로 받아들인다. 열네 살 때의
내 삶이 그렇게 출발했기 때문이다.

100 years as a Christian

제2부

일의 소중함과 가치를 깨닫는 삶

나와 직장만을 위해 산 사람은
인생의 절반에서 끝나지만 내 일을 통해
사회와 국가에까지 이바지하는 사람은
100퍼센트의 인생을 산다.

교육은
희망의 약속이다

◇◇◇◇◇◇◇   **사랑으로 가르친 나의 참 제자들**

80년 가까운 세월을 교육계에서 보냈다. 초등, 중고등학교 교사를 거쳐 대학교와 사회교육에도 참여해왔다. 만일 누가 나에게 '교육의 가장 소중한 과제가 무엇이라고 생각하는가?'라고 물으면 '그들에게 희망을 주는 일'이라고 대답하겠다. 나는 학생들에게 희망을 주고 싶었다. 개인적으로 어려운 시대를 살아왔고 희망을 상실한 사람을 많이 대해왔기 때문인지도 모르겠다.

초등학교에서 교편을 잡았을 때는 '정직하게 자라고 아름다운 마음을 갖자'라는 생각을 가지고 교육을 했다. 나무가 다 자라면 굽어지지 않는다. 자랄 때 굽어지면 쓸모 있는 재목감이 되지 못한다. 인간관계도 어렸을 때 배워야 한다. 친구들의 좋은 점을 보고 칭찬하는 어린이는 선한 인간관계를 유지할 수 있다. 친구들의 나쁜 습관을 따르게 되면 자신도 불행해진다. 욕하는 습관을 버리고 칭찬하는 우정을 갖는 아이들이 아름답고 선하게 자란다.

내가 중학생 때는 우리에게 모범을 보여주는 선생님을 존경하고 따랐다. 그 모범의 핵심은 제자들에 대한 사랑이다. 나는 지금도 중학교 저학년 때 민족과 국가를 위해 눈물을 머금고 기도하셨던 성경 담당 선생을 잊지 못한다. 일제강점기였기에 더욱 그랬을 것이다.

나 같은 위치의 교육자는 고등학교 시절의 제자가 참 내 제자였다는 생각을 한다. 고등학생 때는 철없어 보이지만 인생관이 형성되는 시기이다. 교사는 '무엇을 위해 어떻게 살아야 하는가'라는 학생들의 물음에 대해 꿈과 희망을 주어야 한다. 대부분의 고등학생은 부모로부터 받아들이는 영향보다 스승에게서 배우고 따르는 영향이 더 크다. 내가 고등학교에 있을 때는 훌륭한 학부모들이 많았다. 춘원 이광수를 비롯해 대학교수, 장관, 국회의원 등 사회 지도자들이 여럿 있었다. 그런데 그런 부모를 둔 학생들이 어른이 된 후에 부모보다 존경스러운 스승의 영향을 더 많이 받았다고 말하는 것을 자주 들었다.

좋은 부모 밑에서 성장하는 자녀는 행복하다. 그러나 존경스러운 스승을 모시고 자란 제자는 훗날 자신도 존경을 받게 된다. 나는 많은 제자를 키우고 대해왔다. 그중 나를 가장 많이 닮은 제자들이 있다면 대학교에서 가르친 제자보다 고등학교에서 가르친 제자인 것 같다. 나 역시 사랑하는 중고등학교 제자들을 떠나 대학교 교수로 갈 때 이제는 나의 역할이 교육자에서 학문하는 스승으로 바뀌고 있음을 스스로 인정했다.

∞∞∞∞∞ 문제의식을 가진 제자를 길러내기 위해

대학교에 와서는 문제의식을 갖는 제자를 키우고 싶었다. 내 전공인 철학이 인문학 분야이기 때문에 더욱 그랬다. 내가 대학생일 때 존경했던 스승들도 정신적이고 사상적인 문제, 사회에 관한 문제의식을 중시했다. 지식은 독서나 체험 등을 통해서 얼마든지 얻을 수 있다. 대학 교육에서 강의가 중요한 이유는 주어진 문제를 함께 해결해 나갈 수 있는 노력의 과정이 있기 때문이다.

교수 중에는 두 부류가 있다. 양적으로 많은 지식을 전달해 주는 교수와 문제를 제시해 주는 교수이다. 전자에 치우치게 되면 고등학교 교육의 연장이 되기 쉽다. 그것은 지식에 해당한다. 그러나 학문은 지식과 다르다. 학문은 주어진 문제를 해결할 수 있을 때 가능해진다.

지식은 새로운 지식에 밀려 쓸모없어질 수 있다. 그러나 학문은 교수생활 동안 떠나지 못한다. 어떤 문제가 새로운 문제로 격상되면서 더 높은 차원의 학문을 개척해 나가기 때문이다. 대학을 졸업하고 어른이 된 뒤에 하는 얘기가 있다. 학생 때는 그렇게 열심히 공부했는데 세월이 지나니까 다 잊어버렸다는 말이다. 문제의식이 없었기 때문이다. 문제의식을 갖고 학업을 계속한 사람은 학자나 교수가 된다. 사회에 나가면 정신적 식견을 갖춘 지도자가 된다. 정신적 가치관이 뚜렷하기 때문이다. 흔히 인생관과 역사관을 갖춘 지성인으로 자처하게 된다.

그런데 대학생다운 대학생활을 스스로 포기하는 불행한 제자들도 있다. 내 경험에 따르면 두 종류의 대학생들이다. 하나는 대학 밖의 어떤 고정관념이나 절대적 이념으로서의 가치관을 지니고 대학 생활을 하는 제자들이다. 내가 대학에 있을 때 성행했던 운동권 학생들이 그랬다. 그들은 친좌파적 성향과 북한의 정치이념을 믿고 따랐다. 다른 하나는 특정 교단의 교리를 그대로 신봉하는 교리주의 신앙을 가진 제자들이다. 그들은 연세대학교가 기독교 계통의 대학임에도 불구하고 자신이 소속되어 있는 교단의 교리와 신앙을 가져야 정통성을 갖추며 구원이 가능하다고 믿었다.

대학에서 문제의식을 제공한다는 것은 그 문제의 해결과 미래를 위한 선택을 전제로 한다. 그런데 고정관념과 절대적 이념, 특정 교단의 신앙을 추종하는 학생들은 주어진 선택권을 스스로 포기한다. 그렇다고 고정관념과 유일 신념을 스스로 찾은 것도 아니다. 과거의 정치이념이나 교리적 신앙일 뿐이다. 그런 사상적 신념으로는 자신의 성장과 발전이 불가능할 뿐 아니라 교만과 독선에 빠지게 만든다. 그들이 대학을 졸업하고 사회에 진출하면 역사를 후퇴시키거나 사회 질서를 정체 내지 파괴하는 불행을 자초한다.

종교적 폐습은 사회와 역사의 정신적 가치와 질서를 후퇴시켰다. 구약을 신봉하는 유대교와 코란을 절대시하는 이슬람교의 갈등과 투쟁은 세계 역사를 후퇴시킬 뿐 아니라 인류의 희망을 빼앗고 있다. 국내에서도 폐쇄적이고 독선적인 신앙이 사회의 성장과 창조의식을 약화시키고 있다.

세계 많은 국가가 겪고 있는 발전 과정은 대학 사회가 책임져야 할 여러 문제를 남겨 주었다. 나 개인의 경우는 대학에서 가르친

30여 년보다 사회인으로서 교육적 책임감을 안고 살아온 세월이 더 길어지고 있다.

과일나무가 열매를 맺어야 하듯이 대학 교육은 사회적 결실을 감당해야 한다. 열매를 맺는 일이 힘들지라도 그것은 지성인에게 주어진 과제가 아닐 수 없다. 대학에서는 쉽게 설계도를 그릴 수 있다. 그러나 건축은 더 큰 현실적 노력이 뒤따라야 한다. 예를 들면 '진리란 무엇인가'라고 질문하는 것은 쉽지만 그에 대한 답을 찾기는 힘들다. 평화주의자는 될 수 있다. 그러나 평화로운 사회는 쉽게 성취되지 못한다. 나도 학문적 이상주의자의 난파를 겪은 후에야 휴머니스트가 되었다. 등산객이 산을 오르는 데는 이론보다 땀과 오랜 시간의 노력이 필요한 것과 마찬가지이다.

살다보면 책임져야 할 과제가 적지 않다. 그 과제는 소망스러운 가치관의 확립과 인간다운 삶의 질서를 찾아 제시하는 것이다. 정직과 진실이 있는 삶, 정의와 가치가 구현되는 사회, 자유와 평등이 공존하는 질서, 인간애의 정신이 희망을 약속한다는 신념 등, 우리에게 닥친 과제와 희망은 밖에서 주어지는 것이 아니다. 희망은 우리 스스로가 만들어가는 것이다.

하나님의 일꾼을 배출해낸
성경공부 모임을 이끌며

◇◇◇◇◇◇ **부산 피난 시절에도 계속된 성경공부 모임**

1947년 탈북·월남한 뒤 10월부터 서울의 중앙고등학교 교사가
되었다. 오래전부터 배재·중앙·휘문·보성중고등학교는 서울의 사립
명문학교로 인정받고 있었다. 부임하고 보니까 선생들 가운데 크리
스천 교사가 없었다. 뜻밖이었다. 속으로 생각했다. 기독교 교사가 없
는 학교여서 내가 보내심을 받은 것 같다고.

차츰 안정된 분위기가 조성되면서, 몇 명이라도 좋으니 성경공
부를 시작하자고 마음먹었다. 학교 안에서는 모임을 갖기가 어려워
광화문에 있는 덕수교회의 양해를 얻었다. 처음에는 5, 6명으로 시작
했다. 그러다가 한두 명씩 늘어나 7, 8명의 학생이 일요일 오후에 모
여 성경공부를 했다. 그중 4, 5명은 교회에 다니는 학생이었고 나머
지는 호기심과 나를 따르는 어린 학생들이었는데, 좌파 선생의 지시

를 받아 참석한 학생도 있었다. 그는 학교 성적도 좋은 모범생이었다. 훗날 고려대학교의 정치외교학과 교수가 된 한배호 군도 동석했던 것으로 기억한다.

그 모임이 잘되어 궤도에 오를 무렵 6·25전쟁이 발발했다. 그날은 아침부터 전쟁 소식으로 어수선했는데 오후 2시 모임에는 모두 출석했다. 밖에서는 휴가 나왔던 군인들은 빨리 복귀하라는 라디오 소리가 들려오기도 했다. 나는 모임을 끝내면서 학생들과 마지막 기도를 드렸다. 다시 모이지 못하더라도 좋은 앞길이 있기를 바라는 마음이었다. 그것이 나의 첫 성경공부 모임의 출발이었다.

부산에서의 피난생활이 계속되는 동안에 내가 중앙학교 부산 분교의 책임자가 되었다. 남성여자중고등학교의 도움을 받아 토요일 오후에 다시 성경공부 모임을 시작했다. 중앙고등학생이 중심이 되고 경기여고의 학생들이 동참해 주었다. 내가 기대했던 부산 학생들은 극히 소수였던 것 같다. 2년 가까이 계속했을 것이다. 휴전이 되면서 부산 분교가 해체되고 나도 학교와 더불어 환도하게 되었다.

서울에 올라와 얼마 후에 직장을 연세대학교로 옮기게 되었다. 그때 남대문교회에서 청년부를 위한 성경공부를 맡아 주었으면 좋겠다는 요청이 왔다. 우선 1년간 맡기로 했다. 한두 달 지나는 동안에 생각했던 것과 다른 결과가 나타났다. 교회 밖 대학생들은 늘었는데 남대문교회 청년들은 열성을 잃어가고 있었다. 교회 청년들은 교양을 위한 사교시간을 원하는데 외부 대학생들은 내 강의가 목적이었던 것이다. 후반기가 되자 교회 청년회 임원들은 주변 다방에서 시간을 보내다가 강의가 끝날 때쯤 들어왔다. 나로서는 두 가지 목적을 겸할 수가 없었다. 결국 교회를 위해 1년 후에 떠나기로 했다.

몇 주가 지났을 때였다. 5, 6명의 대학생이 찾아와 성경공부를 다시 했으면 좋겠다고 간곡히 요청했다. 다시 덕수교회의 도움으로 찬양대원 연습실을 얻어 성경공부를 계속했다. 회원은 10여 명이었다. 몇 개월이 지났을 때였다. 학생들이 각 대학에 안내문을 붙이고 공개집회를 했으면 좋겠다는 의견을 냈고 그렇게 하기로 합의를 보았다.

회원들은 기도하는 마음으로 열심히 준비했고 3일간의 집회는 교회 2층까지 젊은 대학생들로 만석을 이루었다. 수고한 학생들은 당황할 정도로 감격했다. 덕수교회 설립 이후 이번처럼 대학생들로 가득 찬 예배는 없었다고 했다.

⟨⟩⟨⟩⟨⟩⟨⟩ 교회에서 얻을 수 없는 기독교의 의미를 채워주고자

그런 영향도 있고 해서 나는 교회 측에 더 도움을 받거나 폐를 끼칠 수 없어 서대문에 있는 피어선성서신학교(현 평택대학교) 강당으로 장소를 옮겼다. 일요일에는 학업이 없었기 때문이다. 넓은 강당이 언제나 만원이었다. 그 소식을 들은 새문안교회 강신명 목사가 교회 전도관이 더 넓고 새문안교회 교인들에게도 도움이 될 테니 와달라는 요청이 왔다. 존경하는 목사님이었기에 요청에 따르기로 했다. 그러나 그것이 좋은 선택이었는지는 지금도 반성해보곤 한다.

회원 수가 늘어나기 시작하고 때로는 구세군 장로들과 천주교수녀들도 참석했다. 그 모임을 위해서는 성공적인 듯싶어도 교회 안에서는 우려스러운 생각을 가지는 이들이 생겼다. 내가 평신도라는 점과 때로는 교회의 방향과 일치하지 않는 내용의 강의를 했던 점이 그런 우려를 낳았을지도 모른다. 2, 3년 후에 강 목사님이 내 뜻을 받아들여 장소를 교회 밖으로 옮기기로 했다.

그 후 당분간은 종로의 YMCA 강당을 빌려 쓰기로 했다. 그런데 YMCA에 무슨 행사가 생기면 우리 모임이 취소되거나 YMCA 행사에 흡수시키는 사례가 생기곤 했다. 할 수 없이 원로였던 정순갑 장로가 우리 모임을 완전히 교회 밖에서 갖는 것이 좋겠다는 결론을 내렸다. 나는 강의를 하는 책임이 있을 뿐이고 다른 행정적 절차와 진행은 조직이 없는 몇몇 고참 회원들이 주관하고 있었다. 그래서 종로의 시사영어학원이 오랫동안 우리의 신앙적 공간이 되었다.

모임을 계속해 오는 동안에 교계와의 사이에 작은 오해도 있었으나 나는 후회하지 않는다. 교회 밖의 사람들이 우리 모임을 통해 교회 여러 교단에 참여할 수 있었기 때문이다. 천주교로 간 사람도 있는가 하면 우리 모임에 다녀간 이들은 더 열심히 교회를 섬겼다. 내가 원하는 것은 함석헌 선생이나 노평구 성서학자와 같은 무교회주의가 아니고, 교회에서 얻지 못하는 기독교의 의미를 사회와 정신적 영역에서 채워주고 싶었던 것이다.

그중 하나의 예를 소개해도 좋을지 모르겠다. 오래전 일이다. 그 당시에는 기독교 장로교회가 주동해 순복음교회를 이단적이라고 판단했던 때였다. 호주 시드니의 정 목사가 담임을 맡고 있는 교회에 신앙부흥회 강사로 와달라는 청을 받았다. 후에 알아보았더니 순복음교회였다. 내 생각에 정통이냐 이단이냐는 교단과 목사님들의 문제이지 교인들은 모두가 하나님의 사랑을 받아야 할 양떼들이었다.

다행히 나는 목사가 아니기 때문에 가도 좋겠다는 생각을 굳혔다. 그런데 시드니에 있는 한인 교회들이 순복음교회 부흥회에는 참석하면 안 된다는 광고를 했다. 내 제자도 그중 한 교회의 목사였다. 정 목사는 난처해졌다. 할 수 없이 밤마다 있는 집회는 시중에 있는 여자고등학교의 강당을 빌리고, 주일 낮 예배만 교회 예배당에서 하기로 정했다. 나는 학교 강당에서 설교를 하게 되었다. 교회에서 하는 것이 아니어서인지 시드니의 한인 교우들이 많이 모였다. 강당이 초만원이었다.

예배를 끝내고 교정의 나무그늘 아래를 걸어올 때 자연스레 신도들의 얘기를 듣게 되었다. "우리 목사님이 가지 말라고 했는데 오늘같이 마음에 드는 설교는 처음 들었어", "우리 교회보다 얼마나 조용하고 엄숙해. 박수도 안 치고, 아멘 소리도 없잖아"라는 얘기들이었다. 예배 절차를 간소화하고 설교 중심으로 진행된 데다 어느 교회 어떤 설교보다도 엄숙하고 조용했기 때문이다.

종로 시사영어학원에서 모임을 가졌던 기간 중 가장 힘들었던 때는 전두환 정권 초기였다. 회원들은 정부에서 금지했기 때문에 우리 모임도 금지될 것이라고 걱정하면서 모임에 나오곤 했다. 그러나 끝가지 계속할 수 있었다. 회원들이 "우리는 괜찮지만 교수님이 잡혀가면 어떻게 하느냐"고 걱정했다는 이야기를 나중에 전해들었다.

그러는 동안에 두 가지 이슈가 생겼다. 오랫동안 주일마다 시간을 할애해야 하므로 더 많은 신도가 기다리는 다른 교회를 도울 수 없다는 것과 나 혼자 모임을 이끌어가기보다는 다른 강사들의 협조를 받으면 더 좋을 것 같다는 생각이었다.

그러나 결과적으로 그 생각 둘 다 잘못이었다. 우선 내가 맡은 책임을 떠나야 한다는 판단이 계기가 되면서 다른 강사를 찾지 못하게 되었다. 그래서 중단한 모임이 무기한 연장되었다. 또 나의 노력만으로는 회원들의 신앙적 기대를 채워주기 어렵다는 책임감도 작용했다. 그 대신 외국에 나가는 일과 다른 교회에 봉사할 기회가 많아졌다. 내가 소속되어 있는 교회에 출석하는 시간도 더 많아졌다.

연세대학교에서 정년퇴직한 후에는 한우리독서운동에 참여해 초대 회장이 되었다. 그 일을 계기로 중단했던 성경 강좌를 다시 시작하면 어떨까 하는 욕구를 느꼈다. 다행히 박철원 본부장이 목사였기 때문에 성경 강좌를 이끌어 주기도 했다. 나는 강의를 맡으면서 정신적 부담도 줄어들었고, 한우리 강의실도 일요일에는 여유가 있었다. 그렇게 다시 시작한 것이 1,000회를 훨씬 넘기게 되었다. 최근까지도 계속되었으니까.

오랫동안 주님의 이끄심을 받은 여러 사람이 함께한 것에 감사한다. 최근에 작고한 배학분 여의사도 초창기 회원이었다. 그분은 대구 지역에서 존경받는 의사로 모범을 보여준 인물이다.

또 다른 회원인 김준 선생은 서울에서 중고등학교 교사로 있다가 미국 시애틀로 이민을 가서 조용히 교회를 돕는 동안에 장로가 되었다. 그는 「미주한국일보」에 연재했던 신앙 칼럼을 모아 두세 권의 저서를 남겼다. 신학공부를 따로 한 적은 없지만 우리 성경공부에서 터득하고 체험한 신앙을 영적 양식으로 재정리한 것이다. 지금은 그 지역의 어떤 목회자 못지않게 신앙적 모범을 보이며 지도자의 역할을 담당하고 있다.

주님께서 나보다 훌륭한 일꾼들을 인도해 주신 데 감사할 뿐이다.

하나님 나라 건설은
역사적 사명이다

◇◇◇◇◇◇ **국가와 민족을 생각하며 살라는 부친의 당부**

열네 살 되는 봄이었다. 20리를 걸어 숭실중학교 교정까지 갔다. 신입생 명단 안에 내 이름도 들어 있었다. 집에 돌아와 아버지께 보고를 드렸다. 며칠 후 조용한 시간에 아버지가 "네가 중학생이 되었다니까 할 말이 있다"며 나를 부르셨다. 그러고는 "네가 이제부터 긴 인생을 살아갈 텐데, 항상 가정 걱정만 하면 너는 가정만큼밖에 자라지 못한다. 또 친구들과 함께 열심히 일하면 그 직장의 주인이 될 수 있다. 그런데 언제나 국가와 민족을 생각하면서 살면 네가 국가와 민족만큼 성장할 수 있다"라는 말씀을 해주셨다.

부친은 학교 교육은 전혀 받아보지 못했다. 일찍 크리스천이 되어 교회에서 성장했다. 항상 나라를 걱정하던 아버지가 철없는 아들에게 들려주고 싶었던 말씀이었을 것이다. 나는 철들어가면서 아버지의 말씀이 어떤 목사님의 말씀보다도 기독교 정신에 뿌리를 둔 것이었음을 깨닫게 되었다.

우리는 어려서부터 수학을 배우고 철들면서 논리학을 공부한다. 둘 다 눈에 보이는 구체성을 띤 학문은 아니다. 그러나 그 법칙과 원리를 따르지 않으면 올바른 지식을 터득하지 못한다. 논리학은 더욱 그렇다. 우리는 논리를 모르고 사는 것 같아도 논리적 규범을 어기면 진리에 도달하지 못한다.

논리학의 아버지라고 불리는 아리스토텔레스는 2300년 전에 한 규범을 가르쳐 주었다. 사람은 한 가지 사물을 보고 판단할 때, 반드시 세 가지 입장에서 보아야 한다는 간단한 법칙이다. 직선으로 공간을 표시하기 위해서는 삼각형이 최초의 공간이듯이 어떤 사물도 삼각형의 세 각과 같은 세 가지 위치에서 본다는 것이다. 아리스토텔레스는 그것을 개체, 특수체, 전체로 정의한다. 사람의 경우에는 나, 우리, 모두에 해당한다. 그리고 개체에서 출발한 나는 특수체를 거쳐 전체에 도달하고, 그 전체를 터득한 내가 다시 개체의 위치로 돌아온다는 것이다.

나는 오래전에 어느 대기업의 대졸 신입사원 연수에서 강의할 때, 그 원리를 얘기하면서 이렇게 설명했다.

"이제부터 여러분은 나로부터 출발해서 회사원이 될 것이다. 과장급이 될 때까지는 나와 회사를 생각하면서 일하게 되고, 회사의 간부가 되어 부장이나 이사, 사장이 되면 나와 내 가정보다 회사와 사회경제를 더 생각하게 될 것이다. 그것이 여러분의 성장과 일의 보람이 되기 때문이다. 그러다가 대기업의 책임자가 되면 국가와 사회를 위한 기업체의 사명과 윤리관을 갖추어야 한다. 그 일까지 성공한 사람은 자기완성과 사명의식을 갖고 다시 출발했던 개체로서의 사회에 기여하게 된다. 그것이 인생의 과정이다."

나와 직장만을 위해 산 사람은 인생의 절반에서 끝나지만 내 일을 통해 사회와 국가에까지 이바지하는 사람은 100퍼센트의 인생을 살기 때문이다. 이런 생각을 갖고 인생을 출발하는 사람은 이제부터 자신에게 주어진 일과 직장을 통해 사회에 봉사하며 그 대가를 얻는 것이 인생의 열매를 거두는 길이라는 신념을 갖게 된다고 강의했다.

∞∞∞∞∞ 정의와 진실, 대학다운 대학을 위한 깊은 고민

나 자신도 그랬다. 연세대학교에서 직장인으로 출발하면서 나는 연세대학교를 통해 대한민국의 일꾼을 키우고 민족의 장래를 위해 책임을 갖고 일하고 싶다고 생각했다. 내 운명은 연세대학교와 함께 민족과 국가를 위한 사명의식과 공존한다고 생각했고 그렇게 사는 것이 내 인생의 성공과 행복은 물론 영광스러운 삶의 가치가 된다고 확신했다.

그 선결과제는 나를 위하는 삶보다 연세대학교를 사랑하고 위하는 애교심이다. 학생들을 진심으로 사랑하고, 학문과 진리탐구에 열중하는 책임이다. 그리고 가능하다면 기독교 정신이 국민과 더불어 구현되는 대표적이고 모범적인 사립대학으로 성장하는 데 도움을 주고 싶었다.

몇 차례 대학 내 보직을 제안받기도 했다. 그러나 보직 때문에 학업을 소홀히 하거나 학생들과 멀어지는 것을 원치 않았다. 그런 직책은 나보다 더 유능한 동료교수 중에서 찾아 추천하곤 했다. 나 자신의 무능을 잘 알고 있기 때문에 나는 대학의 여러 보직보다 교수직이 더 중요하다고 생각했다. 총장의 존경을 받는 교수가 되고 총장을 보좌하는 교수가 되는 것이 나의 꾸준한 선택이었다.

그렇다고 대학의 진로와 국가적 사명을 배제해서는 안 된다. 밖으로 알려지지는 않았으나 세 차례나 내 입장을 고수하면서 대학을 위해 앞장섰던 과거가 있다. 그 하나는 4·19 이후의 대학 내 민주화 사건 때였다. 나는 대학 측이 5명의 교수를 해임했을 때 그 결정을 수용하기 어렵다고 주장하는 교수단에 가담했다. 내가 신앙적으로도 존경하는 정석해·김윤경·심인곤 교수들과 뜻을 같이했다. 그 사건이 사회적 관심과 비판의 대상이 되면서 기독교계로부터 어떻게 크리스천 교수들이 기독교 대학의 정책에 반대할 수 있느냐는 비판을 받았다. 내가 교수단 대표의 한 사람이 되어 농성 교수들과 하루에 한 번씩 예배를 인도하는 책임을 맡았기 때문이다.

그 몇 달 동안 내 고민은 무거웠다. 나는 정의와 진실이 어디에 있는지 고민했다. 그리고 대학다운 대학을 위해서는 기독교의 사랑의 정신이 필요하다고 믿었다. 그런데 교회에서는 진실과 정의는 기독교인에게 있고 기독교 기관과 정책을 반대하는 것은 사회 공존의 가치가 아니라며 편 가르기식 선입관에 속하지 않았는가를 고민했다. 교회 기관에는 진실과 정의가 엄존한다는 관념이었다.

나는 많이 힘들었다. 나름대로 나의 신앙을 믿고 싶었다. 많은 기도를 드렸다. 감사하게도 1960년 8월에 시작된 교내 분규는 그해 말 크리스마스 전날에 유종의 미를 거둘 수 있었다. 모든 분규가 그러하듯이 승자도 패자도 없는 불행사였다. 앞으로는 이런 사태가 다시 생겨서는 안 되겠다는 교훈을 남겼을 뿐이다.

내가 연세대학교를 위해 무슨 도움을 주었는지 위로를 받지 못했다. 학생들이 피해를 입을까 걱정했는데 다행히 한 학생도 법적 제재는 받지 않았다. 서대문 형무소 문 앞에서 우리 때문에 수감되었던 학생들이 풀려 나오는 것을 보고 나는 여러 번 눈물을 닦았다. 주님께서 교수로서의 나를 용서해 주셨다고 생각하며 감사했다.

세월이 지나는 동안에 대학 이사회나 총장대리를 비롯한 교무위원들이 가졌던 나에 대한 오해도 해소되었다. 대학 측에서 나에게 교무처장을 맡아달라는 요청이 있었다. 사양했다. 분규의 주동자로 인식됐던 내가 맡을 직책이 아니었다. 교육학과의 유능한 E교수를 추천했다. 그리고 정신적 안정을 되찾았을 때였다. 학교 측에서는 나에게 1년의 안식년과 미국 국무성 초청 교환교수로 가는 특혜를 베풀어 주었다. 그 일이 계기가 되어 나는 교수로서 한 차원 높은 일을 할 수 있는 새 출발을 하게 되었다. 지금도 감사한 뜻을 간직하고 있다.

1975년 봄 학기였다. 목사이면서 오랫동안 교육계에서 수고한 박대선 총장이 이사회의 예상과 달리 학교 일을 더 이상 계승하기 어려운 사태가 발생했다. 잘못 처리되면 기독교 대학의 명예와 위상에 사회적 실망을 안겨줄 수도 있을 것 같았다. 총장과 함께 고민하던 측근 중의 한 교수가 나를 찾아왔다. 좋은 방법이 없겠느냐는 걱정이었다. 나는 개인적으로 박 총장을 잘 알고 그분은 내 뜻을 받아들일 것으로 믿었다. 내가 이렇게 제안했다.

"지금은 국가적으로 현 정부와 대학들 간의 갈등이 사회문제로 부상하고 있다. 대학 내 사소한 문제를 떠나 우리 학교 총장 이름으로 대한민국과 대학의 장래를 위해 정부가 통제와 탄압의 정책을 계속하면 안 된다는 성명을 발표하고 정권 차원의 압력으로 불가피하게 학교를 떠날 수밖에 없음을 알리는 게 좋겠다."

박 총장은 내 제안을 받아들였다. 내가 대정부 교육정책에 항의하는 성명서 초안을 작성해 주었다. 그 성명 발표가 다른 대학들은 물론 사회적으로 큰 반향을 일으켰다. 서울의 몇몇 대학에서는 연세대학교의 대학 이념을 높이 평가했고, 박 총장의 일본 모교에서는 한국 민주주의를 위한 공로자로 표창을 했을 정도였다. 교내의 작은 문제들은 자취 없이 사라지고 말았다.

물론 박 총장은 정부에 의해서 해임되었으나 나는 박 총장이 신앙적 애국심에 공감해 주었음을 고맙게 생각한다. 그 당시에 그런 결단을 내리는 것은 쉬운 일이 아니었다. 나는 그것이 최상의 길이었다고는 생각지 않는다. 하지만 독재정권에 항의하는 대학의 의무였다는 믿음만은 지금도 변함이 없다.

전두환 정권 때 일이다. 시내의 많은 대학이 전두환 정권의 잘못된 교육정책보다 온 나라를 공포로 몰아넣는 독재적 국정에 대해 어떻게 대처해야 할지를 고민하는 시기였다. 우리 대학에서도 안팎의 많은 문제를 해결하기 위해 대학 측과 별도로 교수협의회가 열렸다. 연세대학교의 입장 정리와 학내 문제 해결을 위해 교수협의회에서 10여 명의 교수가 대표로 선출되었다. 그중에 내가 문과대학 대표로 뽑혔다. 그리고 교수들을 대표하는 성명서를 작성해 대학 측에 제시하기로 했다. 그 내용의 초안 작성을 위해 나와 신과대학의 김찬국 교수가 선임되었다. 자연히 김찬국 교수보다 내가 초안 작성의 책임을 맡게 되었다.

중요한 사안이었기 때문일까. 연세대학교 전체 교수가 참석했다. 전무후무한 일이었다. 총장 사회로 진행된 회의는 처음부터 그 동안 누적되어오던 불만과 비리들이 터져나왔다. 그런 대규모 교수회의는 유례가 없었기 때문이다. 총장과 학교 측은 답변과 해명의 한계를 느꼈다. 부총장이 사회를 넘겨받았으나 거부당했다. 교수회의 주제는 사라지고 과제도 택하기 힘들어졌다. 회의장 밖에는 신문과 방송 등 언론사 기자들이 결과를 기다리는 상황이었다.

그때 한 원로교수가 발언했다. 교수회의에서 결정한 성명서가 있다고 했는데 그 내용을 들어보고 찬반투표로 결정지은 후에 교수회의를 끝내자는 발언이었다. 그럴 수밖에 없는 상황이었다. 총장이 누가 성명서를 발표하기로 되어 있는지 물었다. 내가 손을 들고 일어섰다. 나는 그동안의 경위를 설명하고 교수회의의 결정문을 발표할 책임을 졌을 뿐이라고 말했다. 10여 분이 걸렸던 것 같다. 수백 명의 교수들이 경청해 주었다.

총장이 교수회의 결정을 그대로 받아들여도 좋겠느냐고 물었다. 한 교수가 그 몇 조항 가운데 하나만 수정하고 채택하기로 동의했다. 그래서 만장일치의 결의를 얻을 수 있었다. 모두가 대내외적으로 적절하다고 판단했던 것이다.

그날 저녁 때 총장실에서 전화가 왔다. 그렇게 쉽게 해결될 줄은 몰랐는데 수고했다는 위로의 말이었다. 이 책임을 맡고 나는 2주 동안 대학을 위해 기도하는 마음으로 지냈다. 지금 생각해보면 나의 뜻보다 더 높은 섭리가 있었다고 본다. 기독교 대학으로서의 결과가 좋았기 때문이다.

대학을 떠난 지 어언 38년의 세월이 지났다. 그동안 나의 관심과 주어지는 일들은 사회적 과제와 역사적 가치관의 문제였다. 대한민국의 장래와 자유민주주의 정신을 찾아 실천하는 과제였다. 일제강점기는 물론 북한 공산치하에서 너무 심각한 정신 가치의 퇴락과 상실을 체험했기 때문이다. 나는 진실과 정의가 배제되는 사회에는 법치국가가 유지될 수 없고 자유와 인간애를 상실하면 인간적 생존 가치가 버림받는다는 것을 온몸으로 체감한 사람이다.

기독교 정신이란 무엇인가. 자유와 인간애에 기초를 둔 인간다운 삶을 추구하는 것이다. 그런 정신적 요청과 사명의식이 짙어지기 시작하면서 역사 참여의 길을 포기할 수 없다는 사명감을 깨닫게 되었다. 우리 시대에 주어진 역사적 사명과 인간으로서의 존재 가치를 포기한다면 국민의 책임은 물론 크리스천으로서의 사명을 망각하는 불충한 종이 될 것이기 때문이다.

내가 하는 일의 가치를
어디에 둘 것인가

◇◇◇◇◇◇ **일의 중요성이 먼저인가, 경제적 보수가 먼저인가**

가난한 삶은 운명처럼 나를 따라다녔다. 30대 중반, 연세대학교로 직장을 옮길 때는 극심한 가난의 시련을 겪어야 했다. 전쟁으로 모든 것을 잃었다. 중앙학교 때는 초라해도 사택이 있었다. 그곳을 떠나자 거처할 집도 없었다. 나 혼자의 수입으로 모친과 자녀들, 동생들까지 10명이나 되는 식구를 돌봐야 했다.

연세대학교에서 강의하던 초창기 3, 4년 동안은 식생활의 위협을 느낄 정도였다. 그래도 내 힘으로 가난을 극복해야 했다. 교수로서 부수입을 얻으려면 다른 대학에 시간강사로 가는 방법이 있었다. 여러 대학에 출강했다. 건강을 해칠 정도로 힘들었다. 그러다가 숭실대학교에서 전임대우를 해주었다. 두 대학의 혜택으로 겨우 안정기를 맞이했다. 몇 해 동안은 왜 일을 하느냐고 물으면 돈을 벌기 위해

서라고 대답할 정도로 일의 목적이 경제적 수입에 있었다

겨우 안정기에 들어섰을 때였다. 작은 사건이 생겼다. 지금 생각해보면 나에게는 중요한 사건이었다. 다가오는 토요일 오후에 삼성그룹의 강연이 약속되어 있었다. 그런데 그 주중에 대구에서 제자가 찾아왔다. 같은 날 대구의 중고등학교 교사 수련회가 열린다며 600여 명 교사들에게 기념 강연을 맡아달라고 청했다. 교장회의에서 결정되었고 자기는 내 제자여서 심부름을 왔다는 것이었다.

나는 마음속으로 고민했다. 두 가지 일 중에 대구로 가는 것이 소중하지만 경제적 보수를 생각하면 삼성으로 가야 했다. 선약이 되어 있었고 하루를 낭비하는 수고를 할 필요가 없었기 때문이다. 이럴 때는 나도 모르게 기도드리는 습관이 있었다. 일의 중요성이 먼저인가, 경제적 보수가 먼저인가를 헤아려보았다.

다행히 삼성의 양해를 얻을 수 있어 대구를 다녀왔다. 저녁에 서울역에 내려 버스를 탔다. 나 혼자 기도를 드렸다. "오늘은 제 선택이 주님의 뜻이었습니다. 앞으로도 오늘과 같은 부르심을 받으면 제 소원이 아닌 주님의 뜻을 따르겠습니다"라는 기도였다.

◇◇◇◇◇◇ **가치 있는 일을 하면 인생의 가치가 높아진다**

그런 일들이 계기가 되어 앞으로는 돈이나 수입보다 일의 가치와 중요성에 따라 일을 선택하자는 생각을 굳혔다. 그렇게 10여 년을 살았다. 그런데 뜻하지 않은 결과를 얻었다. 수입을 위해서 일했

을 때는 수입과 더불어 일도 끝나곤 했다. 그런데 일의 중요성을 찾아 일을 하면 일이 또 다른 일을 만들어 수입이 늘어나곤 했다. 책을 쓸 때도 그랬다. 많이 팔아 돈을 벌어야지 했을 때는 초판으로 끝난다. 그러나 내용이 좋은 책을 출판했을 때는 독자가 독자를 유인하기 때문에 더 많은 수입이 따른다. 또 다른 유익도 있었다. 수입을 위해서 일할 때는 피곤하고 일에서 벗어나고 싶은 마음이 들기도 했지만, 일다운 일, 하고 싶은 일을 할 때는 힘들지도 않고 피곤한 줄도 몰랐다. 일이 즐겁기 때문이다. 그러니까 더 많은 일을 하게 되고 그에 따르는 정신적 만족과 사회적 보답에 감사함까지 느꼈다.

그런 세월이 계속되고 경제적 안정과 일의 보람을 느끼다가 뒤늦게 다시 한 가지 소중한 교훈을 얻게 되었다. 그때까지 나는 100사람이 100가지 일을 하면 일의 목적이 100가지일 것이라고 생각했다. 그러나 그것은 옳은 생각이 아니었다. 100사람이 100가지 일을 하더라도 그 목적은 다 같다는 생각이었다. 나나 우리가 제각기 다른 일을 하는 것 같아도 그 일의 목적은, 우리가 하는 일들을 통해 좀 더 많은 사람이 인간다운 삶과 행복을 누릴 수 있도록 돕는 것이다.

정치가는 선한 정치를 통해 국민의 삶이 더 나아지게 하고, 경제인은 기업과 일을 통해 가난한 사람들과 국민 모두가 경제적 혜택을 누리도록 돕는 것이다. 교육자는 정성을 다해 제자들을 가르쳐 그 제자들의 정신적·지적 욕구를 채워주고 문화적인 혜택을 얻을 수 있도록 도와야 한다. 모든 일은 나와 내 소유를 위한 것이 아니었다. 이웃과 사회를 위해 봉사하는 것이며, 우리의 일로 인해 더 많은 사람과 국민이 인간다운 삶과 행복을 누리면 된다.

그런 사고와 가치관에 도달하면 더 값진 교훈을 얻게 된다. 내가 비용을 쓰더라도 가치있는 일을 해야겠다고 선택하는 것이다. 그래야 모두가 행복해지기 때문이다. 그렇게 살아온 사람은 더 큰 보람까지 얻게 된다. 일의 고귀한 목적에 도달하기 때문에 인생의 가치까지 높일 수 있다. 사회적 감사와 존경도 받는다. 무엇보다 중요한 것은 일의 사회적 가치를 높은 차원에서 발견하는 것이다. 그리고 그 결과는 일하는 사람의 인격은 물론 성공과 영광까지 찾아 누린다. 일의 사회적 가치를 높여 모든 사람이 서로 위하고 존경하는 유토피아에 이르게 된다. 직책의 높고 낮음보다 사회적 기여도를 묻게 되며 나를 위한 노력보다 사회적 가치를 우선하는 변화가 생긴다.

여러 해 전의 일이다. 한 기독교 중고등학교 교장과 이사장을 지낸 이름 없는 교육자가 교육부 장관들도 받지 못한 사회적으로 인정받는 표창을 받은 일이 있었다. 그것이 당연한 평가이다. 자기 업적을 자랑하기 위해 거짓을 꾸미는 대통령보다 진실을 위해 고난을 받는 애국자가 역사를 건설하는 법이다. 행정을 잘못해 국민에게 혼란과 고통을 주는 교통부 장관보다 하루하루 수많은 승객을 위해 정성을 다하는 버스기사가 존경을 받아야 한다. 같은 일을 하더라도 더 많은 사람을 위해 최선을 다하는 사람이 축복과 영광을 누려야 하며 우리가 원하는 일의 가치가 거기에 있다. 이기주의자는 버림을 받게 되어 있으며 섬기는 사람이 하나님 나라의 일꾼이 된다는 것이 예수의 교훈이었다.

독서의 모범을 보이는 교회보다
더 좋은 전도가 있을까

<small>◇◇◇◇◇◇◇</small> **내 신앙의 성장은 책이 준 선물**

신앙을 갖게 된 계기가 사람마다 같을 수는 없다. 나는 내 신앙의
90% 이상이 독서를 통해 주어졌다고 생각한다. 신앙에 들어서는 초
창기에는 교회와 설교를 통해 배우고 자랐다. 그 이후의 성장은 책을
통해 받은 선물이다.

지금도 어떤 분의 설교나 강연을 통해 신앙을 갖게 되었는가 돌
이켜본다. 열네 살 때 처음 신앙의 문을 열어준 분은 윤인구 목사였
다. 그분의 설교는 지금도 기억하고 있다. 그다음으로 도산 안창호
선생의 설교, 고당 조만식 장로의 설교를 제외하고는 내 신앙의 성장
을 도와준 설교가 별로 없었다. 일본에서는 상당히 여러 목사와 교수
의 설교에서 감명을 받았다. 하지만 그 외에 독서가 없었다면 내 신
앙은 더 성장할 수 없었을 것 같다.

중학생 때는 세계문학을 읽으며 기독교 사상을 받아들였다. 특히 톨스토이와 더불어 기독교 신앙의 원리를 생각했고, 빅토르 위고의 책을 통해서는 신앙의 깊은 인간적 이해를 얻었다. 일본 기독교 서회에서 발간하는 책들과 구세군에서 출간하는 책들도 읽었다. 그러다가 대학생이 되면서 읽은 토스토옙스키의 『죄와 벌』, 『카라마조프가의 형제들』은 신앙과 인간문제의 고뇌를 깨닫게 했다.

그리고 철학 분야와 사상적 관심을 가진 강의와 독서는 물론, 아우구스티누스, 파스칼, 키르케고르 같은 인간학적 기독교 저서에도 큰 감명을 받았다.

내가 비교적 일찍 키르케고르를 한국 기독교계에 도입한 사람 중 하나일지 모른다. 키르케고르에 관한 강연회를 새문안교회에서 발표했을 때는 교회가 가득 찰 정도로 성황을 이뤄 꿈같은 인상을 남겨 주었다.

기독교에 반대한 비판적 사상가나 철학자의 저서를 읽으며 기독교적 신앙의 필요성을 더 강렬히 깨닫기도 했다. A. 쇼펜하우어, F. 니체는 물론 S. 프로이트, K. 마르크스의 저서는 기독교의 인간학적 이해와 사회적 관심을 더 높여주기도 했다. 연세대 서남동 교수는 프로이트를 모르는 신학자는 목회자의 자격이 의심스럽다고 자기반성을 했을 정도이다.

1960년대에는 P. 틸리히, R. 니부어, K. 바르트를 접할 수 있었다. 그러나 내가 그분들에게서 얻은 것은 신학을 위한 연구보다 신앙적 진리였다. 틸리히를 통해서 신앙의 철학적 깊이를 깨달았고, R. 니부어를 대하면서는 신앙의 사회적 소명과 역사적 의무를 느꼈다. K. 바르트는 가까워지지 못했다. 신앙을 깨달은 사람에게 교의학적 과제는 교회 내 문제로 생각되었기 때문이다. 파스칼의 글을 좀 연장한다면 "아브라함의 하나님, 이삭의 하나님, 야곱의 하나님이지 철학자의 하나님은 아니다"라는 말에 '신학자의 하나님도 아닐 수 있다'는 생각을 갖게 해주었다.

지금 인류는 정신적 문화의 태양빛 아래 살고 있다. 그 태양이 없었다면 달빛 아래 어두운 세상에 살았을 것이다. 그 문화의 태양 구실을 한 국가는 많지 않다. 역사적으로 본다면 영국, 프랑스, 독일이 그 책임을 감당했다. 다음 국가는 어딜까. 모두가 러시아가 될 것이라고 믿었다. 그러나 불행하게도 러시아는 공산국가가 되면서 정신문화 사회에서 탈락했다. 그 대신 거론된 국가가 미국이다. 아시아에서는 유일하게 일본이 그 역사적 임무를 담당했다. 지금 인류는 이 5개국의 문화적 혜택으로 밝은 태양빛 아래 살고 있다.

다섯 나라가 어떤 국가인가. 국민의 절대 다수가 100년 이상 독서한 나라들이다. 이탈리아, 스페인, 포르투갈은 영국보다 문화적으로 앞서 있었다. 그러나 독서를 못했기 때문에 지금은 세계 문화국에서 밀려나 있다. 미국 문화보다 앞서 있던 멕시코에서 남미 브라질까지 여행을 해보라. 독서하는 나라가 보이지 않는다. 아프리카나 인도는 후진성을 면치 못하고 있다. 중동 지역도 그렇다. 아시아에서는 일본을 선두로 한국과 중국이 그 뒤를 따르고 있다. 중국이 공산국가가 되면서 인문학을 배제하고 사상의 자유를 용납하지 않기 때문에 독서의 가능성이 사라져가고 있다.

그렇다면 대한민국의 위치가 대단히 중요해진다. 아시아에서는 일본 다음으로 독서하는 국민이 될 수 있는가의 여부가 한글문화가 세계화에 기여할 수 있는가와 직결된다. 그 책임을 게을리한다면 세계 무대에서 아시아는 두 문화권이 남게 된다. 선진국 일본과 막대한 인구를 차지하는 중국이다. 앞으로 100년쯤 지나면 우리의 가능성 여부가 나타날지 모른다. 그 해결의 열쇠가 '독서하는 국민'이 되는 것에 달려 있다.

∞∞∞∞∞ 독서를 즐기는 사람이 행복한 애국자

내가 이런 얘기를 하는 이유는 우리 기독교가 무책임할 정도로 문화적 후진성을 벗어나지 못하고 있어 지성사회의 비판을 받지 않을까 우려되기 때문이다. 생각이 있는 국민은 한국문화의 세계화와 '독서하는 국민'이 되기 위해 노력한다.

여러 해 전 일이다. 경주에서 한 교단에 속하는 장로들의 수련회에 참석해 주제 강연을 했다. 강연을 끝내고 나오면서 강연 전에 사회자가 "혹시 교수님의 책을 읽으시는 분이 있으면 사인을 부탁해도 좋겠다"고 한 말이 생각나 여러 참석자와 인사를 나누었는데 한 사람도 사인을 원하는 사람이 없었다.

나중에 누군가 이런 얘기를 했다. "교수님의 기대가 지나쳤습니다. 요즘은 교인들이 책을 읽지 않습니다. 독서를 권하거나 읽을 책을 소개해 주는 목사님도 많지 않고요."

비슷한 시기에 전북 전주시 부근의 한 모임에서 강연을 한 적이 있었다. 교회 기관이 아니어서 스님들도 있었고 교회에 나가지 않는 회원이 대부분이었다. 100명 가까이 모였는데 내 강의가 끝나자 내 책을 갖고 와 사인을 부탁하는 이가 20여 명 있었다. 내 저서는 아니지만 안병욱 교수의 책에 사인을 부탁하는 이도 있었다.

그렇다고 모든 교회가 그런 것은 아니다. 서울 용산에 있는 나사렛교단 교회에 두 차례 다녀왔다. 그 교회 안에는 넓은 공간을 도서관처럼 꾸며놓았는데 거기에 내 책들도 비치되어 있었다. 그 교회는 교단도 크지 않았지만 미국에서 돌아온 지 얼마 안 된 젊은 목사가 담임 목회를 맡고 있었다. 나와 사적인 대화를 나누며 자신이 공부한 얘기를 자세하게 들려주었다. 역시 외국에서 신학다운 신학을 공부했고 직접 독서를 통해 신앙을 터득한 분이기에 교인들에게 독서를 권한다는 생각이 들었다.

기독교 관련 서적을 출판하는 이들을 통해 보수적 교단의 신도들은 독서보다 목사의 설교에 의존하는 교우가 많고 중견 교회보다 대형 교회일수록 독서하는 신도가 적다는 말을 들었다. 열정적으로 신앙심을 호소하는 교회보다 조용히 예배를 드리는 교회 신도들이 책을 가까이할 것이라는 중론이었다.

천주교에서는 때때로 독서하는 기회를 상부에서 만들어준다. 그리고 천주교 서점에는 신도들이 읽어야 할 책들을 소개해 주기도 한다. 한번은 은평구에 있는 한 성당의 초청을 받아 강연을 갔다. 그날의 주제는 '책을 읽는 국민이 되자'였다. 그 성당의 신부님이 내 책의 독자였던 까닭에 나를 초청했던 것 같다.

영락교회 교인인 서울대학 법학과 최종고 명예교수가 『사도법관 김홍섭 평전』을 썼다. 김홍섭 판사의 전기로 대단히 좋은 내용이다. 김홍섭 판사는 법조계에서는 누구나 존경하는 인물이다. 나도 젊은 독자들에게 권하거나 교회 강연에서 소개하기도 했다. 그런데 천주교인들은 그가 훌륭한 대법원 판사였고 많은 사람을 신앙으로 이끌어준 평신도인지 아는데, 개신교에서는 그를 아는 사람이 거의 없다. 저자인 최 교수도 그런 아쉬움을 말하곤 했다. 그 책을 읽은 사람이면 누구나 기독교에 대한 존엄성을 갖게 된다.

오래전 울산의 상공회의소에서 주최한 강연에 간 적이 있다. 대상은 경제계와 기업체 지도자들이었다. 강연을 끝내고 회장과 차를 마시게 되었다. 그 회장의 고백이다.

"젊었을 때 교수님 책들을 읽었습니다. 예수와 하나님 얘기만 없었으면 좋겠다고 생각했습니다. 왜 철학자가 종교 얘기를 하는지 불만이 컸습니다. 50대쯤 되면서 사회적으로 많은 어려움을 겪었고 나름대로 한국 사회를 위해 무엇이 필요한가를 생각하게 되었습니다. 그럴 때마다 교수님 생각도 났고요. 그러다가 저도 모르게 교회를 찾아 신앙을 갖게 되었습니다. 지금은 장로가 되어 교회를 섬기고 있습니다. 젊어서 교수님 책을 읽지 않았으면 무신론자로 허무한 인생을 살았을 것 같습니다. 늦게나마 감사의 말씀을 드립니다."

나는 지금도 '독서를 즐기는 사람이 행복한 애국자'라고 생각한다. 한국 교회가 독서의 모범을 보여줄 수 있다면 그보다 좋은 전도가 있을까.

신앙과 본능 사이의 모순을
어떻게 해결할 것인가

◇◇◇◇◇◇◇◇ **교회가 치유와 위로를 주지 못할 때**

연세대학교에 있을 때 학생상담소 일을 맡은 적이 있다. 젊은 학생인데도 불구하고 정신과 치료를 받는 경우가 적지 않아 세브란스 병원 정신과 전문의의 협조를 받아야 했다.

내가 "학생들 중에는 신앙문제로 고민하다가 노이로제로까지 발전하는 학생이 있는 것 같다"고 했더니 정신과 전문의는 자신이 병원에서 상대하는 환자의 많은 수가 신앙문제와 관련돼 있다고 말했다. 기독교 신앙은 정신적 고민을 해결해 주는 의사의 역할을 담당해야 하는데 거꾸로 된 것 같다는 생각을 했다. 그 의사는 "건전한 기독교는 치유의 책임을 맡는데 잘못된 교회는 그것에 역행하는 경우가 있다"고 말했다. 책임은 기독교가 아니라 교회에 있다는 뜻이었다.

그 즈음에 내가 겪은 일이다. 평소 알고 지내던 중고등학교 교사로 있는 남자가 찾아왔다. 그는 자신이 정신과 치료를 받고 있는데 재정 부담이 적지 않다고 걱정했다. 내가 세브란스 병원장을 겸하고 있는 이병희 부총장에게 상의를 했다. 이 박사는 서울 국립정신병원의 원장으로 있는 자신의 제자를 소개해 주겠다며 선의를 베풀었다.

그 후로 나는 그 일을 잊고 지냈다. 일 년 가까이 지났을 무렵 한밤중에 전화가 왔다. 상대방은 약간 취기가 있는 듯했다. "당신이 이병희 선생을 통해 ○○○ 환자를 내게 보내주었습니까?" 하고 물었다. 그렇다고 했더니 "나는 그 환자를 더는 도와줄 수가 없으니 선생님이 먼저 도와야겠습니다"라는 불평과 항의 비슷한 말을 했다. 내가 "그렇게 병이 깊었습니까?" 하고 물었다. "그 사람에게서 하나님에 대한 믿음을 없애야 하는데 나는 그 책임까지 감당할 자신이 없습니다. 그 환자는 선생님이 신앙으로 이끌어 주었다는데, 하나님을 믿지 않게 한 후에 저에게 보내세요"라고 볼멘소리를 했다.

내가 그 선생을 찾아 어느 교회에 다니며 어떻게 지내느냐고 물었다. 그가 다니는 교회는 보수적이라고 할까, 열정적인 교회였다. 새벽기도는 물론 예배시간에 빠지면 안 되고 열심히 기도드리며 성경을 읽어야 한다고 가르쳤다. 예배시간에 손을 들고 그렇게 하기로 서약까지 시키고 '아멘'을 반복하며 열성적인 신앙을 강조하는 교회였다. 병중에 있는 환자가 그 책임까지 감당하기는 힘들었던 것이다.

나는 할 수 없이 내가 잘 아는 목사가 지도하는 교회에 가도록 안내하고 목사에게 환자를 대하듯이 평안한 마음과 위로를 베풀어 달라고 당부했다. 교회에는 나오지 않아도 좋으니 정신적 안정을 되찾고, 예수님은 항상 당신을 도와준다는 위안을 갖도록 이끌어 주기를 부탁했다.

오랜 세월이 지난 뒤, 내가 광화문에 있는 기독교상담소 지도자들에게 강의를 끝내고 나오다가 그 선생을 만났다. 정년퇴직을 하고 상담학을 배우기 위해 회원으로 출석한다고 얘기했다. 자신처럼 고생하는 사람들을 돕기 위해 연수를 받는 것 같았다.

몇십 년 전 내가 시카고대학에 머물던 시절, 일요일이 되면 두 성격의 교회가 각기 다른 모습으로 예배를 드렸다. 대학 분위기의 교회를 지키고 섬기는 백인 중심의 교회와 대학 주변으로 이주해 온 흑인 중심의 교회가 섞여 있었기 때문이다. 주로 지성인들이 많은 백인 교회는 조용하고 엄숙하며 경건한 예배를 드렸다. 목사의 설교 목소리도 옛날 예수님 같이 잔잔했다.

그와는 완전히 대조적으로 흑인들은 일요일 하루를 교회에서 보냈다. 박수를 치면서 아멘을 되풀이하고 헌금을 여러 차례 걷으며 찬송을 부르다가 쓰러지는 신도까지 생겼다. 열정이 곧 신앙이라는 감정 본위의 분위기였다.

지금 우리나라는 그 두 가지 예배의 중간쯤 되는 교회가 많은 것같다. 물론 전통 있는 중견 교회는 어떤 사회인도 참석할 만한 수준으로 바뀌었다.

여기서 심리학자들이 지적하는 인간 이해를 위한 교훈을 소개하고 싶다. 그와 관련된 주제는 나보다 한국신학대학의 교수로 있다가 연세대학교 신학과 교수로 왔던 서남동 교수가 더 강하게 문제 삼았던 내용이다. 서 목사가 늦은 나이에 캐나다 토론토대학교의 엠마누엘 신학대학원에서 S. 프로이트를 접한 뒤에 그때까지 인간의 본성을 모르면서 신학을 공부하고 신학을 가르치며 설교한 것이 얼마나 잘못이었는지 고백했는데, 다음의 교훈도 그런 주제 중 하나이다.

◇◇◇◇◇◇ **신앙은 인간문제 해결을 지향한다**

인간의 의식구조는 바다 위에 떠 있는 빙산과 비슷하다. 물위에 보이는 빙산은 전체의 10분의 1 정도이다. 대부분은 바닷속에 잠겨 있다. 그 물위에 떠 있는 부분이 우리의 의식이다. 생각, 느낌, 사유를 포함한 자의식이다. 밑에 보이지 않는 더 큰 부분이 무의식 또는 잠재의식이다. 이것이 인간적 본능이다. 바울은 이것을 신체적 악에 속하거나 그것에 가깝다고 설명했다. 물위에 떠 있는 빙산의 5분의 1에서 10분의 1은 초아의식이다. 내가 나를 초월하려 하며 일반의식을 좌우할 수 있는 부분이다.

우리가 예배시간에 참여해 설교를 듣는다면 초아의식은 곧 그것을 받아들인다. '아멘' 하며 공감하고 그렇게 살리라 다짐한다. 그 초아의식이 우리의 생각에까지 영향을 미친다. 그래서 감격하기도 하고 감사와 은혜를 느끼기도 한다. 주로 감성적인 공감이다. 그렇다고 해서 물속에 잠겨 있는 것에 해당하는 무의식이나 잠재의식까지 변한 것은 아니다. 인간적 본능과 욕망은 변하지 않는다.

그 결과는 어떻게 되는가. 교회에서 받아들인 신앙적 교훈과 개인에게 내재한 인간적 본능 사이에 갈등과 모순이 생긴다. 그 갈등과 모순이 장기화되면 인간적 삶의 불균형과 파괴 현상으로 변질될 수 있다. 그런 상태가 신앙인들이 겪는 자기모순과 고통인 것이다. 바울 사도조차 "내가 원하는 바 선은 행하지 아니하고 도리어 원하지 아니하는 바 악을 행하는도다 … 오호라 나는 곤고한 사람이로다 이 사망의 몸에서 누가 나를 건져내랴"(롬 7:19, 24)라고 고백했다.

예수와 바울은 그런 고뇌를 충분히 받아들이고 극복함으로써 신앙을 갖출 수 있었다. 그런데 우리는 이런 문제를 느끼지 못하면서 교회에 다니고 예배에 참석한다. 신학공부도 하고 설교자도 된다. 그러나 직업적 신앙은 참 신앙이 되지 못한다. 그 격차가 심해지면 자기 인생의 이중성을 발견하게 되고 세상 사람들에게는 위선자로 보인다. 일부 가톨릭 신부들과 개신교 목회자가 사회적으로 규탄 받고 교회를 부끄럽게 만들기도 한다. 심리학자나 정신분석학자들의 가르침을 모르고 있었던 것이다.

그러나 인간적 본능을 신앙으로 극복한 사람은 한 알의 밀이 썩어 열매를 맺는다는 것, 새로 태어난다는 교훈이 무엇을 뜻하는지 안다. 영적 체험을 겪었기 때문에 문제가 되지 않는다. 크리스천은 인생의 목적과 살아가는 방법을 그리스도와 더불어 체험했음을 신앙을 통해 보여주어야 한다. 신앙은 모든 인간문제의 해결을 지향하기 때문이다. 신학이나 교리는 그 후의 문제인 것이다.

『예수』라는 책을 둘러싼
감사한 이야기들

◇◇◇◇◇◇ **'성지'가 사라진 성지순례에서 얻은 깨달음**

오래전부터 꿈꿔왔던 '성지순례'의 길은 쉽지 않았다. 두 친구와 세계일주 여행을 하다가 이집트 카이로에서 그들과 헤어졌다. 일 년 동안 가정을 떠나 있었고 피곤에 지친 두 친구는 먼저 귀국하기로 했던 것이다. 나 혼자 남아 카이로 서쪽에 있는 기제(기자) 지역의 피라미드를 관광하고 카이로시로 돌아오는 버스를 탔다.

옆자리에 앉은 젊은 여성이 자기는 요르단 국적인데 카이로대학원에서 공부하는 중이라고 소개했다. 내가 요르단 왕국에 가려고 하는데 비행사도 찾지 못했고 요르단에는 한국 영사관도 없어 걱정하던 중이라고 했더니 그 여대생이 비행사까지 안내해 주고 모든 절차를 밟아 주어 다음날 떠나게 되었다. 무슨 일이 생기면 연락해 도움을 받으라며 전화번호까지 알려주는 친절을 베풀었다. 나중에야 알았지만, 그 여대생의 아버지는 요르단 국민이 다 아는 저명 인사였다.

요르단에 입국한 뒤에는 미국인 및 스페인 관광객과 일행이 되어 성경 속 지명과 관련이 있는 여러 지역을 다녔다. 1962년 7월 당시는 요르단과 이스라엘이 전투를 계속하다가 잠시 휴전에 들어간 상태였다. 요르단을 거쳐 이스라엘로 입국하는 것은 판문점을 거쳐 북한으로 가는 것만큼이나 힘든 때였다.

다행히 나는 미국을 떠날 때 여권과는 별도의 비자를 따로 받아두었던 덕택으로 요르단에서 이스라엘로 국경을 넘어갈 수 있었다. 가까스로 요르단 외무부의 출국허가를 받아 이스라엘로 추방당하는 절차를 밟았다. 두 나라의 심사와 검문을 받으면서 이스라엘에 가서는 여권과 따로 간직해 두었던 미국에서 받은 비자를 제시하자 입국이 허락되었다.

이스라엘 영토와 관련 있는 성경에 나오는 여러 지역을 순방했다. 떠나기 전날은 갈릴리 호수가 보이는 호텔에 투숙했다. 밤중에 넓은 잔디밭 위에서 기도를 드렸다.

"순례하는 마음으로 성지를 찾아다녔는데 주님의 마음과 뜻이 머물러 있는 곳은 어디에도 없었습니다. 장사꾼들의 시장으로 변해 버렸고 이 지역에 있는 그리스정교회의 신부들까지도 저의 마음과는 일치되지 않았습니다. 제가 본 것은 2000년 전 옛날의 산과 들, 사막, 갈릴리 호수와 주변 자연뿐이었습니다. 어디에서도 주님의 마음과 음성은 들리지 않았습니다. 이렇게 눈물의 시간을 보내고 떠나게 될 줄은 몰랐습니다."

한없이 슬퍼졌다. 그때 나에게 음성 없는 소리가 전해졌다. '왜 나를 보려고 여기 왔느냐. 나는 네가 떠나 있는 한국에 머물고 있다. 나를 기다리며 도움을 요청하는 너희 고향 동포들을 위해서… 나는 항상 너와 같이 있기를 원하는데, 네가 나를 찾아 떠났던 것뿐이다'라는 뜻의 속삭임이었다. 나는 편안한 마음으로 성지를 떠났다. 주님이 계신 한국으로.

그뒤로 나에게는 성지라는 개념이 사라졌다. 예수님의 고향을 다녀왔을 뿐이다. 주님이 계시지 않는 곳은 성지가 아니었다. 아름다운 자연과 착한 마음씨를 지키는 예수의 후예들을 보는 것으로 족했다. 수가성의 우물가에 갔을 때, 주님께서 남기셨던 말씀이 생각났다. 예배 드릴 곳은 예루살렘 성전이 있는 곳도 아니고 이 산에서도 아니라는 말씀이다.

기독교는 성지를 남기려는 자연종교도 아니며 공간 신앙도 아니다. 불교와 이슬람교에는 성지가 숭배의 대상이 되어 있다. 그러나 우리에게 고향이 있듯이 예수에게도 고향이 있을 뿐이다. 기독교는 가급적이면 자연적 공간성을 떠나 역사적 현재를 책임지는 신앙이 필요하다. 믿음은 무엇인가. 그리스도와의 동시성(同時性)이다.

그 다음부터 나는 예수의 고향을 찾아보지 못했다. 내가 잘 아는 정진경 목사가 예수님 고향에 두 번째 다녀와서 담담히 하던 말이 떠오른다.

"성지에 가보고 나면 예수 믿을 사람이 있을까?"

이런 일들이 계기가 되어 '나에게 있어 예수는 누구였는가' 하는 생각이 깊어졌다. 그것이야말로 신앙의 핵심이니까. 사복음서를 읽을 때마다 그 물음이 가시지 않았다. 그래서 쓰게 된 것이 『예수』라는 책이다. 처음에는 기독교 계통의 출판사가 맡아 내주었는데 많은 독자가 생기지 못했다.

∞∞∞∞ 『예수』를 복간하게 된 사연

오랜 세월이 지난 후에 이와우 출판사의 사장이 『예수』를 다시 출판하고 싶다며 찾아왔다. 그러면서 자신의 할아버지가 부탁한 말을 전해 주었다.

"네가 출판을 한다기에 하는 말인데 이 책은 꼭 출판해라. 내가 읽은 책 중에서 이렇게 감명 깊은 책이 없었다."

할아버지의 말씀이 강권이기보다 명령처럼 느껴졌다고 했다. 그의 할아버지는 내 중학교 동창인 우태하 의사의 형님이기도 했다. 조용히 사라져갈 것 같았던 『예수』가 그렇게 다시 출판되어 많은 독자의 사랑을 받게 되니 지금도 감사한 마음이다.

또 다른 독자 중의 한 사람을 소개하려고 한다. 내 외손자가 고등학교에 다닐 때 상급 학년으로 올라가면서 새로 만나게 된 손자의 담임선생이다. 그 선생은 자기소개를 하면서 다음과 같은 얘기를 들려주었다고 한다.

그는 교사가 된 후 마음이 맞는 여자친구가 생겼다. 서로 사랑하게 되어 결혼을 하고 싶었다. 그런데 여자친구는 기독교를 열심히 믿는 크리스천이었고 그는 신앙에는 관심이 없었다. 그의 가족도 기독교인을 반기지 않았다. 저렇게 독실한 신앙과 인생관을 가진 여성과 일생을 같이한다는 것은 부담스럽고 힘들겠다는 생각을 하다가 그저 친구로 끝내자고 결심했다.

그런데 여자친구가 "네 마음을 잘 이해하겠는데 내가 믿는 신앙을 버리거나 바꿀 수는 없으니 신앙은 나 혼자 내 마음속에 간직하고 교회에 나가거나 크리스천으로서의 활동은 자제하겠다"며 "당신이나 가정에 누를 끼치거나 어려움은 주지 않을 테니 결혼하자"고 했다. 그 선생도 그 뜻이 고마워 결혼을 결심했다. 둘은 웨딩마치를 울리고 남부럽지 않은 가정을 꾸렸다.

그러다가 얼마 전부터 아내가 원인이 밝혀지지 않는 병으로 힘들어 하게 되었다. 아내는 그 병 때문에 남편이 자신을 사랑하는 마음이 식지는 않을까 괴로워하고 그 선생도 무거운 마음으로 애태우고 있었다. 둘 다 행복한 가정을 잃어버릴 것 같은 절망에 가까운 심정으로 힘든 나날을 보내고 있었다.

하루는 무거운 마음으로 거리를 거닐다가 소나기가 쏟아져 가까이에 있는 책방으로 피해 들어갔는데『예수』라는 제목의 책이 눈에 띄었다. 신부나 목사가 아니고 철학 교수인 김형석 선생의 책이었기 때문에 아내에게 사주고 싶은 마음이 생겼다. 책을 사가지고 집에 가서 아내에게 좋은 내용인 것 같으니 읽어보라고 권했다. 그녀는 기도를 드리면서 책을 읽고 또 기도를 드리는 동안에 새로운 희망을 갖게 되었다. 그런 변화가 너무나 감사했던 선생은 아내에게 함께 교회에 가자고 약속했다. 그리고 자신도 그 책을 읽었다. 그것이 계기가 되어 아내는 건강을 회복하고 그 자신도 신앙을 갖게 되었다.

신앙을 갖게 되면서 그가 제일 먼저 깨달은 것은, 교사가 된다는 것은 보수를 받기 위한 직업이 아니고 예수님의 마음으로 학생들을 사랑하고 위해 주는 새로운 사명이라는 것이었다. 그는 학생들에게 이렇게 말했다고 한다.

"그것을 깨달은 다음부터 나는 너희를 진심으로 위하고 사랑해서 참된 인생을 살도록 도우며 내가 받은 은혜를 너희에게도 전해 주고 싶어졌다. 너희 한 사람 한 사람이 참된 인생을 찾고 행복해지면 나는 더 큰 소원이 없겠다."

외손자가 그 얘기를 내 딸에게 하자, 딸은 "그 선생님은 너의 외할아버지가 누구라는 것은 모르지?" 하고 물었다. 외손자가 "어떻게 그 얘기를 해요. 모르는 체하고 지내야지"라고 이야기했다.

그 비슷한 독자들의 얘기를 들을 때마다 그것은 내 소원이지만 내가 한 일은 아니라고 생각한다. 인간은 누구나 더 참되고 보람 있는 인생을 살기 원한다. 그런 사람들에게 주어지는 지극히 작은 은총의 선물이라고 생각한다. 내가 그런 체험을 하면서 살아왔기 때문이다.

목적이 있는
죽음이란 무엇인가

◇◇◇◇◇◇ **예수에게 주어진 세 가지 유혹의 의미**

예수의 삶을 돌아볼 때 그 공간과 시간은 너무 협소하고 짧았다. 그의 사생활에 관한 기록은 거의 보이지 않는다. 태어난 곳은 유다(유대) 지방 베들레헴이지만 어려서 갈릴리 나사렛 마을로 이주해서 자랐다. 갈릴리 사람으로 통했고 민족 신앙의 근거지인 예루살렘은 그의 생애의 중심 무대였다.

목수의 아들로 태어나 일찍 부친을 여의었던 예수는 가장의 책임을 지고 자랐다. 선량하게 가정과 직업에 충실한 세월을 보냈다. 그 당시의 관습에 따라 30세를 맞아 공생활에 나서게 된다. 그동안 예수는 구약의 교훈과 전통을 마음으로 받아들였고 일 년에 한두 차례씩 방문하는 예루살렘에서는 많은 것을 보고 깨달았을 것이다. 순박한 신앙적 양심을 갖고 전통적이며 인습적인 유대교의 현실을 관찰했을 것이다.

예수가 공생활을 시작하면서 예루살렘으로 가지 않고 요단강에서 세례를 베푸는 세례자 요한을 먼저 찾은 것은 자신의 신앙적 선택이 예루살렘 중심의 기성 종교제도와 전통에 합류할 수 없었기 때문이다. 예수는 마음의 다짐과 전통적 예식에 따라 요한에게 세례를 받았다. 사생활에서 공생활로의 변화를 승인받은 것이다. 그때 요한은 예수가 하나님께서 보내신 메시아인 것을 인정했다. 예수는 요한이 예루살렘의 잘못된 종교를 떠난 자신을 위한 예언자임을 확인했다. 하나님의 약속과 섭리로 받아들였다. 그 뒤 요한은 감옥에 갇히고 새로운 신앙의 주인공은 예수가 되었다.

예수는 자신이 받아들인 구원의 사명이 너무 중차대했기 때문에 혼자 광야에서 40일간 고민에 빠진다. 성경은 그 당시의 종교적 상황에 따라 악마의 유혹과 시험이라고 기록했다(마 4:1-11, 막 1:12-13; 눅 4:1-13 참조).

첫 번째 유혹은 돌로 떡을 만들라는 것이었다. 예수는 자신과 모든 사람이 겪고 있는 가난과 절대빈곤의 문제를 놓고 깊은 고뇌에 빠진다. 필요하다면 돌들을 떡으로 바꿀 수 있는 경제문제가 급선무였기 때문이다. 그러나 예수는 인간다운 정신적 가치가 더 시급하며 중요하다는 사실을 깨닫는다. 의식주 문제의 해결은 세상에 맡길 수 있다고 생각했던 것이다. 그리고 예수는 그런 뜻에 합당한 생애를 살았다.

두 번째 유혹은 악마에게 엎드려 경배하면 모든 권력을 주겠다는 것이었다. 예수는 당시 로마 정치권력의 절대성을 외면할 수가 없었다. 정치적 권력과 그에 따른 제도와 질서가 절대로 필요함을 간과할 수 없었다. 그러나 예수는 하나님의 신앙적 가치와 질서를 세상적인 권력과 혼동하거나 동질적인 것으로 받아들이지 않았다. 로마의 정치권력 안에 살더라도 하늘나라의 권위와 신앙적 절대가치를 대신할 수 있는 것은 없다고 판단했다.

예수에게 주어진 세 번째 유혹은 성전 꼭대기에서 뛰어내리라는 것이었다. 그러면 많은 사람이 그 기적을 보고 예수를 따를 것이라는 말이었다. 예수는 구약의 예언자나 선지자들과 같은 신앙적 수단과 방법이 필요할까 생각해 보았다. 우리 현실에 비추어본다면 평신도보다 목사나 신부가 되고, 일본의 작가 엔도 슈사쿠(遠藤周作)가 문제 삼았듯이 평범한 신부보다 주교나 추기경, 교황청의 위치에 머물면 하나님의 뜻이 더 쉽게 더 빨리 이루어지지 않을까 하는 고민이었다. 대제사장이나 서기관이나 율법학자의 우상적 위력은 당시 구약 신앙의 중심을 이루고 있었다. 예수는 하나님의 뜻은 과연 어느 편일까 하고 고민했을 것이다. 구약의 기성 전통을 극복할 방법이 없었기 때문이다. 그러나 예수는 그것을 번민하기보다 아무것도 가진 바 없는, 지금 그대로 세상에 나서기로 결심한다. 그것은 마치 철없는 어린애가 아무것도 가진 것 없이 큰 바위산을 옮기는 것 같은 느낌이었을 것이다.

공관복음에는 순서만 다를 뿐 똑같이 예수의 행적을 기록하고 있다. 예수는 세 가지 문제를 해결하고 세상으로 내려왔고 세례 요한이 잡혀갔다는 사실을 접했다. 혼자 갈릴리 고향으로 돌아와 하늘나라 복음을 전파하기 시작했다고 기록되어 있다. 무에서 유를 창조해 가는 발걸음을 시작한 것이다. 그러나 그에게 주어진 세월은 3년 반 정도뿐이었다.

2년쯤의 세월이 지났을 때였다. 예수는 제자들을 포함한 측근들에게 뜻밖의 얘기를 했다.

"나는 오래지 않아 예루살렘에서 제사장들을 비롯한 열성 기득권 세력에 밀려나 버림받게 될 것이며, 그들은 나를 이방인에게 넘겨 죽게 할 것이다. 그러나 3일 만에 다시 부활하여 너희와 함께 하나님 나라 건설에 동참할 것이다."

놀란 제자들은 그런 일은 있을 수 없고 일어나서도 안 된다고 반발했다. 앞장섰던 베드로가 예수의 책망을 받았을 정도였다(마 16:21-23; 막 8:31-33, 눅 9:22 참조).

또 몇 개월이 지났다. 예수의 일행이 갈릴리 북쪽까지 이르렀을 때, 예수는 제자들을 가까이 모으고 같은 얘기를 했다. 그렇게 되는 것이 당신에게 주어진 사명이며 하나님의 뜻임을 덧붙였다. 그러나 제자들은 그 뜻을 이해하거나 깨닫지 못했다. 죽은 사람이 부활한다는 황망한 사실은 믿을 수도, 있을 수도 없는 얘기였다. 그 얘기를 들은 제자들은 할 말을 잃고 서로 쳐다보았을 것이다. 그러나 모두가 수심에 잠기기 시작했다. 두 번째 말씀이었기 때문이다.

　세월이 흘러 마지막으로 예루살렘을 오르던 날, 예수는 생전의 마지막 길이었기에 혼자 앞장서 걸었다고 기록되어 있다. 그리고 제자들과 한 자리에 섰을 때 오늘이 마지막 예루살렘 상경이며 유대교 지도자들이 예수를 사형에 처하기 위해 로마의 법정에 세울 것임을 암시했다.

　세 번째 수난에 대한 예고였다. 마태, 마가, 누가복음에 같은 내용으로 씌어진 것으로 미루어 의심의 여지가 없는 사실적 서술이다. 그래도 제자들은 지난 3년 동안의 믿음과 우의를 계속 이어갔다. 예수의 생애 마지막 일주간의 기록을 보면 짐작할 수 있다. 마침내 예수의 예언은 그대로 이루어졌다. 금요일에 체포되어 사형이 집행되었다. 시신은 십자가에서 내려져 무덤에 묻혔다.

　3년 몇 개월의 공생활은 끝났고 모든 사건은 역사의 무대에서 사라졌다. 그런데 이틀 후에 이상한 소문이 들려오기 시작했다. 그 예수가 부활했고 몇몇 제자와 여인들에게 나타났다는 소문이었다. 그러나 그 얘기를 믿는 사람은 아무도 없었고 믿으려고 하지도 않았다. 있을 수 없는 일이라고 생각했기 때문이다. 부활한 예수를 만나 그 사실을 믿게 된 바울이 로마 법정에서 예수의 부활을 증언했을 때 법정 안의 사람들은 바울이 정신이상자가 되었다고 걱정했을 정도였다(행 26:24 참조).

　그런데 예수의 예언은 제자들을 통해 많은 신자를 늘려갔음은 물론 점차로 초대교회를 형성했고 마침내는 대제국 로마의 국교로 발전했다. 그 역사는 연장되어 기독교 세계를 형성하기에 이르렀다. 몇 사람의 부활에 대한 신앙이 세계 역사를 바꾸었고 현재까지 또 앞으로도 그 신앙이 역사를 이끌어갈 것이다.

기독교는 그 역사적 사실을 간략하게 설명해 준다. 예수가 떠난 후에 예수가 약속한 대로 하나님과 인간을 연결하는 성령이 예수의 대행자가 될 것이라는 약속이었다. 예수는 사람의 아들로 태어나 하나님에 대한 새로운 신앙의 길을 열어준 것이다. 지금도 그 영적 체험과 사실을 통해 하나님의 뜻과 섭리가 이루어지고 있는 역사적 사건의 연장 속에 우리가 살고 있다. 예수의 목적 있는 죽음은 역사적 부활 사건을 통해 하나님의 뜻이 이루어지는 계기가 되었다.

◇◇◇◇◇◇ 어느 신부의 고귀한 죽음

목적이 있는 죽음에 대한 이야기를 하나 더 소개하고자 한다.

제2차 세계대전 때 일이다. 일본에서 선교하던 G라는 신부가 자신이 계획하는 일의 후원을 받기 위해 모국인 폴란드를 찾아갔다. 그때 독일이 폴란드를 점령하면서 청장년들을 포로수용소에 감금했다. 전쟁을 위한 용역과 후원이 필요했던 것이다.

G신부는 유대인을 숨겨 주었다는 죄명으로 구속되어 수용소에 갇히는 신세가 되었다. 애국적인 폴란드 국민들은 기회가 생기면 탈출을 감행했다. 그런 탈출을 막기 위해 독일군은 잔인한 규율을 정했다. 같은 방에 수감되어 있던 사람이 탈출했다가 잡히면 공개 처형을

하고 탈출에 성공하면 탈출한 사람 대신 남아 있는 한 명을 처형하는 규정이었다. 서로 감시해야 살아남을 수 있는 악법을 만든 것이다.

어느 날, G신부가 이상한 예감이 들어 일어나보니 옆자리의 친구가 사라지고 없었다. 모두가 술렁이기 시작했다. 탈출에 성공하길 바라는 마음에는 변함이 없으나 누군가가 대신 죽어야 하기 때문이다. 비통한 마음을 안고 아침 점검 대열에 섰다. 한 독일 장교가 "어젯밤 한 놈이 탈출하다가 체포되었다. 오늘 너희가 보는 앞에서 총살을 당할 것이다"라고 선언했다. G신부 옆 침대의 친구가 끌려나왔다. 말없이 끌려나온 친구는 동료들에게 눈으로 작별인사를 나누었다.

오랫동안 생사를 함께했던 동지의 죽음을 앞둔 G신부는 자기도 모르게 독일 장교와 친구가 서 있는 곳으로 걸어 나갔다. 그리고 독일 장교에게 "내 친구는 집에 사랑하는 아내가 있고 세 어린 자녀가 있다. 그래서 항상 나는 집으로 가야 한다고 말했다. 당신도 가족을 사랑하지 않는가? 이 친구는 그 가족을 위해 죽어서는 안 된다. 당신이라면 가족을 위해서 어떤 선택을 하겠는가? 이 친구는 살아야 할 권리가 있다. 누구도 그 권리를 빼앗을 자격이 없다"고 외치듯 말했다. 그러면서 그 친구를 대열 속으로 밀어 넣었다. 독일 장교는 "그러면 네가 대신 죽을 수 있느냐?"고 퉁명스럽게 물었다. 신부는 "내가 대신 죽겠다. 다행히 나는 신부이기 때문에 가족이 없고 내가 죽으면 그것으로 끝난다"고 말하며 친구를 위로해 주었다.

그렇게 해서 신부는 처형되고 그 친구는 살아남았다. 강제노역에서 지쳐 돌아온 일행은 제각기 감방으로 돌아갔다. 신부와 한방에 수감되어 있던 동료들은 침묵 속에 한숨과 눈물을 멈출 수 없었다. 아무도 입을 열지 않았다. G신부 덕분에 남은 친구는 흐느끼기만 했다. 밤이 깊어졌다. 가장 나이 많은 선배가 조용히 말을 꺼냈다.

"우리 모두 용기와 희망을 갖고 살아남기로 하자. 아직 세상이 이렇게 착하고 아름다운데 어찌 희망을 버리겠느냐."

모두가 그 뜻을 알고 잠을 청했다.

일본의 대표적 가톨릭 작가인 엔도 슈사쿠가 G신부의 행적을 추적한 뒤 작품화한 내용이다. 그의 작품이 여러 외국어로 번역되면서 많은 사람에게 깊은 감명과 교훈을 남겨 주었다. 그 신부도 목적이 있는 죽음을 선택했던 것이다.

인생의 궁극적 목적이
하나님께 영광 돌리는 것인 이유

역사적 현실을 겪으며 이상주의에서 인본주의로

연세대학에 재직할 때였다. 철학도가 되려는 A군이 물었다.

"인생의 궁극적인 목적은 무엇입니까?"

내가 맞은편에 앉아 있던 B군에게 "군은 인간의 궁극적인 목적이 무엇이라고 생각하세요?"라고 물었다. B군은 신학을 전공하려는 학생이었다. "저는 하나님께 영광 돌리는 일이라고 믿습니다"라고 대답했다. 그 얘기를 들은 A군이 "나는 때로 기독교에 대한 관심도 가져보고, 교회에 참석해볼까 하는 생각을 가졌다가도 B군과 같은 관념에 빠질 것 같아 못 갑니다. 인간의 목적이 인간에게 있어야지 어떻게 제 3자에게 속할 수 있습니까?" 하고 반문했다. 짧은 대화지만 우리 모두가 갖는 문제이고, 내가 해답을 주어야 하는 문제이기도 했다.

나는 일찍부터 이상주의의 꿈을 갖고 살았다. 인도의 간디에게 영향을 받았고 톨스토이의 사상을 높이 평가했기 때문이다. V. 위고의 『레미제라블』이 제시한 정신적 유산도 따랐던 것 같다. 생각해보면 순수했고 철들지 않았기 때문이었을 것이다.

그러면서 중학생으로서는 감당하기 어려운 체험을 불가피하게 겪어야만 했다. 일제강점기 때 신사참배 문제로 학교를 떠나야 했는가 하면, 모교인 숭실중학이 폐교당하는 시련을 겪기도 했다. 일본 식민지 교육을 받은 일 년간은 질 나쁜 계모 밑에서 자라는 어린애 같은 신세였다. 우리말과 정신을 지키는 것조차 힘들었다.

그래도 선택의 여지가 없어 일본에서 대학생활을 할 수밖에 없었다. 그나마 다행인 것은 가톨릭 예수회 계통의 대학이어서 서구적 휴머니즘의 생명력을 유지할 수는 있었다. 불행 중 다행이라고 느꼈다. 그러나 전쟁 기간에 학도병으로 끌려가 일본군에 편입되는 처지에 놓여 내 인생의 운명이 바뀔 뻔한 비극에 빠지기도 했다.

그러다가 25세 때 맞이한 해방은 다시 한 번 나에게 이상주의를 약속하는 듯싶었다. 그러나 잠시뿐이었다. 평양에서 겪은 공산치하의 2년간은 역사의 어두운 터널 같은 세월이었다. 인간으로서 지녀야 할 가치의 두 기둥인 자유와 인간애까지 박탈당하는 암흑기를 보내야 했다. 목숨을 건 탈북에 성공했다. 비로소 해방과 더불어 자유의 삶을 누리면서 이상주의의 꿈을 유지하고 싶었다. 그러나 6·25전쟁은 우리 민족이 저지른 최악의 범죄 행위였다. 상상할 수도 없고 용납할 수도 없는 역사적 사회악을 우리 민족이 자초했던 것이다. 그러나 생각해보면 세계사적 운명의 결과이기도 했다.

나와 내 고등학교 때 제자들은 그 역사적 비극의 제물이 되었다. 휴전이 되고 고등학교 제자들과 학업을 다시 시작했을 때, 나도 모르는 사이 내가 변해 있음을 깨달았다. 내가 이상주의 신봉자가 아니었던 것이다. 사상적으로도 그랬다. 이상주의는 꿈이 아닌 신기루에 지나지 않았다. 역사적으로도 그랬다.

　이상주의 사상의 창시자는 그리스의 플라톤이다. 그는 철학도라면 누구나 믿고 따랐던 위대한 철학의 개척자였다. 그러나 그의 철학적 이상 국가는 땅에서 지어 올라간 건축물이 아니고 하늘에서 지어 내려온 건물이었다. 그런 이상은 실현될 수도 없고 그 이상을 믿고 따르면 전체주의 관념론의 노예가 될 뿐이다. 화려하고 방대한 이상주의 건물 안에는 사람이 살지 않았다. 이상주의 추종자는 현관 앞 작은 수위실에 살면서 '저 집은 우리 집'이라는 망상에 빠질 뿐이다.

　또 한 사람의 이상적 유토피아 철학을 제창한 사람은 마르크스였다. 그는 하늘에서 집을 지어 내려오는 우를 범하지는 않았다. 과학적 이상향을 원했다. 그러나 마르크스의 거대한 건축물은 기반이 없는 모래 위에 지은 건물로 끝났다. 집이 클수록 무너지는 폐해는 더 클 수밖에 없었다. 구소련이 그랬고 중국도 그 뒤를 따르고 있다. 북한은 그 첨단을 택했다가 오늘의 운명을 자초했다.

　이런 역사적 현실을 접하면서 나도 자연스럽게 현실적 삶과 역사 안에는 이상주의가 머물 곳이 없다고 다짐했다. 그러면 이상주의 대신 택할 수 있는 길은 무엇인가. 휴머니즘을 따르는 휴머니스트가 되는 길이 있었다. 그리고 사상적 휴머니스트는 자연히 철학적 진실과 진로를 택하도록 되어 있었다. 그렇게 해서 나는 역사적 현실에 입각한 인간주의 또는 인본주의자가 되었다. 삶의 모든 가치와 의미는 인간에서 출발해 인간으로 끝난다. 그리고 그 삶에는 항상 불안과 근심이 남는다. 그리스의 신화 그대로이다.

그리스 신화에 따르면 불안(不安)이라는 신이 땅을 차지하고 있는 신에게서 흙을 빌려 사람을 조각하고, 영혼을 주관하는 신을 찾아가 조각에 영혼을 불어넣어 사람을 만들었다. 그렇게 생명력을 갖춘 사람을 본 흙과 영혼을 빌려준 신들이 그 사람을 자기네들이 갖겠다고 나섰다. 그래서 할 수 없이 세 신이 제우스신에게 소유권 소송을 제기한다. 제우스신은 "이 사람이 죽거든 땅과 영혼을 준 너희들이 도로 차지하고 살아 있는 동안에는 '불안'이라는 신 네가 소유하라"고 판결을 내렸다. 그것이 우리 인간의 운명이 되었다는 신화이다.

◇◇◇◇◇◇ **허무주의를 극복하는 기독교 신앙**

이런 운명에 처한 철학도는 자기를 완성시키고 싶지만 계속 자기상실에 빠진다. 인간의 육체는 공간적 존재이다. 공간의 지배를 받는다. 가정에서는 집주인이 된다. 그러나 국민의 한 사람으로서의 나는 몇 천만 분의 하나로 축소된다. 그러다가 세계 인구 중 하나가 되면 나의 존재는 스스로도 찾지 못할 정도로 작아진다. 그렇다면 우주 속의 나는? 그것을 묻는 순간 존재 자체가 사라진다.

인간의 의식은 시간과 더불어 존재한다. 내 100 평생은 나에게 있어서는 절대적이다. 그러나 1000년의 잣대로 재면 아무것도 아니다. 그것이 천만 년, 더 나아가 영원에 비하면 존재하는 순간 사라진다. 그뿐만이 아니다. 인간은 누구나 짧은 삶을 끝내면 죽는다. 죽음은 무엇인가? 자기존재의 상실이다. 종말과 소멸이다. 이런 자기상실은 인간을 허무주의로 이끌어 간다. 그래서 휴머니스트는 마침내 허무주의에 직면할 수밖에 없다.

한편, 허무주의에 빠지지 않은 사람은 운명론에 안주한다. '모든 것은 주어진 운명이니까 그 운명을 받아들이자'라고 생각하며 철학적으로는 '운명애'의 철학도가 된다. F. 니체의 초인(超人)도 결국은 운명을 채워주는 자유 상실에 빠졌다. 그것이 그리스인들이 찾아낸 철학적 지혜였다. 인간의 삶은 주어진 운명의 울타리 안에서 작은 자유를 찾아 누리다가 운명의 침상에서 죽음과 더불어 끝난다. 삶의 가치와 의미는 그에 따르는 부산물이었다가 사라진다. 그래서 철학도는 허무주의를 벗어나 운명론자가 된다.

그렇다고 인간이 정해진 운명에 순응하며 사는 존재는 아니다. 인간은 항상 자신의 한계를 느끼면서도 그 한계를 극복하고 탈인간, 초인간적 삶을 원하는 의욕과 희망을 안고 살도록 되어 있다. 죽음이 있다고 해서 삶의 의미와 가치를 축소시키거나 포기할 수도 없다. 사상적 자유는 신체적 한계를 극복해왔으며 정신적 창조는 역사의 문화유산을 계속 남겨 주었다.

영원이 있기 때문에 내 시간은 더욱 소중하며 무한을 깨닫기 때문에 나에게 주어진 유한을 더 사랑하고 소중히 여긴다. 죽음이 없다면 내 인생이 그렇게 존귀하지는 못할 것이다. 그것이 인간적 삶의 현실이다. 이런 초인간에의 욕구가 인생 전체를 통해 지속되는 한 우리는 '인간적 한계를 넘어서'라는 기대와 희망을 가질 수 있다. 나는 그런 인간적 욕구를 종교적 신앙심이라고 본다. 삶의 영원성에 대한 기대를 현실 생활에서 해결하고 싶은 열망이다.

종교는 그런 사람들을 위해 필요한 것이다. 자기극복의 삶이 역사 완성의 길과 합치될 수 있다면 종교를 택하는 것이 인간의 본성임을 체험한다. 인간은 스스로를 구원할 수 없을 때, 역사적 사회악이 인류의 희망을 용납하지 않을 때 제3자인 절대자나 절대자의 가르침에 따른다. 그것이 인간애의 의무이다.

기독교는 그런 인간적 과제를 삶의 체험과 역사를 통해 해결해 줄 수 있기에 신앙인으로서의 길을 계속 걸어간다. 예수의 교훈을 믿고 따르며 하나님의 사랑을 인간의 사명으로 여기고 실천하려고 노력한다. 그것은 우리가 믿는 대상이 철학자의 하나님이 아니라 아브라함, 이삭, 야곱을 비롯한 역사적 생존자의 하나님이기 때문이다.

그리스도를 통해 하나님의 사랑을 체험하고 그 사랑을 인류가 공유하는, 그런 하나님의 나라를 역사에서 완성시킬 수 있다면 그것보다 더 높은 삶의 의미와 가치가 없을 것이기 때문이다. 하나님은 인간에게 자기완성과 구원을 베풀어 주셨고, 그런 뜻에서 결국 인생의 궁극적인 목적은 하나님께 영광 돌리는 길이 되는 것이다.

늙었다는 핑계로 인생의 마라톤을
중단하지 않기를

◇◇◇◇◇◇◇ **73세 노교수의 종강식에서 새로운 시작을 보다**

1961~1962년 동안 미국에서 지낼 때 주변 미국인들이 흔히 쓰는 말 중에 '인생은 60부터'라는 말이 무척 인상적이었다. 그 당시 우리는 나이 60이 되면 인생은 끝나는 것으로 여기고 있었다. 널리 알려진 한 철학 교수가 "흑판을 향해서 30년, 흑판을 등지고 30년을 살았더니 인생이 끝났다"라고 말한 회고담이 아직 기억에 남아 있을 때였다.

1962년 하버드대학교에서 봄 학기가 끝날 때 세계적 석학으로 존경받던 P. 틸리히 교수의 종강식이 있었다. 늦은 봄비가 내리는 날씨에도 특별히 배정된 강당이 청강생과 신학계 교수들로 초만원이었다. 73세의 노 교수는 대통령 부럽지 않은 감사와 존경의 상징이 되어 있었다. 본인과 함께 참석했던 부인이 꽃다발을 받았다.

그는 65세에 유니언신학대학교를 끝내고 하버드대학교와 7년간 계약을 맺고 강의하다 73세에 떠나게 되었다. 그런데 대학 발표에 따르면 시카고대학교와 또 5년 계약을 맺고 떠난다고 했다. 그렇게 되면 78세까지 교수직을 유지하게 된다. 한국 대학계에서는 상상하기 어려운 사례였다.

나는 42세에 귀국한 뒤 교단생활을 계속했다. 열심히 뛰다보니 어느덧 회갑이 되었다. 후배 교수들에게는 선배인 셈이고 대학에서는 곧 은퇴할 교수 중의 한 사람이 되었다. 남은 5년 동안 최선의 노력을 기울였다. 이제 내 사회 일터가 끝나기 때문이었다. 30대 중반에 교수생활을 시작했을 때는 정년 퇴직하는 선배들을 나와 무관한 노년들로 생각했는데 30여 년의 세월이 어느 사이에 지나고 나도 정년을 맞게 되었다.

1985년 6월 10일 내 종강식이 있는 날 오후는 캠퍼스 전체가 최루탄 가스에 휩싸여 있었다. 연세대에서 처음 겪는 격렬한 반정부 데모로 학생과 전투경찰 사이에 전쟁 아닌 전쟁으로 위험한 상황이었다. 대학원 학생들이 찾아와 종강식을 연기하자고 제안했다. 나는 취소는 할 수 있으나 연기는 할 수 없다고 했다. 며칠 후에 미국으로 떠나야 했기에 적은 인원이 모이더라도 강행할 수밖에 없었다. 오후 2시가 되어 인문학과 1호실 대강의실로 갔다. 놀랍게도 강의실은 초만원이었고 서 있는 학생들도 많았다. 강의를 끝내고 밖으로 나왔다. 최루탄 냄새 때문이었을 것이다. 눈물을 흘렸다. 몇몇 신문사 기자들도 있었다. 실내도 최루탄 가스 냄새로 가득 차 있었다. 학생들 옷이 최루탄 세례를 받았던 때문이었다. 그렇게 대학을 떠났다.

그후 9월 초에 있었던 퇴임예배에서 총장이 앞으로는 김형석 교수의 미소 짓는 온화한 모습을 보지 못하게 되었다는 고별사를 했다. 바꾸어 말하면 사회적 공간인 일터에서 밀려나게 되었다는 뜻이다. 누구나 같은 길을 걸어왔고 다들 그것에 동의했다. 그러나 내 생각은 좀 달랐다. 회갑이 되었다고 해서 내가 늙었다고는 생각되지 않았다. 정년으로 내 사회적 인생이 끝난다면 나머지 여생은 어떻게 되겠는가. 사실 나는 회갑 때부터 내 나름대로 내 인생관을 정리해보고 있었다.

◇◇◇◇◇◇ **건강이 허락하는 한 일을 하자는 신념**

나는 태어날 때부터 줄곧 질병을 안고 자랐다. 부모와 가까운 의사들도 내 건강에 대한 기대는 포기했을 정도였다. 나도 내가 다른 사람들처럼 어른이 될 때까지 살 수 있으리라고 생각하지 못했다. 그래서 늘 기도드리는 마음으로 지냈다. 열네 살 때 '하나님께서 나에게 건강을 허락해 주신다면 내가 건강이 주어지는 동안에는 나를 위해서 살지 않고 하나님의 일을 하겠다'는 기도를 드렸다. 혼자의 약속이었다. 그런 마음으로 건강을 유지해왔다.

내가 다른 사람 못지않게 건강해졌다고 스스로 인정한 때는 50대부터였다. 그래서 65세는 한창 일하기 좋은 나이라고 생각했다. 하나님과의 약속을 포기할 수는 없었다.

그때 다시 한번 인생은 60부터라는 생각과 함께 P. 틸리히 교수의 모습이 떠올랐다. 그래서 정년을 맞아 대학을 떠나면서 내 나름대로의 속내를 꺼내보았다. 후배 교수와 대학원생들에게 "내가 이제 대학을 떠나게 되면 늦둥이 졸업생이 되는 셈인데 졸업생답게 사회에 나가 열심히 일하겠다. 지켜봐달라"는 오기 섞인 말을 했다. 모두 웃었다. 나도 웃었다.

　　그리고 열심히 공부하면서 일했다. 80 가까이까지는 계속했다. 철학적으로 비중이 있다고 생각하는 『역사철학』, 『종교의 철학적 이해』 등 몇 권은 그때에 남긴 책들이다. 강연과 집필도 계속했다. 80세가 약간 지났을 때였다. 동갑내기 친구이면서 같은 철학 분야에서 함께 일해온 안병욱, 김태길 교수와 함께 차를 마시다가 "계란에는 노른자위가 있어 병아리가 깨어 나오고 계란 구실을 하듯이 인생에도 계란의 노른자위에 해당하는 황금기가 있었을 것 같은데 언제쯤이었을까?"라는 화제가 떠올랐다. 선진사회라면 50세쯤부터였을 것 같은데 우리는 60세쯤이 좋을 것 같다고들 생각했다. 그쯤 되면 내가 나를 믿을 수 있고 스스로의 인생을 살기 시작했을 것이라는 공감대가 형성되었다. 그때부터 75세쯤까지는 누구나 정신적으로나 인격적으로 성장할 수 있으니 60세에서 75세까지가 인생의 황금기였을 것 같다는 결론이었다.

　　그다음에는 그 수준을 얼마나 오래 연장하는가가 중요하다. 80세 후반까지는 가능하고 90세까지 연장해보자는 얘기를 하면서 함께 웃었다. 그 당시에는 90이 너무 많은 나이 같았으나 가능할지도 모르겠다는 욕심도 있었다. 그 기대는 크게 어긋나지 않았다. 김 교수는 90을 앞둔 나이까지 일을 계속했다. 안 교수 역시 92세 때 TV에 나와 여전히 나라 걱정을 했다. 나는 그들보다 좀 더 계속한 셈이다.

그런데 나도 모르게 90이 인생의 한계라는 생각이 들었다. 주변의 친구들이 모두 90 전후로 세상을 떠났다. 두 친구만이 아니었다. 앞집과 옆집에 살던 유 교수와 친구도 90에 작고했다. 김수환 추기경을 비롯한 사회 지도자들이 일을 놓았다. 살아 있어도 사회활동을 끝낸 셈이다. 나 혼자라는 고독감도 심각해졌다. '앞으로 어떻게 할 것인가?' 스스로에게 물었다. 그때 나에게 주어진 대답은 '건강이 허락되는 동안은 일과 공부를 계속하자'는 것이었다. 지금까지 일하게 해주신 주님과의 약속이었다.

사실 지금까지 나의 건강 때문에 주어진 일을 중단하거나 못한 적은 없었다. 미국과 캐나다를 순방할 때도 무리한 스케줄이었으나 주어진 일은 너끈히 감당해냈다. 지금까지 병원에 입원해 밤을 새운 일도 없었고, 건강검진도 종합적으로 받지 못했다. 일이 더 소중했기 때문이다.

50이 넘으면서부터는 규칙적으로 가벼운 운동을 했다. 건강을 위해서였다. 그러면서 건강은 일을 위해서라는 생각이 생활습관이 되었다. 미국에 도착하는 날 저녁에 강연을 하고, 귀국할 때는 아침에 김포공항에 내려 오후 시간에 출강하는 때도 있었다.

◇◇◇◇◇◇ **일생에서 가장 많은 일을 한 때는 98세 이후**

이제 90이 되었다고 해서 공부와 일을 끝낼 수는 없었다. 건강이 허락하는 대로 계속하기로 했다. 95세쯤 되니까 정신력은 여전한데 신체적 건강의 한계를 느끼기 시작했다. 그때부터는 정신적 일과 더불어 신체적 건강에도 관심을 가져야 했다. 내 정신력이 피곤해진 신체를 이끌고 가거나 때로는 등에 업고 가는 느낌이 들곤 했다. 그래도 주어지는 일은 감당해야 한다. 힘들기는 했으나 불가능하지는 않았다.

97세 때였다. 한 신문사가 우리나라에서 가장 좋은 문장을 쓰는 저자 10명을 선정했는데 나도 끼어 있었다. 살펴보았더니 모두가 50대에서 60대 저자들이었다. 나만 100세를 앞두고 있었다. 다른 사람들보다 문장력은 떨어져 있으나 사상은 앞서 있었기 때문이라고 생각했다. 내가 보아도 내가 50대 정도 때 문장이 지금보다 좋았다는 사실을 스스로 인정했으니까. 그렇다면 97세가 되었다고 해서 정신력까지 쇠퇴했다고 단정할 필요는 없다.

그 노력은 헛되지 않았다. 내 일생을 통해 과거 못지않게 많은 일을 한 기간은 98세 이후 4-5년간이었다. 과거 어느 시기보다 많은 일을 했다. 그 기간에 낸 저서도 많은 독자를 얻었다. 「조선일보」 「동아일보」 「중앙일보」에는 칼럼을 연재했다. 「조선일보」에는 주말마다 3년을 연재했고, 「동아일보」에는 월 1회씩 5년째 연재 중이고, 「중앙일보」에는 지난해 4월부터 월 2회씩 연재하고 있다.

지금 돌이켜보면 90 이후의 내 인생을 스스로 포기했다면 나는 신앙적 책임을 포기하는 (어떤 의미에서는) 범죄자가 되었을지도 모른다. 왜 이런 글을 쓰는가. 크리스천을 비롯한 많은 지성인이 누구나 선택할 수 있는 인생의 마라톤을 늙었다는 핑계로 중단하는 과오를 범하지 않도록 하기 위해서이다. 내 시대에만 해도 90은 축복받는 장수라고 생각했다. 그러나 지금은 90에 작고했다고 해도 아쉬운 나이라고 생각한다. 100세 인생이 평균연령이라고 말하는 때가 곧 다가올 것이다. 나이 들수록 짧아지는 미래를 좀 더 보람 있고 풍요로운 내용으로 채워가려는 용기와 신념이 있어야 한다.

그것이 가능하려면 각자의 선택과 책임이 따라야 한다. 그러나 계속 배우고 공부하며 일하는 사람에게 주어지는 축복이다. 나 같은 신앙인에게는 주님의 일을 대신하려는 사명감이 있었기에 가능했다고 생각한다.

이 글을 쓰는 지금은 우리 나이로 104세이다. 지난해 1월에는 『김형석의 인생문답』이, 11월에는 『김형석 교수의 행복한 나날』이라는 365 캘린더형 어록이 나왔고, 12월에는 『100세 철학자의 행복론』이 나왔다. 강연도 계속하면서 말이다. 아직은 사색하고 저술하며 30분에서 70분까지는 강연할 수 있는 건강이 주어져 있기 때문이다.

그러는 동안에 나 자신과 사회에 작은 변화가 일어나고 있다. 우리 시대의 많은 사람이 두 단계의 인생을 살았다. 30까지는 넓은 의미의 교육과 자신을 위해 살았고 30부터 60대 중반까지는 직장에서 일하는 인생이었다. 그러나 지금은 내 두 친구를 비롯한 적지 않은 사람들이 인생을 3단계로 살기 시작했다. 사회인으로 출발해 사회에 무엇인가 남겨 주는 제3의 단계가 가능해졌다.

나무가 자라 열매를 남겨 주듯이 제3단계 인생이 더 소중하다는 사실도 체험하고 있다. 그리고 신체의 노쇠 현상은 모두가 비슷하지만, 정신적 성장은 각자의 선택과 노력에 따라 얼마든지 차이가 있음을 발견하게 된다. 자기가 스스로를 키워가야 한다. 그래서 주어진 사회적 여건과 시대적 사명에는 큰 차이가 없으나 인생의 열매는 크게 다를 수 있다는 사실을 깨닫는다.

앞으로는 90세의 한계를 넘어 100세의 한계를 앞두고 도전하는 시대가 다가올 것이다. 평균수명이 길어지고 의료혜택이 뒷받침하겠기 때문이다. 지금은 80이 되었다고 해서 스스로 늙었다고 인정하지 않는다. 90까지는 누구나 노력만 하면 풍요롭고 행복한 인생을 살 수 있다고 생각한다.

이런 생각을 정리하면서 부끄러운 자화상을 그려보는 기분이 든다. 그러나 다시 음미해보면 인간은 누구나 이렇게 살아야 하며 살기를 원한다. 시도해보는 사람과 뒤따라가는 차이가 있을 뿐이다.

나 자신은 누구보다도 뒤처진 인생에서 출발했다. 신체적으로 병약했고 가난한 시절을 살았다. 누구보다도 열악한 교육환경에서 자랐다. 그러나 부족하지만 오늘의 내가 있게 된 것은 주님께서 나와 함께해 주셨고 때로는 은총으로 선택해 주신 덕분이었다. 해방 이후부터는 뚜렷한 사명의식도 주셨다. 그리고 주님의 가르침이 어느 사이엔가 내 인생관과 가치관이 되었다. 내 마음대로 선택하는 삶이 아니라 주님의 종과 일꾼으로 살고 싶었다. 그 뜻을 주님께서 받아주신 것이다.

'아버지의 나라가 이루어지게 하소서!'라는 기도가 내 인생의 기도가 되어 지금도 계속하고 있다. 그런 인생이 그리스도인의 인생이라고 믿는다. 그 이상의 인생은 없다고 생각한다. 또 그렇게 산 것을 후회하지 않는다. 나에게는 최고의 보람과 행복이었고, 신앙의 뜻을 같이하는 분들에게는 용기와 희망이 되었다. 그런 신앙인들의 삶이 하나님 나라를 건설하는 우리 모두의 존재 가치였다고 믿는다. 나의 선택이나 주어진 운명이 아닌 아버지의 섭리였기 때문이다.

참된 그리스도인이
된다는 것은

삶의 진리를 깨닫고 사랑을 실천해야 진정한 신앙인

선진사회가 되기 위해서는 인문학적 소양이 필수적이다. 기성세대는 물론 정신적 지도자에게는 필수 조건이 아닐 수 없다. 그런 의미에서 종교인이 많은 사회보다 지성인이 많은 사회가 소망스럽다. 종교문화가 유구했던 인도나 종교 국가인 중동 지역을 보면 누구나 공감하는 상식이다. 인문학은 철학적 사유, 역사적 관찰, 문학을 비롯한 예술적 창조정신을 뜻한다. 만일 세계 역사에서 그런 정신적 과정과 업적을 배제한다면 무엇이 남겠는가.

그리스도인이 된다는 것은 그와 같은 정신적 과정과 성장을 거친 후에 가능하다고 보아야 한다. 성장하지 못한 사람이 정신적으로 높은 위치에 있는 사람을 가르치거나 이끌어갈 수는 없기 때문이다. 그래서 신부나 목회자가 되기 위해서는 대학에서 인문학부 과정을 마친 뒤 대학원 과정이나 신학대학원을 밟는 것이 좋다고 생각한다. 그 제도적 과정보다 인문학적 소양과 사유가 중요하기 때문이다.

그 하나의 예가 논리학의 개체와 특수체, 전체로서의 종합적인 판단력이다. 모든 사물을 정확히 관찰하기 위해 삼각형의 세 꼭짓점에 그것들을 위치시켜보자. 개체로서의 나는 직장이나 학교나 가정에서 무엇으로 전체 사회에 기여할 수 있는가, 또는 기독교인이라면 나는 우리 교회를 통해 무엇으로 국가와 사회에 기여할 수 있는가 묻고 그 해답의 결과에 따라 살아가는 자세이다.

그때 우리가 얻을 수 있는 소망스러운 결론은 나는 기독교 공동체인 교회를 통해 진리로서의 가치관을 깨닫고 그 뜻을 사회에서 실천함으로써 하늘나라 건설에 동참한다는 것이다. 그런 체험을 한 사람이 출발했던 나의 위치로 다시 돌아왔을 때 진정한 그리스도인이 되는 것이다. 내가 예수로부터 삶의 진리를 깨닫고 그 뜻에 따라 사랑을 실천할 수 있을 때 비로소 신앙인이 된다는 뜻이다.

이렇게 본다면 모든 신앙은 나의 문제로부터 출발한다. 신앙인의 자격을 갖추지 못한 사람은 기독교인이 될 수 없다는 뜻이다. 예를 들면 철저한 이기주의자는 신앙을 갖지 못한다. 예수도 옥토에 떨어진 씨앗이어야 믿음의 열매를 맺는다고 가르쳤다. 물질적 가치를 소유하기 위해 정신적 가치를 깨닫지 못하는 사람도 그렇다. 특히 모든 세상적 가치를 소유하는 것이 인생의 전부라고 믿는 사람은 인간다운 삶도 갖추지 못할 뿐 아니라 신앙인의 자격이 없다. 그런 닫힌 이기심이 악한 수단과 방법까지 이용해 이웃에게 피해를 준다면 세상의 법과 질서까지도 병들게 한다.

성경에도 "진주를 돼지 앞에 던지지 말라"(마 7:6)는 말씀이 있고, 자기를 위한 본능적 욕망의 노예가 된 사람은 죄인으로 퇴락한다고 경고한다. 신앙은 사람다운 삶을 염원하는 열린 마음의 소유자를 위해 존재한다. 기독교 공동체를 대표하는 교회는 그런 사람들까지도 받아들여 차원 높은 새로운 삶과 가치관을 갖도록 이끌어줘야 한다. 그 양상은 다양하나 근본 정신에는 공통성이 있다.

◇◇◇◇◇◇ 인품과 생활이 아름다운 신앙의 선배들

나와 같은 철학과에 있던 친구 교수의 얘기이다. 그는 서울대학교와 성균관대학교를 거쳐 연세대학교로 부임한 교수였는데, 연세대에 와서 다른 대학에서는 볼 수 없는 존경스러운 세 교수를 만나보게 되었다고 했다. 누구냐고 물었더니 세 교수가 다 크리스천이었다. 한 사람은 다른 교수들은 모르지만 교회의 장로였고, 다른 두 교수는 이름 없는 평신도였다. 이야기를 듣고 보니까 내 친구 교수가 그들의 인품과 생활을 부러워할 만도 했다.

또 한번은 여러 해 전 교목실장에게 연세대학교에 입학하는 학생들 중에 어느 정도가 크리스천 학생인지 물었다. 28% 정도의 학생이 기독교인인데 그 학생들이 졸업할 때에는 32%까지 증가한다고 설명했다. 4%가 재학 중에 크리스천이 된다는 것이다. 그러면서 "그 4%의 학생 중 절반 정도가 개신교가 아니고 천주교로 가는데 그 원인이 무엇일까요?" 하고 반문했다. "그 당시에는 김수환 추기경이 계셨는데 나는 아마 젊은 학생들이 김 추기경의 애국심과 사회적 활동을 보고 신앙인의 존경스러움을 찾았을 것 같다"고 말하며 "그런데 불행하게도 우리 개신교에는 그렇게 존경받는 지도자가 보이지 않는다"라고 대답했다. 내 말대로 당시의 그런 분위기가 불신자들에게 영향을 주었을 것이다.

불신자들이 처음에 교회에 오면 신부나 목사들의 가르침이나 설교에서 신앙의 길을 찾기도 하지만, 찬송, 기도, 성경이 주는 교훈이 심정의 변화를 일으켜 마음의 문을 열고 믿음을 받아들이는 계기가 되기도 한다. 그런 과정을 거쳐 신앙을 갖게 되면 자신도 모르는 동안에 인생관과 가치관의 변화를 체험하게 된다. 삶의 목적과 방법에 변화가 뒤따르기 때문이다. 그 변화는 기독교의 정신인 동시에 예수 그리스도를 인격적으로 만나는 신앙 공동체 의식에 합치되었음을 뜻한다.

나에게 신앙적 영향을 준 도산 안창호 선생과 고당 조만식 장로의 경우도 참된 그리스도인이었다. 조만식 장로는 나의 중학교 선배이기도 하고 신앙의 가르침을 남겨준 은인이다. 도산과 더불어 내 신앙을 한 단계 높여준 분이다.

고당은 그 당시 중산층 가정에서 태어나 평범한 젊은이로 성장했다. 교회에서 그리스도의 부르심을 받고 새로 태어나기 위해 늦은 나이에 숭실중학의 학생이 되었다. 선교사를 통해 기독교 사상을 접한 후 일본에 가서 대학교를 마쳤다. 그 후로 독립운동과 사회경제계

및 교육계에 헌신하다가 해방을 맞이했다. 김일성 정권과 함께 애국적 협력과 이념적 투쟁을 계속했다.

그러나 김일성은 나중에 그를 평양 시내 고려호텔에 연금시켰다. 다른 사람과의 접촉은 물론 마지막에는 부인만 일정 시간 면회가 허락되었을 정도였다. 훗날 그 사모에게 들은 얘기이다.

한번은 고당이 면회시간에 "다음번 면회가 마지막이 될 테니 마음의 준비를 하라"고 했다. 그날 마음을 단단히 먹고 면회를 갔더니 선생은 "나는 나를 믿고 따르는 국민들을 배신하고 여기를 떠날 수 없으니 당신은 아이들을 이끌고 삼팔선을 넘어 서울로 가시오. 많은 어려움이 있겠지만 나 대신 고생해 주시오"라고 부탁하면서 서랍에서 커다란 흰 봉투를 꺼내 건네주었다. 두 사람은 마지막 기도를 드리고 헤어졌다. 집에 와서 봉투를 열어보니 선생의 잘린 머리카락이 들어 있었다. 이다음에 자기가 세상을 떠났다는 소식을 알게 되면 빈관으로 장례를 치를 수 없을 테니 그것으로 장례를 치르라고 준비해 두었던 것이다. 그것이 두 사람의 마지막 작별이 되었다.

신앙은 교회와 더불어 태어나고 자란다. 자란 후에는 민족과 국가를 하나님 나라로 발전시키기 위해 헌신해야 한다. 그것이 기독교 정신이다. 교회 안에서 우리끼리 복 받고 행복하게 지낸다면 주님께서 간절히 염원하셨던 하늘나라의 책임은 누가 감당하겠는가. 모두가 인정해 주는 큰일을 하자는 뜻이 아니다. 민족과 국가가 하나님께서 기뻐하시는 사랑의 왕국으로 변하지 않으면 안 되기 때문이다. 잘못된 카이사르의 왕국에 안주해서는 안 된다.

범죄자에게 예수 사랑 전한 김홍섭 판사

6·25전쟁 후의 일이다. 서울고등법원장을 지낸 김홍섭 판사는 어느 일요일에 법조계 친구를 만나 시간 있으면 영화나 보러 가자고 청했다. 그 친구가 지금 성당에 미사를 드리러 가려는 참인데 영화는 성당에 다녀온 후에 보면 어떠냐고 했다. 김 판사는 그것이 더 좋겠다면서 함께 성당에 간 것이 계기가 되어 신앙을 갖게 되었다. 주님의 부르심을 받은 것이다.

신앙을 깊이 깨달은 김 판사는 판사직을 내놓고 성직자가 되고 싶은 생각도 했다. 그러나 지도 신부는 "신부는 많으나 당신처럼 사회적으로 중요한 책임을 맡은 인물은 부족하니 대법관으로 있으면서 주님의 뜻을 대신하라"고 충고했다.

김 판사는 주님의 뜻을 전하기 위해 한때는 주말마다 강원도 지역을 찾아다니면서 전도를 했다. 그 당시는 지방마다 검문소가 있던 때였다. 허름한 차림의 김 판사에게 검문 경찰이 대법원 판사가 맞느냐며 캐묻고 조사를 벌이는 일이 자주 있었다. 나중에야 경찰관이 버스에 올라와 김 판사를 보면 경례를 했다는 소문이 있을 정도였다.

그는 자신의 재판에서 중형을 언도받은 죄수가 교도소를 간 후에는 직접 면회를 신청해 찾아가 "나는 법관이기 때문에 당신에게 중형을 판결했으나, 나 역시 당신처럼 실수하면 범죄자가 될 수 있는 인간이다. 우리 함께 마음을 가다듬고 모든 인간의 죄를 용서해 주시는 예수님께로 가자"고 전도했다. 어떤 법정에서는 판결문을 통해 "사람은 누구나 실수로 법을 범하고 다른 사람에게 고통을 줄 수 있다. 법관에게도 예외는 없다. 다시는 같은 범죄를 저지르지 않아야 한다"고 말해 법정에 모였던 사람들의 양심을 깨우쳐 주기도 했다.

교도소에서 김 판사의 위로와 권고를 받은 여러 사람이 회개하고 신앙인이 되었다. 그중에는 허태영 대령도 있었다. 이승만 대통령의 오른팔로서 육군 특무대장을 지낸 김창룡 소장을 향해 목숨을 걸고 저격을 감행했던 사건의 주인공이다. 정권의 앞잡이가 되어 군과 정치적 패악을 자행했던 상사를 군부를 대신해 징계하기 위해 저격했던 것이다.

이렇게 김홍섭 판사는 신앙인으로서의 사회적 기여도가 컸기 때문에 천주교에서는 널리 알려진 대표적인 신앙인이 되었고 법조계에서는 가장 존경받는 지도자로 추대되었다.

신앙인이 된다는 것은 교회를 비롯한 신앙 공동체를 통해 그리스도를 만나고 새로 태어나는 것이다. 그 후에는 반드시 하나님 나라 건설의 사명을 감당하게 되어 있다.

최근에 독일의 메르켈 수상이 세계인들의 존경 어린 시선을 받으면서 정계를 떠난 사실을 기억한다. 그런 기독교 정신을 갖춘 정치 지도자가 30년 전에 10명만 있었다면 세계는 어떻게 변했을까. 지금과 같은 비극은 초래되지 않았을 것이다. 러시아의 푸틴이나 중국의 시진핑 같은 지도자는 물론 북한의 김정은 같은 정치노선은 용납되지 못했을 것이다.

역사를 연구하는 사람들은 기독교 정신과 세계 역사의 관계를 새롭게 깨닫게 되었을 것이다. 물론 기독교계 내부에서도 비(非)기독교적이고 반(反)기독교적인 과오가 있었다. 그러나 세계사의 지도자들이 참된 기독교 정신을 견지했다면 현재와 같은 비극의 역사는 나타나지 않았을 것이다.

나 같은 사람은 고향인 북한을 떠났다. 많은 사람이 기독교회가 핍박을 받았기 때문이라고 말한다. 그러나 더 구체적으로 말하면 북한에서는 진실과 정직, 사회적 가치인 정의, 인간과 역사의 원천인 자유, 인간의 존엄성과 사랑의 질서가 소멸되었기 때문에 떠났다. 그것들이 기독교의 정신이다. 기독교 정신을 배제하거나 거부한 사회에서는 인간 존재의 의미와 가치가 버림받는다. 그런 뜻에서 그리스도인은 신앙공동체 안에서 구원의 진리를 깨닫고, 우리 사회를 하나님의 나라로 승화시키는 의무를 감당해야 하는 것이다.

100 years as a Christian

제3부

예수의 가르침을
내 것으로 하다

예수는 우리에게 교리보다
진리를 가르쳐 주었고,
신학(神學)을 위한 신학이 아닌
인간 구원을 위한 믿음의
신학(信學)으로서의 진리를 전해 주었다.

기독교 신앙의 핵심,
인간에 대한 사랑을 가르친 탕자의 비유

예수 당시에도 인격적 유일신을 믿는 민족은 구약성경에 나타난 이스라엘 민족뿐이었다. 많은 민족 신화에 등장하는 신들과 자연신 숭배는 있었으나 아브라함의 후예들과 같은 인격적 신앙은 없었다. 구약시대가 끝나고 400여 년 동안 신앙의 공간도 갖추지 못하고 있었을 때 특별한 예언자인 세례 요한에 의해 새로운 신앙의 징조가 나타났다. 그 뒤를 이은 예수의 출현은 구약 신앙을 끝내고 새로운 인격적 신앙의 탄생, 즉 신약성경을 통해 볼 수 있는 기독교의 탄생을 의미했다.

성경을 읽는 많은 신도는 그 내용을 제대로 파악하지 못한다. 믿음과 은혜의 베일에 싸여 주관적 해석을 내리기 때문이다. 성경, 특히 구약에는 역사적 사실과 시대적 상황이 뒤섞여 있다. 성경은 역사적 입장에서도 읽어야 하고 인문학적 이해도 있어야 한다. 그 속에서 은총의 사실과 신앙적 체험을 얻을 수 있을 때에야 비로소 성경이 신앙의 양식이 된다. 성경에는 사실로서의 실재, 상징적인 비유, 의미로서의 교훈이 섞여 있다. 실재는 체험과 자리를 같이하고 상징성은 의미를 동반한다. 신앙적 가치로서의 진리는 실천을 통해 구현되고 삶의 열매를 맺는다.

그런 의미에서 예수의 교훈은 두 가지 종교적 혁신을 제시했다. 우리가 믿는 하나님은 이스라엘만을 위한 분이 아닌 세계 인류를 위한 분이라는 것, 그리고 신과 인간의 관계가 의로움에 국한되지 않고 의(義)를 완성시킨 절대 사랑의 신앙이라는 것이다. 그 하나님은 모든 인류가 아버지라고 부를 수 있는 무한 사랑의 신이 된다고 가르쳤다. 예수의 이런 신앙적 선언은 기독교의 창시를 뜻하는 동시에 인류 역사를 하나님의 나라로 성취하는, 하나님과 인간이 사랑으로 완성되는 역사적 신앙임을 입증해 주었다. 그 역사적 기록이 우리가 읽고 배우고 깨닫는 신약성경으로 나타난 것이다.

그렇다면 기독교 신앙의 핵심은 무엇인가. 하나님과 함께하는 인간에 대한 사랑이다. 크리스천들은 쉽게 하나님을 사랑한다고 생각한다. 하나님은 인간의 사랑과 도움이 필요한 미완성의 실재가 아니다. 하나님의 뜻에 따라 이웃과 인간을 사랑하는 것은 신앙인의 의무이다. 신앙은 그런 의미에서 사랑(人間愛)를 받아들이는 것이다. 하나님이 우리 인간을 사랑하는 것같이 너희도 서로 사랑하라는 가르침이다.

그런 내용을 상징적으로 가르쳐준 예수의 비유 중 하나가 누가복음 15장에 기록되어 있는 탕자의 비유이다. 작은아들이 자기에게 돌아올 유산을 현금으로 받아 가지고 아버지의 집을 떠난다. 재산을 다 탕진한 후에 갈 곳이 없게 된 작은아들은 돼지치기를 하며 돼지가 먹는 쥐엄열매조차 얻어먹을 수 없게 되자 잘못을 깨닫고 집으로 돌아온다. 아버지에게 자식의 자격은 없으니 여러 머슴 중 하나로 받아달라고 호소하기로 한다. 잃어버린 아들을 기다리던 아버지는 거지 모습으로 돌아온 아들을 껴안고 환영 잔치까지 베풀어준다.

들에서 일하던 큰아들이 집으로 돌아오다 그 현장을 목격하고 화가 나서 아버지에게 항의한다.

"아들의 책임을 감당하며 아버지를 섬겨온 자신에게는 염소 새끼 한 마리도 주신 일이 없더니 아버지의 유산을 탕진하고 갈 곳이 없어 돌아온 동생에게는 어떻게 환대할 수 있습니까?"

평소의 아버지답지 못할 뿐 아니라 공정한 처사도 아니라고 생각했던 것이다.

아버지는 큰아들에게 "너는 나와 항상 함께 있었으니 내게 있는 모든 것이 다 네 것 아니냐. 네 동생은 잃었다가 다시 얻었으니 형다운 사랑으로 맞이하고 즐거워하고 기뻐하는 것이 마땅하다"고 타이른다. 아버지는 큰아들을 책망하지는 않는다. 그러나 왜 부모와 자식 간의 사랑, 형제간의 사랑을 모르느냐는 마음의 어두운 그림자는 지울 수 없었던 것 같다.

이 이야기를 종교적으로 해석한다면 이스라엘 민족과 이방 민족의 관계로 볼 수도 있다. 아버지 집에 머문 형은 이스라엘 민족이고 아버지에 대한 의무와 인연을 저버린 동생은 이방 민족에 해당한다. 기독교 교회의 입장에서 본다면 형은 교회에 머물며 사는 교인들이고 동생은 교회 밖의 이방인일지 모른다. 교회라는 공동체 밖에 있었기 때문이다.

그러나 여기서 더 중요한 것은 사회에서 이들의 관계이다. 모든 사회와 인간 공동체에는 아버지의 마음인 사랑과 큰아들의 주장인 정의, 그리고 작은아들이 추구하는 인간적 자유가 모두 내재해 있다. 사회는 이 세 정신적 가치가 조화를 이루기보다 갈등을 겪으면서 성장과 퇴락을 거듭한다. 교회가 중심일 때는 사랑을 유지하게 되지만, 공산주의 사회에서는 사랑을 거부하고 자유를 통제하는 정의의 가치가 중시된다. 그런가 하면 인간다운 삶을 개인주의로 받아들이면 자유가 정의와 사랑의 질서를 파괴하는 경우도 있다. 무한경쟁의 시대에는 더욱 그렇다.

<><><><> **사랑으로 자란 나무에는 평등과 자유가 함께 열린다**

지금 우리도 그런 현실 속에 살고 있다. 자유로운 경쟁 속에서 사회를 성장시키려는 자유주의자가 있는가 하면, 정의를 앞세운 평등 사회에서 행복을 누리려는 국가도 있다. 미국과 중국의 이념적 격차도 그것을 보여준다. 프랑스 혁명은 가난에 허덕이는 평민을 수탈해 사치와 부를 누리는 귀족과 가톨릭 지도층을 타파하고자 혁명 세력

이 자유·평등·박애를 호소하며 일으킨 사건이다. 그렇게 볼 때 자유와 인간애가 배제된 지금의 북한은 정의로운 세력으로 자처하며 평등을 권력으로 유지하려 하기 때문에 세 가지의 사회적 가치 모두를 상실한 셈이다.

지금 세계 정신사의 위치에서 본다면 아버지의 사랑에 해당하는 가치와 질서는 휴머니즘으로, 정의는 평등의 가치로 볼 수 있다.

자유와 평등, 인간애 이 세 가치가 공존하는 인간다운 삶은 어떻게 이루어지는가. 미래는 자식들에게 있으나 현재는 아버지의 마음에 머문다. 아버지가 원하는 최대의 관심과 소망은 큰아들이 자신과 같은 사랑의 마음을 갖고 작은아들을 대해 주는 것이다. 휴머니즘에 입각한 자유민주주의, 인간애를 기반으로 삼는 평등사회를 건설하라는 의미이다. 사랑으로 자란 나무에는 평등과 자유가 함께 열매 맺을 수 있기 때문이다. 사랑, 즉 휴머니즘을 배제한 무한경쟁 사회는 행복을 놓치며, 정의를 앞세운 권력사회는 자유를 상실하는 파국을 초래한다.

사랑 안에서만 이기적인 사회악과 배타적인 갈등과 투쟁이 종식될 수 있다. 그런 휴머니즘의 정신을 우리는 인간애의 구현과 완성으로 받아들인다. 그 길이 세계사의 정신이며 인류의 희망과 구원의 메시지(복음)인 것이다. 자유와 정의의 궁극적인 목적과 본질은 다 같다. 인간애를 위한 의무와 책임이다. 더 많은 사람의 인간다운 삶과 행복을 위해 개인의 자유와 사회의 정의가 필요한 것이다.

외형을 강조하는 공간 신앙에서
그리스도를 만나는 영적 신앙으로

참신앙이란 그리스도를 인격적으로 만나고 새로 태어나는 삶

요한복음 4장에는 예수와 사마리아 여인 사이의 신앙적 대화 장면이 나온다. 여인은 가장 중요한 문제라고 생각되는 질문을 꺼낸다. "우리는 조상 때부터 저 산에서 예배를 드렸는데, 유대 사람들은 예루살렘 성전에서 예배를 드려야 한다고 합니다. 어느 장소가 옳습니까?"

예수는 "산이나 예루살렘 성전처럼 예배 드릴 장소의 문제는 참신앙과 상관이 없다. 이제는 영과 진리로 아버지께 예배 드릴 때가 되었다"고 답한다. 여인도 "메시야 곧 그리스도라 하는 이가 오실 줄을 내가 아노니 그가 오시면 모든 것을 우리에게 알려주실 것입니다"라고 대답한다. 예수는 그 자리에서 "너와 얘기하고 있는 내가 메시아이다"라고 스스로를 밝힌다.

신앙의 문제를 다룬 짧은 이야기 같지만 이스라엘의 역사와 그리스도의 오심, 그리고 새로운 신앙의 희망과 완성을 설명해 주는 기록이다. 그 중심 내용은 참 신앙은 공간, 즉 눈에 보이는 자연의 형태가 아니라 정신적·영적인 시간(때), 즉 역사와 진리의 신앙임을 가리킨다. 밖으로 나타나는 의식 외적인 것이 아닌 의식 내적인 것임을 뜻한다. 그러나 그보다 소중한 참 신앙은 메시아, 즉 그리스도를 만나고 인격적으로 새로 태어나는 삶에서 이루어진다는 뜻을 분명히 보여준다.

우리가 자주 접하는 불교의 경우를 보자. 사찰에 가면 조각과 그림으로 가득 차 있다. 스님들의 의상도 일반인과 달라야 경건함을 더한다. 시각뿐 아니다. 청각적으로도 목탁소리와 불경을 봉송하는 음향으로 가득 차 있다. 그 중심이 되는 부처상은 숭엄함의 극치를 보여준다.

그런데 일본의 사찰을 보면 공간적 장식과 시각을 모으는 형상이 훨씬 줄어든다. 그만큼 공간적 사고에서 정신적 사고를 촉진하는 의식성으로 대체되었음을 발견한다.

한편 재래 불교에서 독립한 원불교를 방문해보면 동그란 원 하나밖에 눈에 띄는 것이 없다. 회화도 보이지 않고 불상도 없다. 재래 불교에 비하면 공간 관념과 신앙의 연결성이 보이지 않는다. 모이는 신도들이 무엇을 깨달으며, 정신적 가치와 수양이 어떤 것인가를 더 소중히 여긴다. 신앙의 공간성과 의식(儀式)보다 정신적·영적 깨달음을 위해 변화한 것이다.

앞에서도 얘기했듯이 나는 오래전 성지 순례를 위해 요르단 왕국과 이스라엘 지역을 방문하고 크게 실망한 뒤로 공간으로서의 '성지'라는 개념에서 떠났다. 대신 우리 모두에게 육신과 정신의 고향이 있듯이 예수님의 고향을 찾아보기로 했다. 진정한 예배의 뜻을 깨닫게 되면서 주님께서 내가 신앙으로 자란 고향을 사랑해 주셨듯이 더 한층 예수님의 고향이 소중하고 아름답게 느껴졌다.

기독교의 경우도 마찬가지이다. 로마가 기독교 국가가 된 이후 교회와 교권이 사회적 영향력을 행사하면서 다중을 위한 교회의 모습을 갖추기 시작했다. 큰 성당을 건축하고 건물의 내용을 갖추기 위해 예수의 성상을 모시는가 하면 제자들의 모습을 새겨넣기도 했다. 많은 조각과 회화가 성당을 장식했다. 마리아상이 등장했는가 하면 교회 역사를 빛낸 성도와 성직자들을 위한 기념관이 만들어졌다. 미사 절차를 비롯한 교회의 신앙적 절차와 의식이 다양해졌다.

그러다가 르네상스와 더불어 개신교가 탄생하면서 교회의 신앙을 상징하는 공간성이 간소화되었다. 건축물의 구조만 보고도 천주교와 개신교를 구별할 수 있을 정도가 되었다. 미사의 양식과 예배의 절차가 완전히 변화했다. 한 마디로 표현하면 구교적인 공간성이 축소되고 개신교적인 신앙 관념이 뚜렷해진 셈이다.

지금은 수많은 기독교 공동체가 탄생하면서 신앙의 공간성은 자취를 감추기에 이르렀다. 기독교 병원이나 대학의 신우회 같은 모임에 가보면 신앙 행사의 공간(장소)적 요소는 찾아볼 수 없다. 굳이 공간에 얽매일 필요가 없어진 것이다.

신앙의 공간적·외형적 요소가 정신적·내적 가치로 중심을 옮겼다고 볼 수 있다. 기독교가 신앙의 주체성과 자주 정신을 유지하면 된다는 사회적 성격을 갖추기 시작했다. 신앙의 주역이 성직자의 위치에서 평신도를 포함한 사회적 영역으로 확장된 셈이다. 신앙의 외적 공간성은 축소되고 내적인 가치관으로 탈바꿈하는 과정을 밟게 되었다.

지금 우리 사회에 남겨진 과제는 교회 안에서는 교리가, 사회적으로는 넓은 의미의 신학이 어떤 역할을 담당하고 있는가이다. 교리는 교회의 주체성을, 신학은 인간 사상 전반에서 기독교 정신을 의미한다. 이때 가장 중요한 것은 교리의 사회적 외연은 진리가 되어야 하고 신학은 인간의 학문에 그쳐서는 안 된다는 요청이다.

예수는 우리에게 교리보다 진리를 가르쳐 주었고, 신학(神學)을 위한 신학이 아닌 인간 구원을 위한 믿음의 신학(信學)으로서의 진리를 전해 주었기 때문이다. 교리를 위해 진리를 멀리하는 것도 안 되지만 인문학으로의 신학은 기독교의 본질을 떠날 수도 있음을 경계해야 한다.

그렇다면 이 모든 문제를 해결하는 핵심은 무엇인가. 내 모든 인격을 통해 예수를 그리스도로 받아들이는 거듭남이 선행조건이다. 모든 문제해결의 출발점이 거기에 있다. 성직자나 신학자가 되는 것이 먼저가 아니며 전부도 아니다. 신앙적 거듭남의 체험을 100명이 하면 100가지인 동시에 근본에 있어서는 하나이다. 기독교의 자아동일성을 갖는 것이다. 우리 삶 속에서 인간이 그리스도와 하나가 되는 체험이며 그 체험은 구원의 복음이다.

그 결과, 공간 신앙에서는 의식과 영적인 신앙을 이해할 수 없었고, 인간의 의식적 신앙은 교리와 신학에 머물렀으나 그리스도를 만나 은총의 체험을 겪게 되면 의식적이고 공간적인 신앙의 여건들이 새로운 의미와 가치를 찾아 누리게 된다.

기독교의 예수를 통해 영적 체험을 새로이 받아들이고 예수의 고향에서 나의 고향을 찾아 감사함을 깨닫게 된다. 기독교가 자연 신앙의 종교가 아닌 역사적 신앙이 되고, 그 역사적 신앙이 하나님 나라를 건설하는 세계사적 의미를 갖추게 된다.

어떻게 진리가
우리를 자유케 하는가

◇◇◇◇◇◇◇◇ **안식일은 누구를 위해 있는가**

내가 봉직했던 연세대학교는 '진리와 자유'가 교지로 되어 있다. "진리가 너희를 자유롭게 하리라"(요 8:32)는 성구에서 얻은 뜻이다. 미국에 가면 대학도서관 등에서 같은 문구를 발견하게 된다.

예수는 종교 국가에서 태어나 구약의 유대교 신앙에서 자랐기 때문에 율법과 계명을 따라야 했다. 그 올무에서 벗어나기 위해 "내 가르침을 깨닫게 되면 그것이 너희의 인생관과 가치관이 되고, 율법과 계명의 구속에서 자유로워질 것"이라고 선포했다. 그것이 유대교에서 기독교가 탄생하는 계기가 되었고, 구약이라는 달걀 속에서 신약이라는 병아리가 껍질을 깨고 나오게 되었다. 그다음부터 병아리는 달걀로 되돌아갈 수 없고, 독립된 닭으로서의 삶을 영위하면서 새로운 병아리들을 탄생시킨다.

내가 어려서 교회에 다닐 때는 그다지 중요하지 않은 교리, 즉 교리가 될 수 없는 교회의 가르침이 많았다. 주일은 안식일이고 안식일은 거룩하게 지켜야 한다고 해서 다른 친구들이 열심히 공부하는 주일에도 공부하지 못했다. 밤 12시가 지나면 깨어나 시험공부를 했다. 최근까지 주일에 일하는 것은 죄라고 해서 휴업하는 크리스천들이 있었다. 그러나 지금은 누구도 그런 계명으로 구속받지 않는다.

예수는 모든 계명과 율법을 깨뜨리는, 당시로서는 혁신적인 발언을 했다. 예수가 "인자는 안식일의 주인이니라"(마 12:8)고 한 말의 뜻은 '너희가 안식일을 위해 있는 것이 아니고 안식일이 너희들을 위해 있다'는 것이다. 일주일 중에 하루를 쉬는 습관은 현대인에게 축복받은 교훈이 되었다.

내가 연세대학교에서 교편을 잡은 초창기에는 인간의 자유와 하나님의 예정 중에 어느 쪽에 더 무게를 두느냐가 감리교와 장로교의 교리 문제가 되기도 했다. 관심 밖의 학생들은 남의 일처럼 여겼지만, 관심 있는 학생들과 동료 교수들은 나에게 어느 쪽인지 물었다. 나는 "내가 체험하고 받아들인 것은 '은총의 선택'이지 자유와 예정의 문제는 아니었다"고 대답했다. 많은 젊은이가 그 문제로 고민에 빠졌다. 좁은 교리적 교훈이 성실한 삶을 꿈꾸는 젊은 지성을 괴롭힌 것이다.

내가 미국에 갔을 때 일이다. 대학교 교수로 있는 제자의 초청을 받았다. 제자는 부부의 신앙적 고민이 깊어졌다고 털어놓았다. 부인의 부친은 한국 여호와의 증인 교단의 총책임자였는데 그녀는 여러 가지 문제로 고민하다가 무신론자가 되었다. 내 제자는 한인 교회에 다니다가 각 교단 간에 사회 수준보다 뒤떨어진 파벌싸움을 하는 것을 보고 교회를 떠나 방황하고 있었다. 지성인 부부가 얻은 결론은, 세상 사람들에게는 아무 관심도 없는 문제를 놓고 인생을 낭비할 바에는 기독교 밖에서 지성인다운 윤리적 가치를 찾아 사는 편이 좋겠다는 것이었다. 편협한 교리에 빠지거나 이중적인 가치관을 갖고 사는 것보다 기독교 밖에서 성실하게 사는 것이 더 소중함을 깨달은 것이다. 나는 그들에게 할 말이 없었다.

그들은 인생의 한계와 양심을 초월하는 문제에 봉착했을 때 예수의 가르침에서 해답을 얻곤 했다. 우리 민족과 국가의 문제가 걱정스럽고 인류가 역사의 문제를 스스로 해결하고 구원을 얻을 수 있을까 고민하다가 하나님의 뜻을 따를 수밖에 없어 크리스천이 되었다고 고백했다. 일부 잘못된 교리와 수준 이하의 가치를 믿으며 세월을 보내느니 차라리 그런 교회를 떠나는 것이 올바른 선택이라고 생각했다.

지금 우리는 옛날처럼 종교 국가에 사는 것이 아니며 현대인 대부분이 기독교인이 아닌 시대에 산다. 인문학과 철학·예술의 발달은 물론 윤리적 가치와 도덕적 질서가 종교적 율법이나 교리보다 더 큰 비중을 차지하는 사회에 살고 있다. 종교를 떠나서 살 수는 있어도 윤리와 도덕을 등지고 살 수는 없는 세상이다. 그리고 객관적 평가를 내린다면 도덕과 윤리는 종교적 계명이나 율법보다 상위에 속하며 보편성을 가지고 있다.

현대인들은 이성과 양심을 믿는다. 이성에 어긋나거나 양심과 반대되는 어떤 종교도 받아들이지 않는다. 과학적 사유는 신앙적 교리를 미신으로 돌릴 수 있기 때문이다. 전 세계적으로 보았을 때 과학과 도덕을 갖춘 사회가 종교적 신앙을 절대시하는 사회나 국가보다 앞서 있는 것도 사실이다. 구약 신앙을 포함한 중동 지역의 종교관을 보아도 인정할 수 있는 사실이다.

∞∞∞∞∞∞ 자유가 하나님의 사랑과 하나가 될 때

문제는 이성과 윤리를 믿고 사는 사람들에게 '기독교의 진리가 너희를 자유케 하리라'라는 교훈이 해결책이 될 수 있는가이다.

우리 주변의 문제로 돌아가자. 한국을 포함한 아시아인은 중국 중심의 유교적 윤리와 도덕을 받아들였다. 공자는 도덕과 윤리를 대표하는 스승이다. 유학은 우주 자연의 질서를 인간사회와 개인의 도덕적 원천으로 삼는다. 하늘(天)의 도(道)가 인간적 삶의 질서와 규범이 된다고 생각했다.

원시적인 사상을 배제한다면 유교는 도덕 중의 도덕이다. 그런데 그 창시자인 공자 자신도 도덕 이상의 것을 흠모하면서 도덕의 인간적 가치에 한계를 느꼈다. 윤리의 궁극적 과제는 더 높은 데 있음을 부정하지 않았다. "아침에 도를 깨달을 수 있으면 저녁에 죽어도 좋다"는 인간적 고백을 남겼다. 인간적 자유의 한계를 느낀 것이다. 영원 속에 머무는 시간적 존재, 무한에 도전하면서 유한에 머물러야 하는 운명에 처한 인간의 존재적 한계는 어떻게 할 수 없었다. 누구나 윤리와 도덕의 한계를 초월하는 자유를 원한다. 그것이 인간의 본분이다.

불교는 본래 도덕·윤리보다 철학적 진리를 추구했다. 우파니샤드에 나타난 철학의 문제를 종교적으로 해결할 수 있을까 하는 것에서 출발한 것이 힌두교, 자이나교, 불교 등을 낳았다. 그런 변화가 불교에서는 법(法)에의 귀의를 염원하는 종교로 발전한 것이다. 법은 진리에 해당한다. 진리를 찾아 그 안에 머물면 참 자유도 가능하다고 믿는 순례의 과정을 밟는 것이 불교의 본뜻이다. 그때의 진리가 정신적 가치로서의 법이다. 그런 진리와 법은 인간적 삶의 가치와 사회와 역사 속의 진리가 되기 어렵다.

내가 잘 아는 친구 E교수는 한국 불교계의 원로학자였다. 그는 본래 천주교 신자였다. 천주교 종주국이라고 볼 수 있는 프랑스에 유학을 갔다가 불교를 연구하고 불교학자가 되었다. 그는 왜 기독교를 떠나 불교로 가게 되었을까? 이 물음에 대한 그 자신의 해명 중 하나는 예수의 좁은 인간적 정신에 비해 석가의 넓은 자비심이 더 인상적이었기 때문이라는 것이었다. 그러나 우리는 철학적 관념 속에서 살지는 못한다. 고뇌하며 고통을 나누는 인간사회 속에서 살아야 한다. 역사와 사회적 삶을 등지거나 그것과 무관하게 살 수는 없다. 그것이 인간적 삶의 운명이다. 예수는 그 속에서 우리와 함께 삶의 무거운 짐을 나누어 지고 살았다.

그런 의미에서 예수가 말하는 자유는 인간 모두가 고민해야 할 짐이지 철학자만의 고뇌는 아니다. 불교도는 기독교의 수도원에서 함께 자유를 논할 수 있다. 그러나 기독교인은 수도원에서만 논의가 끝나는 그런 자유를 원하지 않는다. 인간적 삶 속에서 자유를 찾아야 하며 이웃과 함께 자유를 공유할 수 있어야 한다. 예수가 말하는 자유는 그런 역사와 사회 속에서의 자유이다.

그런 자유가 가능한가? 예수는 그런 자유는 하나님 아버지의 사랑과 함께할 때, 그것과 일치할 때만 가능하다고 가르쳤다. 따라서 신앙을 가진 사람은 스스로의 자유를 하나님의 사랑에 귀의시켜야 한다.

이렇게 본다면 종교의 율법과 계명은 자유를 구속하며 제한해온 과거의 유산이고 도덕과 윤리는 자유를 깨닫고 초월하려는 과정이었다. 참 자유는 하나님 나라가 인간 사회에서 성취될 때 가능해지며 신앙인들은 그 자유를 체험하는 선구자의 책임을 담당하는 것이다.

하나님 나라에서
충성된 종의 평가 기준

◇◇◇◇◇◇◇◇ **게으름을 경계한 달란트 비유**

예수의 여러 가지 비유 중에 하늘나라에서는 인간 평가가 어떻게 이루어지는지를 암시하는 이야기가 있다. 마태복음 25장에 나오는 달란트의 비유이다.

한 귀인이 먼 길을 떠나면서 종들을 불러 개인의 능력에 따라 5달란트, 2달란트, 1달란트를 맡겼다. 그러면서 자신이 돌아올 때까지 각자 노력해서 더 많은 자금으로 늘려놓으라고 당부했다. 5달란트와 2달란트를 받은 사람은 열심히 활용해서 갑절의 이윤을 얻었다. 그런데 1달란트를 받은 종은 주인의 기대와 요청이 두려워 1달란트를 땅에 묻어두었다가 원금을 반납하기로 했다.

주인이 돌아와 10달란트와 4달란트를 만든 종들에게는 똑같이 잘하였다고 칭찬하며 "착하고 충성스러운 종아, 작은 일에 최선을 다했으니 너희에게 더 큰일을 맡기겠다. 나와 함께 기쁨을 나누자"고 약속한다. 그러나 1달란트를 반납한 종에게는 "내가 무엇을 원하는지 잘 알면서 맡겨준 책임까지 포기했으니 너의 악하고 게으름을 용서할 수가 없다. 그 1달란트마저 10달란트를 가진 사람에게 주어라. 누구든지 있는 사람은 더 받아 넉넉해지고, 없는 사람은 있는 것까지 빼앗길 것이다"라고 말한다. 결국 이 쓸모없는 종은 바깥 어두운 곳으로 쫓겨난다.

이 짧은 이야기는 기독교가 얼마나 인간의 개성과 자유의 가치를 소중히 여기는지를 잘 보여주고 있다. 인간의 자유를 설파하는 예수의 교훈은 역사, 사회, 인간의 문제를 중심으로 전개되는 것이 보통이다. 민주주의 사회가 기독교의 역사 속에서 자라 열매 맺고 있음도 입증해 준다. 인도를 비롯한 고대 사상은 인간 위주의 역사의식을 자연질서와 연관지어왔다. 그러나 기독교는 역사와 사회의 주체를 인간으로 보고 개인의 존엄성과 자유를 바탕으로 삼았다. 그 덕분에 세계 근대사가 변화할 수 있었다. 미국은 근대 후기에 프로테스탄트의 청교도 정신을 최근까지 계승한 덕분에 자유민주주의의 결실을 얻었다고 보아도 좋을 것 같다.

그러나 이 비유의 뜻은 역사나 사회의 문제보다 우리 각자가 무엇을 위해 어떻게 살아야 하는가를 암시해 주는 데 있다. 위의 종들은 유능함에서는 차이가 있었으나 다 같이 주어진 책임과 의무를 감당할 수 있었다. 1달란트 받은 종이 성실히 노력해 2달란트를 만들었다면 주인에게 다른 종들과 똑같은 칭찬과 대우를 받았을 것이다. 만일 그가 더 많이 노력해 3달란트를 벌었다면 주인으로부터 다른 두 종보다 더 큰 신임과 사랑을 받았을 것임에 틀림없다. 200%의 성과를 냈기 때문이다.

사람들은 게으름을 타고난 성격이나 민족성의 결과라고 생각한다. 내가 20대 초반에 일본에 유학을 가서 깨달은 것은 우리 민족의 게으름이었다. 열심히 일하는 일본인들의 모습에 감명을 받았다. 아침인사만 해도 그렇다. 영미 사회에서 "좋은 아침이 되세요"라고 인사했다면 일본에서는 "이른 아침입니다. 일찍부터 일합시다"라는 인사로 느껴졌다. 그 당시 우리는 너무 가난했다. 아침에는 겨우 조밥을 먹었지만 저녁에는 죽을 먹었다는 뜻의 '조반석죽'이라는 말이 사전에 남아 있을 정도였다. 어른들에게 드리는 인사도 '조반 잡수셨어요?'였다. 김일성이 북한 국민에게 이(쌀)밥에 고깃국을 먹게 해주는 것이 나의 소원이라고 말했을 정도이다.

게으름은 주어진 성격도 운명도 아니다. 생각을 바꾸는 사람은 행동을 바꿀 수 있고, 행동을 바꾸면 습관을 바꾸게 된다. 습관을 바꾸면 생활도 변하고 성격도 바꿀 수 있는 것이 행동과학의 원칙이다. 생각은 누구나 바꾸도록 되어 있다. 문제는 삶 자체를 게으름으로 낭비하며 그 습성이 사회로 번지게 되면 게으른 민족의 운명을 벗어날 가능성까지 잃게 된다는 데 있다. 게으르지 않은 개인과 사회 이것이 달란트 비유의 첫째 교훈이다.

또한 달란트 비유는 일을 사랑하는 사람과 일을 싫어하는 사람의 차이를 얘기한다. 일을 사랑하는 사람은 일과 더불어 많은 것을 얻어 차지하나 일을 싫어하는 사람은 게으름과 함께 더 소중한 것을 잃는다. 유능함이라 해도 좋고 성공과 행복의 가능성으로 보아도 좋을 것이다. 일을 사랑하는 사람은 진취적으로 더 많은 일을 해내면서 더 유능해지고 성장한다. 일을 싫어하는 사람은 일을 멀리해 점점 더 무능해지며 모두에게 주어지는 축복을 빼앗긴다.

개인의 문제만이 아니다. 게으른 민족이 모인 나라는 국가 구실을 하지 못한다. 일을 사랑하고 일의 가치를 공유하지 못하는 사회는 후진국으로 퇴락할 수밖에 없다. 나 자신과 주변 사람들로부터 얻는 교훈이 있다. 일을 즐기는 사람이 건강하며 늦도록 일하는 사람이 장수의 복을 받는다는 것이다.

그리고 일에는 사회적 대가가 따르기 때문에 감사와 존경을 받는다. 때때로 70에 은퇴한 목사님들을 만나면 공부와 일을 계속하는 사람과 은퇴해서 쉬는 이들의 차이를 더 뚜렷하게 확인할 수 있다. 나는 크리스천이라면 누구보다도 오래 맡겨진 일에 열중하는 사람이라고 생각한다.

◇◇◇◇◇◇ **유능한 종보다 최선을 다하는 종에게 칭찬을**

더 중요한 문제가 있다. 누구를 위해 무슨 일을 하는가 함이다. 나를 위해서 일하는 사람이 많다. 나와 내 가족을 위해 일하기도 한다. 그런 사람들은 대개의 경우 소유를 위해 일한다. 더 많이 소유해야 더 성공하고 행복해진다는 사고를 갖고 있다. 소유가 폐쇄적이고 이기적인 목적이 되면 소유를 상실하거나 실패했을 때는 더 불행해진다. 그리고 이기적 사고와 가치는 사회적 불행을 가져오기 때문에 성공하지도 못하고 행복해질 수도 없다.

반면 일을 위해서 일하는 사람이 있다. 정신적 가치를 이루기 위해 일하는 사람은 일 자체에서 창조적 희열을 느끼므로 일의 결과를 남긴다는 생각도 느끼지 못한다. 진리를 찾아 노력하는 학자나 예술 작품에 열중하는 작가는 누구보다도 일을 위해서 일하는 사람들이다. 그들의 공헌으로 존경과 명예를 얻는다고 해도 그것을 염두에 두거나 목적으로 삼지 않는다. 단지 일이 즐거워서 일할 뿐이다.

그런데 어떤 목적이 있어 일하는 사람도 있다. 그때의 목적은 무엇을 또는 누구를 위한 일인가를 말한다. 예수의 비유에는 언제나 그 목적이 뚜렷하다. '주인을 위해서 또는 주인과 더불어 즐거움과 행복을 누리기 위해서'라고 표현한다. 그러나 신앙인의 위치에서 본다면 그 목적은 '하나님의 뜻을 위해서 주님의 일을 대신한다'는 데 있다. 그럴 때는 스스로를 일꾼으로 자처하게 되며 주의 종이라는 자부심을 갖게 된다. 자연히 최선을 다하게 되며 감사와 영광을 깨닫게 된다. '아버지의 뜻이 이루어지이다'라는 기도와 정성이 일의 원동력이 된다. 그 결과는 어떻게 되는가. 하나님의 나라가 성취되어 인류의 희망이 완성된다. 그 이상의 목적은 없기 때문에 기쁨으로 최선을 다하게 된다.

이 비유 속에는 숨겨진 듯한 부분이 있다. 5달란트에서 10달란트를 번 종과 2달란트에서 4달란트를 번 종에게 똑같은 칭찬과 대우를 했다는 점이다. 100사람에게는 100가지 소질과 개성이 있다. 더 중요하거나 덜 중요하다는 차이는 일하는 개인의 주관적 판단이다. 사회는 그 결과를 객관적으로 판단한다.

10과 4는 차이가 있다. 그러나 사랑의 척도로 본다면 같은 평가를 받는다. 모두가 합쳐서 전체가 되기 때문이다. 더 귀하거나 덜 귀한 것이 없다. 모든 존재가 동일하게 중요하다.

주인의 위치에서 본다면 최선을 다했는가 안 했는가만이 평가 기준이다. 100의 가능성을 가진 종이 80을 남기고 60의 능력만 소유했던 종이 70의 결실을 거두었다면 80보다는 70의 결과를 만든 종이 더 높은 칭찬을 받아야 한다. 최선을 다했기 때문이다. 구약의 중심 주제인 '하나님의 정의'보다 신약의 중심 주제인 '하나님의 사랑'을 택한 것이 예수의 교훈이다.

신앙은 지치거나 힘들 때
매달려 용기를 얻는 생명줄

◇◇◇◇◇◇ **인간이 가야 할 길과 도리를 가르쳐주는 기독교**

한번은 국가 공무원들을 상대로 강의를 끝내고 이런저런 이야기를 나눈 일이 있다. 어떤 사람에게 "교수님도 인생을 살아가면서 깊은 시련이나 유혹을 받은 적이 있었을 것이고 역사적 위기에서는 절망감 비슷한 것도 느끼셨을 것 같습니다. 어떻게 대처하고 해결하곤 하셨습니까?"라는 질문을 받았다. 나는 "어렸을 때 남다른 시련을 겪으면서 기독교 신앙을 갖게 되었고, 그 신앙이 마치 파도가 거센 해협 이쪽에서 바다 건너편까지 연결된 밧줄과 같았다. 헤엄쳐 바다를 건너다가 지치거나 힘들 때는 밧줄에 매달려 쉬거나 다시 용기를 얻어 떠나곤 하는 생명줄이 되었다. 그래서 신앙이 희망이 되고 희망이 인생의 목표를 제시해 주었기 때문에 오늘에 이른 것 같다"고 대답했다.

그리고 다음과 같은 이야기들을 추가로 해주었다.

기독교 신앙을 가지지 못한 사람이나 다른 종교를 믿는 사람은 해당되지 않는다고 생각하면 안 된다. 예수의 교훈과 기독교 정신은 교회에 나가는지 여부와 상관 없이 인간이면 누구나 지키고 따라야 할 길과 도리를 가르쳐 준다. 예를 들면 진실을 사랑하고 정직하게 살라는 뜻을 믿고 따르는 것은 우리 모두의 책임이다. 다른 사람의 개성과 인격을 존중해야 하며 절대로 나의 이기적 목적을 위해 남을 이용하거나 수단으로 삼아서는 안 된다.

간혹 어떤 사람이 나에게 해로운 행동을 했다고 해서 용서하지 않고 서로 보복하거나 원수를 갚는다면 두 사람 다 파멸한다. 잘못을 사과하고 용서를 받고 화해하면 행복과 기쁨을 나눌 수 있다. 이런 기독교의 가르침은 고금을 막론하고 어느 사회에 살든지 누구나 지켜야 할 교훈이다.

기독교의 사회질서를 위한 가치관은 더욱 확실하다. 진실·정의·자유·사랑의 가치가 바로 그것이다. 이런 인간적 삶의 가치가 사라진다면 그것은 인간 공동체도 아니며 국가의 존립도 유지할 수 없다. 교인들 중에는 그런 사회가치는 어디에나 있지 않느냐고 묻는 사람이 있다. 기독교도 그런 인간관계의 기본적 가치관을 외면하거나 포기한다면 기독교가 존재할 필요가 없다. 또 기독교 밖의 사회는 그 질서를 지키는데 기독교가 그런 소중한 가치를 외면한다면 기독교는 사회를 구원하지 못하고 사회적 규탄의 대상이 되며 범죄의 대가를 치러야 한다. 거짓말하는 교회는 버림받는 것이 당연하고 주님께서는 정직한 공동체를 원하신다.

또 어떤 사람은 다른 종교에도 그런 교훈은 있다고 말한다. 그렇다. 그런 사회가치가 있기에 종교로 존재한다. 그런데 실제 현실에서는 차이가 있다. 구약을 신봉하는 유대인과 코란경을 믿고 따르는 무슬람 간의 갈등과 적대감, 전쟁도 불사하는 현실을 보면 그들의 종교 사회에는 정의와 사랑의 가치관이 사라지고 있음을 확인하게 된다. 불교는 자비와 사랑의 가치에 치중하기 때문에 인간의 자유와 사회적 정의를 가벼이 여겨 사회발전이 더디다. 기독교는 역사적·사회적 개혁의 신앙을 강조하기 때문에 사회발전과 더불어 성장한다.

진실이 없는 교회, 정의에 대한 책임을 회피하는 크리스천, 자유의 가치를 모르는 교회 지도자, 인간애의 바탕을 거부하는 기독교가 존재할 수 있겠는가. 물론 기독교는 그 이상의 책임과 의무를 갖고 있다. 이런 가치를 성취함으로써 하나님 나라를 건설하는 것이다. 이것이 신앙을 논할 때 추가되어야 한다.

내가 중앙학교 교감으로 있을 때의 일이다. 교장이 나에게 이번 학기를 끝으로 H선생을 학교에서 떠나 보내자고 제안했다. 실력도 달리고 학부모들 평도 좋지 못하다는 이유였다. 나도 어느 정도 수긍하고 있었다. 그러나 졸지에 함께 일하던 교사를 퇴출시키는 것은 좀 냉정해 보였다. 그래서 교장에게 한 학기만 여유를 달라고 청했다. 물론 한 학기동안 큰 변화를 기대하기는 힘든 일이었지만, 나는 H선생을 찾아가 교장의 생각을 전하면서 한 학기 동안 합심해서 최선의 노력을 다해본 후에 교장의 뜻을 받아들이자고 충고했다.

한 학기가 지났다. 내가 H선생에게 얘기할 시간을 갖자고 청하자 H선생은 일주일 후에 찾아뵙겠다고 약속했다. 약속한 날 나를 찾아온 H선생은 "지방 학교에 있다가 서울로 진출하고 싶어 중앙학교에 오게 되었는데 부족한 자신을 알게 되었다"며 "교감선생님께서 교장선생님과 상의해서 지방 학교 중에 적당한 곳으로 이끌어 주셨으면 감사하겠다"고 제안했다.

그렇게 해서 H선생은 학교를 옮기고 나도 중앙학교를 떠나 연세대학교로 오게 되었다. 그런데 그 뒤에도 H선생은 나를 은인 중의 한 사람으로 대해 주면서 서울에 오는 날이면 나를 찾아와 인사를 나누고 큰아들이 세브란스 레지던트로 있을 때는 학교까지 찾아와 점심 대접을 해주기도 했다. 진심으로 존경과 우정을 나누는 사이가 되었다.

대단치 않은 이야기이다. 그러나 거기에는 한 가지 뜻이 담겨 있다. 공적인 일에는 정의가 필수이지만 인간관계에서는 정의를 넘어 서로 위해 주는 것이 더 소중하다는 뜻이다. 직장이나 사회생활에서는 공정하며 합리적인 판단과 처세가 있어야 한다. 공선사후(公先私後)가 그 말이다. 그러나 선하고 아름다운 인간관계는 무엇보다 소중하며 우리를 행복하게 해준다. 나도 그런 교훈은 도산 안창호 선생과 인촌 김성수 선생에게서 배웠다.

기독교 정신도 그렇다. 구약에서는 정의로운 하나님으로 나타나 있으나 신약에서는 우리를 자녀로 삼아주는 사랑의 아버지로 묘사되어 있다. 사회와 직장생활에서 정의를 이루려 할 때 강요가 아니라 인간애로 완성시키는 지혜가 아쉽다. 특히 윗사람에게는 그런 포용력이 필요하다.

⬦⬦⬦⬦⬦ 인류애를 실천한 슈바이처에게 가장 큰 영향 받아

내 생애를 통해 가장 큰 영향을 받은 크리스천이 누구냐고 물으면 20세기에 많은 사람의 존경을 받은 알베르트 슈바이처 박사를 떠올리게 된다. 그는 독일을 대표하는 신학자·철학가·음악가·의사로 알려져 있다. 대학의 교수이면서 교회의 목사를 겸했다. 30세가 되어 그는 여러 직책과 명예를 뒤로하고 소외당하고 고통받는 사람들을 위해 봉사하는 길을 택했다.

문명에 뒤떨어진 아프리카의 환자들이 의사가 없어 버림받고 있다는 소식을 접했다. 교수로 있던 대학에서 의학과에 들어가 대학생으로 수업을 받고 의사가 되었다. 간호사인 부인과 함께 아프리카 가봉의 랑바레네에 손수 병원을 짓고 환자들을 치료해 주기 시작했다.

그러면서도 틈틈이 윤리학 관련 저서를 남겼다. 게다가 세계적인 파이프 오르간 연주자라는 위치를 잃고 싶지 않아 건반을 그린 나무판자를 오르간 삼아 연습을 게을리하지 않았다. 그가 유럽을 방문했을 때 바흐의 파이프 오르간 연주를 음반에 담아 음악인들에게 유산으로 남겨 주기도 했다.

1952년에는 노벨평화상을 받았다. 그것을 기금으로 나병환자를 위한 병동을 신축했다. 병원 건축 소식을 들은 많은 사람이 재정적 도움을 주었다. 90세가 될 때까지 친히 환자들을 돌보다가 세상을 떠났다. 그는 프랑스 친구에게 보낸 마지막 편지에서 이런 글을 남겼다. '내가 세상을 떠났다는 소식이 전해지더라도 슬퍼하지 마세요. 60년 동안 고통받는 환자들을 위해 일하게 해주신 주님께 감사드립

니다.'

슈바이처 박사의 하나밖에 없는 딸 레나 슈바이처가 한국에 왔을 때는 나도 모임 자리에 참석해 만난 적이 있다. 우리나라에서도 슈바이처의 정신을 따르려는 의사가 많이 나왔다. 그중 의사가 된 이일선 목사는 랑바레네를 직접 방문해 슈바이처를 돕기도 했다. 슈바이처는 존경받는 후진들을 많이 배출했을 정도로 우리나라 의료계에 커다란 영향을 미쳤다.

나중 온 사람에게
더 베푸는 기독교의 사랑

◇◇◇◇◇◇ **포도원 일꾼의 비유가 암시하는 구원과 은혜의 공평성**

마태복음 20장에는 포도원 일꾼과 품삯에 관한 얘기가 나온다.

포도원 주인이 아침 일찍 일꾼을 구하려고 나갔다가 일급을 받고 일하기 위해 서성거리는 사람들을 만났다. 하루 품삯 1데나리온을 주기로 약속하고 포도원으로 보냈다. 오전 9시에 나가보니 장터에서 놀고 있는 사람들이 있어 그들도 일꾼으로 보냈다. 12시에도 일거리를 찾는 가난한 사람들이 있어 일하라고 보냈다.

오후 3시에도, 오후 5시에도 애타게 일자리를 찾아 헤매는 사람들을 만났다. 그들이 일 없이 돌아가면 가족이 저녁을 굶어야 할지 모른다는 측은한 생각이 들었다. 늦었지만 포도원에 가서 일하라고 보냈다. 해질녘이 되어 주인은 관리인에게 나중에 온 사람부터 먼저 온 사람까지 품삯을 1데나리온씩 주라고 지시했다.

오후 5시에 온 사람들이 감사히 품삯을 받고 돌아갔다. 먼저 온 사람들은 더 많이 일했으니 더 받기를 기대했으나 마찬가지로 1데나리온을 주자 주인을 원망하며 항의했다.

"우리는 이른 아침부터 종일 일했는데 늦게 와서 두세 시간밖에 일하지 않은 사람과 같은 대우를 하는 것은 공정하지 못합니다."

그러나 주인은 "나는 너희들과 약속한 돈을 주었다. 저 사람들에게는 내가 사랑하는 마음으로 도움을 주었을 뿐이다. 내가 선한 뜻을 베풀었다고 해서 너희에게 잘못한 것은 없으니 그것으로 족하지 않느냐"라고 타이른다. 누가 보아도 약간 의아한 생각을 갖게 하는 비유이다.

예수는 늘 빈곤에 처한 사람들과 그들의 경제문제에 깊은 관심을 가졌다. 주님의 기도 중간에도 '우리에게 일용할 양식을 주옵소서'라는 호소가 있을 정도였다.

사실 사회문제 중 가장 먼저 해결해야 할 것은 절대빈곤에서 해방되는 일이다. 우리나라도 그런 가난의 과정을 밟아 오늘에 이르렀다. 국가가 국민을 위해 책임져야 할 3대 과제가 있다. 그 첫째가 절대빈곤에서 해방되도록 일자리와 최저 생계를 지원하는 것이다. 둘째가 무지로부터 해방되는 교육을 제공하는 것이고, 셋째가 전 국민에게 최저 수준의 의료 혜택을 받게 하는 것이다.

산업혁명 이후 일터에서 일어나는 노사문제가 지금까지 지속되고 있다. 그 문제를 계급투쟁으로까지 이끌어온 것이 공산주의 혁명이다. 지금 우리 사회에서 노사문제 해결이 경제정책 해결의 열쇠가 되고 있다. 빈부 격차의 해법을 찾지 못하면 사회적 안정과 성장은 불가능하다고 세상 사람들은 걱정한다.

영국의 존 러스킨(J. Ruskin)은 그런 문제로 고민하다가 마태복음의 이 글을 읽고 해답을 얻었다. 나중에 온 일꾼들에게도 똑같이 베푼 주인의 정신에서 발견한 것이다. 후일에 인도의 간디도 러스킨의 저서를 읽고 같은 해답에 도달했다는 기록이 있다. 쉽게 말하면 모든 직장에서는 경제적으로 공정하고 정의로운 질서가 있어야 한다. 그러나 가진 자가 못 가진 사람에게 사랑의 혜택을 베푸는 것이 더 중요하다는 교훈이다.

제2차 세계대전 이후 패전국이었던 일본에 경제적 기적이 일어났다. 소니사의 가전제품이 미국을 비롯해 전 세계적 호응을 일으킨 것이다. 그 당시에는 세계 어디에 가도 두 회사의 상품 광고를 볼 수 있었다. 미국의 '코카콜라'와 일본의 '소니'였다.

한번은 소니사의 임원이 우리나라를 방문했을 때 「현대경영」이라는 잡지에 그 임원과 우리나라 기업인들이 나눈 대담이 실린 것을 본 적이 있다. 소니사의 임원은 "우리 회사를 설립한 첫째 목표는 우리 회사에서 일하는 모든 사람, 특히 많은 수를 차지하는 근로자가 다른 누구보다도 행복하고 보람 있는 인생을 살도록 돕는 일이다"라고 말했다. 그들이 나이 들어 직장을 떠난 후에도 서로 만나면 "우리가 소니사에서 함께 일할 때가 제일 행복했었지"라고 회고할 정도의 직장을 원한다는 것이었다.

"성공했다고 생각하느냐?"는 질문에 대해서는 "실패하지는 않았다고 생각한다"며 자신의 경험담을 들려주었다. 그는 당시 도쿄에 있는 가장 큰 생산 공장의 책임자였는데, 근로자들의 점심을 어떻게 해결하느냐가 까다로운 문제였다. 여러 가지 방법을 연구하다가 카페테리아식 식당 운영을 택했다. 다양한 메뉴를 준비해 놓으면 직원들이 원하는 대로 식사를 한 뒤에 나갈 때 자신이 먹은 식대가 얼마였는지 적도록 했다. 월급에서 그 값만큼 제하기로 한 것이다. 많은 우려에도 첫 달부터 차질 없이 운영되었다. 그는 이야기를 마무리하며 이렇게 말했다.

"우리가 그들을 믿고 사랑으로 대했기 때문에 그들도 우리의 정성을 믿어 주었다."

회사가 직원들에게 줄 수 있는 사랑을 베풀었던 것이다.

◇◇◇◇◇◇ 기업에 기독교 정신을 구현한 최태섭 회장

우리나라에서도 한글라스그룹 최태섭 회장을 아는 이들은 비슷한 사례를 발견했을 것이다. 내 기억에 따르면 최 회장은 우리가 일제로부터 해방했을 무렵에 만주 지역에서 기업체를 갖고 있었다. 당시 북쪽에서는 공산정권이 득세하면서 인민재판이 벌어지는 상황이었다. 근로자를 이끌고 있는 사장이나 소작인의 도움을 받는 지주의 회사와 농토를 몰수해 인민들에게 돌리고 사장과 지주를 어떻게 단죄할 것인가를 묻고 처형하는 공개 인민재판이 벌어지곤 했다.

최 회장도 그 자리에 끌려간 사람 중 하나였다. 재판 진행관이

"이 사람은 어떻게 할 것인가?" 하고 물었다. 최 회장은 죽음을 각오하고 있었다. 그런데 아무도 나서서 발언하는 사람이 없었다. 잠시 침묵이 흐른 뒤 무리 중 한 사람이 "그분은 처벌하지 않았으면 좋겠다. 나와 우리 몇 사람이 어려움을 겪고 있을 때, 사재를 털어 도와준 적이 여러 번 있었다"고 증언했다. 침묵을 지키던 다른 근로자들도 동의했다. 최 회장은 그때 사지에서 목숨을 건졌다고 회고했다.

6·25전쟁이 발발한 다음 날 최 회장은 만기가 된 대출금을 지불하려고 거래하는 은행을 찾아갔다. 은행에서는 모든 업무를 중단하고 피난 준비를 하고 있으니 만기일과 상관없이 그냥 돌아가라고 했다. 최 회장은 "그럴 수 없다. 거래는 신용이 생명이다"라며 대출금을 정리했다는 얘기도 들었다. 그런 인연 덕분에 부산에 피난을 갔을 때는 그 은행에서 담보도 없이 큰돈을 대출받아 그 자본금으로 제주도 육군훈련소의 신병들을 위해 해산물을 제공한 사례도 있다.

후에 군산에서 국내 최초의 한국유리(한글라스그룹의 전신) 공장을 설립할 때였다. 공장 건립에 필요한 자금 계획을 세우고 있었는데 미국의 뱅크오프아메리카에서 사람이 찾아왔다. 자기네 자금을 빌려쓰라고 제안하며 이자도 싸고 계약 체결도 간단하다고 설명했다. 나중에 알아보았더니 그 은행에서는 아시아 일대 대표적 기업체의 신용 정보를 확보해 A급에 해당하는 기업에 적은 이자로 출자해 주고 있었다. 한국유리는 그렇게 자금을 확보해 공장을 건립했다는 것을 그 공장장으로부터 직접 전해들었다.

최태섭 회장은 아무도 모르게 어려움에 처한 직원에게 사랑을 베풀어줄 정도로 같이 일하는 사원 및 근로자들을 배려해 줬기로 유명하다. 그리고 회사로부터 얻은 이윤은 사회기관에 기증하곤 했다. 기업계에서는 이미 다 알려진 사실이다. 그렇게 기증한 것 중 하나가 서울 수유리에 세워진 아카데미하우스의 대지이다. 기독교계에서는 최 회장보다 최태섭 장로로 더 많이 알려져 있는 것을 보면 알 수 있듯이 한국유리는 기독교 정신이 구현된 기업이었다. 최 회장의 기업정신은 사랑을 베풀 수 있는 사람에게 주어진 하나님의 선물이었던 것이다.

대부분의 크리스천이 자기 가족이나 친구를 위해서는 기도를 드리면서도 자기 집 운전기사나 도우미 아주머니, 나아가 그 가족을 위해서는 기도하지 않는다. 예수의 사랑은 나중 온 사람들에게 더 많이 베푸는 데 있다. 나를 미워하거나 원수로 여기는 사람을 위해 기도할 수 있을까. 우리가 살고 있는 사회 공동체 전체를 위한다면 나를 원수로 대하는 사람을 위해 먼저 기도하게 된다. 그것이 사랑이다. 원수로 생각되는 사람을 진정으로 사랑하는 길은 그의 악을 악으로 갚지 않는 일이다. 선과 사랑으로 악을 극복해야 하기 때문이다.

노사관계를 비롯한 모든 사회문제를 극복하는 길은 긍정과 정의를 지키되, 나중에 온 사람에게 더 사랑과 자비를 베푸는 데 있다. 하나님께서 우리를 사랑하신 뜻을 깨닫는다면 더 많은 것을 더 많은 사람에게 베푸는 것이 축복이다.

어떤 사람이 옥토 같은
마음 밭을 갖추게 되는가

xxxxxxx **인생의 목적과 가치관을 바꿔라**

예수의 비유 가운데 마태복음 13장의 씨 뿌리는 사람의 이야기가 있다. 농부가 씨를 뿌렸는데, 더러는 길가에 떨어져 새들이 와서 먹고, 더러는 흙이 얕은 돌밭에 떨어져 싹이 나오나 말라 버리고, 더러는 가시덤불에 떨어져 가시가 자라며 싹의 기운을 막아 자라지 못한다. 그러나 좋은 땅 옥토에 뿌려진 씨앗에서는 30, 60, 100배의 열매를 맺을 수 있다는 이야기이다. 진리의 말씀을 옥토와 같은 마음 밭을 갖춘 사람이 들어야 구원의 복음이 된다는 뜻이다.

그 비유를 현대인과 우리 사회의 현실에 비추어 본다면 어떻게 받아들일 수 있을까?

내가 대학생활을 할 때였다. 크리스마스 날 이른 아침에 성경을 읽다가 "너희가 내 말에 거하면 참으로 내 제자가 되고 진리를 알지니 진리가 너희를 자유롭게 하리라"(요 3:31-32)는 구절에 너무 깊은 감명을 받았다. 읽던 성경을 그대로 책상 위에 놓고 그 뜻을 음미하고 있었다. 그때 2층 방에 하숙하던 서 형이 노크를 하고 들어와 옆에 앉으면서 내가 읽던 성경의 구절을 읽었다. 둘은 말없이 있다가 함께 식당으로 갔다.

서 형이, "진리가 너희를 자유롭게 하리라"가 누구의 말이냐고 물었다. 예수의 말이라고 하자 서 형은 잠자코 있다가 "김 형은 그 말을 믿지요?"라고 물었다. 그렇다고 했더니 나무라는 표정으로 "왜 한 번도 자기에게 교회에 가자고 권하지 않았느냐"고 했다. 그것이 계기가 되어 함께 교회에 가서 크리스마스 예배를 드렸다.

서 형은 그다음부터 신앙인이 되었다. 후에는 천주교로 교적을 옮겼다. 두 가지 이유 때문이었다. 그는 목사의 설교가 예수의 참뜻과 너무 동떨어진 주관적 해석이 많다는 점, 그리고 예배가 신앙을 정서적인 방향으로 이끈다는 점을 지적했다. 박수를 치며 '아멘'을 반복하는가 하면 인격과 가치관의 신앙적 변화를 멀리한다는 것이었다.

서 형의 경우와 정반대되는 예는 더 많았다. P형은 아버지가 목사인 데다 기독교 학교에 다녔다. 그런데 마르크스주의자인 형을 따라 북한으로 갔다. 나와는 10년 가까이 교회 분위기에서 함께 자란 친구였다. 왜 그랬을까. 사회와 멀리 떨어져 있는 교회보다 사회 개혁에 앞장설 수 있는 사명이 우선이라고 여겼던 것이다. 한때 우리나라 천주교 신부들이 정의구현을 위해 정치활동에 동조한 것도 그런 예이다.

이와 같이 예수의 교훈을 받아들이는 개인과 사회, 예수의 말씀을 거부하는 개인과 사회는 역사적 변화의 양면을 보여준다. 예수는 자신의 교훈을 받아들일 수 없는 사람들이 많다는 사실을 지적한다. 그것은 옛날이나 지금이나 마찬가지이다. 예를 들면 삶의 정신적 가치를 모르는 사람들이다. 그들은 욕망을 채우기 위해 소유의 노예가 된다. 그런 사람들은 대부분 기독교 정신을 받아들일 수 없다. 경제적 욕망과 소유에 전념하는 사람들, 정치권력이나 그에 따르는 명예를 비판 없이 추구하는 사람들도 그렇다. 그들이 교회 구성원이 되면 기독교 정신을 금전과 권력의 수단이나 방편으로 삼는다.

그렇다고 그런 사람들에게 희망이 없다는 뜻은 아니다. 인생의 목적과 가치관을 바꾸면 옥토와 같은 마음 밭으로 변할 수 있다. 내가 잘 아는 장로는 사업에 모든 것을 바쳤다가 6·25전쟁 때 사업에 실패했다. 그것이 계기가 되어 부산 피난생활을 하면서 남성여자중고등학교 교장직을 맡게 되었다. 버릴 것을 버렸기 때문에 기독교 교육의 많은 열매를 남길 수 있었다. 중병을 체험하면서 마음 밭을 바꾸는 사람도 있고, 권력 쟁취에 실패한 후 사회사업으로 성공한 사람들도 있다. 예수의 교훈을 받아들인다는 것은 하나님의 나라 건설을 위해 버릴 것을 버리는 일로부터 출발하기 때문이다.

◇◇◇◇◇◇ **양심을 포기한 이기주의를 회개하라**

예수의 말씀을 받아들일 수 없는 또 한 부류의 사람이 있다. 이웃과 더불어 살면서 공동체 의식의 정도를 이탈한 이기주의자들이다. 이기주의자가 성공하거나 행복해지는 법은 없다. 오히려 이기심 때문에 이웃과 공동체에 피해와 고통을 준다. 그런 습관에 젖은 사람은 예수의 뜻을 외면하며 배척하는 것이 보통이다. 사회적으로 버림받는 사람이 크리스천이 될 수 없는 것과 마찬가지이다.

세상에서도 그런 사람은 양심을 포기하고 반도덕적 사회악을 저지르는 부류에 속한다. 그들은 윤리의식의 빈곤은 물론 사회악을 정당화하려는 죄를 범한다. 착한 사람은 누구를 대하든 자신처럼 착하리라고 생각한다. 그러나 사기꾼은 언제나 상대방을 사기꾼으로 대한다. 그래서 그 사회는 점점 더 악한 사회가 된다. 그처럼 도덕과 윤리를 저버리는 사람은 예수의 교훈 및 기독교 정신과 공존하지 못한다.

세상은 이런 사람들을 죄인이라고 부른다. 반윤리적 삶을 감행하기 때문이다. 그렇다고 그런 사람들은 영원히 버림받는가. 종교의 입장에서 본다면 그런 사람들을 회개라는 과정을 밟아 선한 인간으로 변화시키는 목적이 있다.

법적·도덕적으로 버림받은 사람도 신앙적으로 새로운 삶을 갖도록 이끌어주는 것이 복음이다. 신앙은 그 책임을 맡아야 한다. 기독교 역사를 보면 회개하고 새 사람이 되는 기록으로 이루어져 있다. 신앙은 거듭남의 체험이다. 악을 선으로 바꾸지는 못하나 악한 사람을 선한 사람으로 거듭나게 하는 가능성은 열려 있다.

고정관념과 절대적 이념에서 벗어나라

또 한 가지 예수의 말씀이 거절되는 사회가 있다. 고정관념의 노예가 되거나 절대 유일의 신념과 진리가 자신들에게 있다고 믿는 조직이나 단체이다. 그런 사람들은 기독교 정신을 받아들이기 힘들다.

우리나라 교회사를 보면 북한의 평양을 중심으로 기독교 신앙이 가장 광범위하게 퍼져 있었다. 거기에는 이유가 있다. 서북 지역에는 양반이 없었다. 그만큼 전통 사상이나 선입관념이 적었다는 뜻이다. 반면 남한에는 불교, 유교를 비롯한 전통 관념이 강했기 때문에 외래 종교인 기독교를 수용하기 어려웠다. 19세기부터 20세기에 걸쳐 예상치 못한 사상계의 변화가 일어났다. 마르크스주의를 앞세운 공산 사회의 탄생이다. 그들이 주장하는 유물사관에는 종교적 신앙은 용납되지 않는다. 북한, 중국, 구소련을 비롯한 공산사회에서는 모든 종교와 더불어 기독교가 배척당했다.

공산치하가 되면서 북한에서 상식화된 개념이 있다. 자유주의자는 공산주의자가 될 수 있어도 크리스천은 공산주의자가 될 수 없다는 통념이다. 유럽 국가에서도 공산당원이 되었던 사람들 중에는 기독교인이 없었다. 지금도 중국에서 크리스천이 되려는 사람은 먼저 공산당을 떠나야 한다. 둘은 공존할 수가 없기 때문이다.

또 옛날에는 종교적 가치관이 사상계의 대부분을 차지했다. 그러다가 인문학이 발달한 이후부터 종교 영역은 점차 줄어들고 철학을 비롯한 비종교적 사상이 주류가 되었다. 그리고 르네상스 이후부터는 사회사상과 실증 과학의 영역이 증폭되면서 종교관은 점차 설자리를 빼앗기게 되었다.

종교는 휴머니즘의 한 영역에서도 버림받는 시대가 되었다. 서구사회에서 기독교가 점차 자취를 감추는 현상이 그런 예이다. 좀 더 세월이 지나면 겉으로 드러난 기독교의 모습은 찾아보기 힘들어질지도 모른다. 심지어 예수의 교훈은 성경에 갇혀 버릴지도 모른다.

현 사회는 종교가 사라지고 휴머니즘과 과학의 세계관으로 채워질 수도 있다. 인간학에 관한 연구와 뇌과학의 발달까지 예수의 교훈과는 무관한 방향으로 흘러가고 있다. 그런데 나같이 부족한 사람에게는 예수의 말씀이 여전히 필요하고 기독교의 정신이 절실하다고 느낀다.

이처럼 믿는 사람이 사라지지 않는 원인은 무엇인가 하고 스스로 물어본다. 정치와 경제, 인간의 희망과 역사의 장래를 위해 예수의 교훈과 기독교의 정신이 지금처럼 요청되는 때가 없었던 것 같다. 기독교 정신을 터득한 정치지도자가 50년 전에 세계 정치를 이끌었다면 오늘과 같은 비극은 없었을 것이다. 기독교의 경제관이 사회를 주관해왔다면 현재와 같은 빈곤과 일용할 양식까지 약탈하는 사회악과 전쟁은 없었을 것이다.

북한은 세계에서 가장 버림받은 사회가 되었다. 기독교 정신이 실현되는 사회였다면 자유와 인간애가 넘치는, 세계에서 가장 행복한 사회가 되었을 것이다. 그런 뜻에서 우리는 다시 한번 우리 마음을 옥토로 바꾸어야 한다는 절박한 의무감을 느끼게 된다.

그렇다면 어떤 사람이 옥토와 같은 마음 밭을 갖추게 되는가. 옥토는 당연히 주어지는 것이 아니다. 경작할 수 있도록 씨를 뿌리고 받아들일 조건을 갖추어야 한다. 그때 무엇보다 소중한 것은 성실한 마음을 갖는 일이다. 성실한 사람은 자아의 성장을 위해, 삶의 정신적 가치를 위해 계속 노력한다. 성실한 사람은 악마도 유혹하지 못하며 신도 그를 버리지 못한다. 그는 언제나 악을 멀리하고 선을 찾아가기 때문이다.

성실과 겸손과 정직은 물론 더 고귀한 삶을 추구하므로 현재의 자신과 사상을 절대화시키지 않는다. 그런 사람은 예수의 교훈이 인생의 진리가 되며 가치관으로 받아들여 열매를 맺는다.

인간의 사람됨은 삶과 인격의 공존에서 비롯된다. 삶 자체만은 존재할 수 없다. 참된 삶을 깨닫고 인격과 사명의식을 갖춘 사람은 예수의 말씀이 자연스럽게 내 것이 된다.

내가 중학생 때 도산 안창호 선생과 고당 조만식 선생에게서 목사의 설교를 통해 얻지 못했던 삶의 진리를 배운 것처럼 빈 그릇에 생수가 채워지듯 스스로 진리를 발견한다. 그들은 민족과 국가를 한없이 사랑했기 때문에 존귀한 예수의 교훈을 받아들였던 것이다. 그 사랑은 어떻게 하면 좀 더 많은 사람이 행복하고 인간다운 삶을 누릴 수 있을까를 염원하는 인간애의 정신이다. 그런 뜻을 갖춘 사람은 30배, 60배가 아닌 100배의 열매를 맺을 수 있다.

사마리아인과 같은
인간애를 갖춘 사람이 필요한 시대

◇◇◇◇◇◇ **누가 우리의 이웃인가**

누가복음 10장 25~37절에 나오는 이야기이다. 하루는 스스로를 존경스러운 지도자라 여기는 율법교사가 예수에게 물었다.

"제가 무엇을 해야 영원한 생명을 얻을 수 있습니까?"

"율법에 무엇이라고 기록되어 있으며 네가 어떻게 깨달았느냐"고 반문하는 예수에게 "마음과 목숨과 힘과 뜻을 다하여 하나님을 사랑하고, 네 이웃을 네 자신같이 사랑하라는 뜻을 깨달았습니다"라고 대답했다. 예수는 "옳다. 그것을 실천하라. 그러면 살 수 있다"고 대답했다. 율법교사는 자기를 옳게 보이려고 "그러면 누가 저의 이웃이 되겠습니까?" 하고 다시 물었다. 그에 대한 예수의 설명이 착한 사마리아 사람의 이야기이다.

어떤 사람이 예루살렘에서 여리고로 가다가 강도를 만났다. 강도들은 그 사람의 소지품을 모두 빼앗고 때려 빈사 상태로 만들고 사라졌다. 얼마 후에 사제가 그 옆을 지나가다가 그 처참한 모습을 보았다. 그러나 그대로 지나가 버렸다. 다음에는 종교세를 받아 살아가는 레위 사람이 왔지만 그 역시 못 본 체하고 지나갔다.

한참 후에 유대 사람들로부터 이방인 취급당하는 사마리아 사람이 지나가다가 쓰러져 있는 사람을 발견했다. 옆에 가보았더니 내버려두면 죽을 것 같다는 측은한 마음이 들었다. 상처받은 자리에 가지고 있던 약을 발라주고 혼자서 걷지 못하는 그를 자기가 타고 가던 나귀에 태웠다. 그는 서둘러 여관까지 가서 자기와 한방에 자면서 돌봐주었다. 다음날 아침 사마리아 사람은 여관을 떠나면서 주인에게 간곡히 부탁했다.

"두 데나리온을 드리고 갈 테니 내가 없는 동안에 잘 보살펴주시오. 돈이 더 필요하면 돌아갈 때 다시 들러 충분히 사례하겠소."

이 이야기를 끝낸 예수는 "누가 강도 만난 사람의 이웃이 되겠느냐?"고 물었다. 율법 교사는 "자비를 베푼 사마리아 사람"이라고 대답했다. 예수는 그에게 "당신도 그렇게 살면 된다"고 가르쳤다.

이 비유에 등장하는 주인공은 율법교사로, 유대교 신앙의 핵심인 율법 전문가이다. 우리 사회에 견주면 공인받은 신학자이자 신학도를 키우는 선생이다. 그는 누구보다 구약을 잘 알고 일반 신도들은 그의 가르침을 받았다. 그러나 참다운 신앙인은 되지 못했다. 신앙을 학문으로 연구하고 받아들였을 뿐, 실천과 생활이 합치되지는 못했다. 역사와 삶 속에서 하나님을 만나야지 지식과 학문으로는 결코 하나님을 만날 수 없는 것이다.

강도 만난 사람을 그대로 두고 지나간 사람은 사제직을 가진 성직자이다. 그들은 누구보다 소외당한 사람에게 자비를 베풀어야 한다고 가르치는 사람이다. 그러나 타성에 젖어 가르친 때문일까. 스스로는 그것을 실천에 옮기지 않았다. 자신에게는 한두 개인의 불행을 일일이 돌봐주는 것보다 더 중요한 책임이 있다는 핑계를 대며 자신의 가르침을 받은 주변 사람들이 도와야 한다고 생각했다.

다음에 지나간 사람은 레위지파 사람이다. 레위지파는 이스라엘 자손 12지파 가운데 제사장 같은 지도자로 선출되는 계급에 속한다. 지금으로 치면 기독교 산하 기관이나 단체에서 직책을 맡아 기독교 공동체에서 지급하는 보수로 살아가는 사람이다. 그 사람도 쓰러진 사람을 못 본 체하고 지나갔다. 쓰러진 사람을 도와주는 일은 사회에서 그 업무를 맡은 담당자들이 하는 일이라고 생각했기 때문이다. 어쩌면 성직자보다 더 편안한 마음으로 지나갔을지도 모른다.

그다음에 등장한 사람이 사마리아인이다. 그 당시 유대인들은 사마리아 사람들을 유대교 신앙의 자격이 없다며 자신들과 같은 계급으로 취급하지 않았다. 남쪽 유대지방 사람이 양반이라면 북쪽의 갈릴리 사람은 보통 사람이고, 중간 지역의 사마리아 사람들은 이방인으로 여겨 상종하기를 꺼렸다. 그래서 유월절 같은 명절이 되면 갈릴리 사람들은 가까운 사마리아 길을 거치지 않고 동쪽 요단강 줄기를 따라 여리고를 통과해 예루살렘으로 가곤 했다. 그렇게 천대받던 사마리아 사람이 지나가다가 강도 만난 사람을 돌봐준다. 종교적 상식으로는 받아들이기 어려운 상징적 의미를 갖는 이야기이다.

이 사마리아 사람의 인품은 어떤가. 세상의 많은 사람을 대표하는 평범한 서민으로서 동정심이 풍부하고 인간에 대한 애정을 잃지 않고 사는 사람이었다. 성경에는 그가 강도 만난 사람을 보고 불쌍히 여겼다고 기록되어 있다. 이것은 반대로 율법학자, 사제, 레위인은 인간다운 공감능력과 동정심을 상실했다는 의미이다. 직업 때문인지는 몰라도 그들은 보통사람과 다르다는 선입관념을 무의식 중에 가지고 있었을지도 모른다. 인간다움을 상실했을 뿐만 아니라 인간의 제1조건인 사랑과 정이 빈곤했던 것이다. 그런 사람은 사회 상위층으로 자처하며 지도자라는 자부심의 노예가 될 가능성이 크다.

◇◇◇◇◇◇ 대가를 바라지 않는 사랑

반면 사마리아 사람은 여유로운 재력을 갖추고 있었다. 그래서 강도 만난 사람을 도울 수 있었다. 말하자면 종교인으로서의 지위나 명성은 없어도 경제력을 가지고 있어서 이웃을 도울 수 있었던 것이다. 우리가 사마리아 사람에게 주목할 점은 그가 고통받는 이웃을 도울 수 있는 능력을 갖추고 있었다는 사실이다.

남보다 학문적 우위를 차지해야 교육을 담당할 수 있다. 의학이나 경제 분야에서 탁월해야 훌륭한 의사나 금융기관을 운영할 수 있다. 사회 여러 분야에 도움을 주기 원한다면 주어진 모든 영역에서 앞서는 능력을 갖추어야 한다. 그런 점에서 본다면 크리스천은 맡겨진 영역에서 세상 사람보다 유능한 모범적 자질을 지녀야 한다. 그것이 바로 사회적 기여를 위한 봉사의 전제 조건이다.

나는 대학에서 평생을 보냈다. 크리스천 교수들이 교회 일이나 신앙적 활동 때문에 학자다운 학자로서는 뒤지는 경우를 자주 본다. 교회 밖 교수들은 더 많은 정성과 노력을 바치기 때문이다. 신앙인이 된다는 것은 사회 모든 영역에서 누구보다도 베풀 수 있는 자질과 능력을 갖추는 일이다. 신앙적 봉사 이전에 인간적 봉사에서도 결코 뒤지지 않아야 한다. 불신자와 공통성을 갖고 있으면서도 그들을 신앙인으로 이끌어야 하는 의무가 있기 때문이다.

사마리아 사람은 자기가 한 일의 대가를 바라지 않았다. 그는 사랑을 베풀었을 뿐이다. 사랑은 대가를 바라지 않으며 자신이 한 일이 고생이었다고 생각하지 않는다.

현대인들은 대가가 없는 일은 원하지 않는다. 손해를 본다고 생각하기 때문이다. 지혜로운 사람은 대가를 미리 계산하고 도와준다. 우리는 그것을 잘못이라거나 선하지 못한 선택이라고 생각하지는 않는다. 다만, 대가를 바라지 않는 사랑이 있었기에 그 강도 만난 사람이 구원을 받은 것이다. 사실 그보다 더 큰 대가는 있을 수 없다. 아마 사제나 레위 사람도 대가가 주어진다고 생각했으면 강도 만난 사람을 도왔을지 모른다.

한 가지 분명한 것은 우리 주변에는 강도 만난 사람처럼 버림받은 사람이 너무 많다는 사실이다. 정치적 부패와 사회적 부조리, 그리고 경제적 모순 때문에 버림받고 고통당하는 사람들, 의료적 혜택이 미치지 못해 병고로 신음하는 사람들이 지구 위에 얼마나 많은가. 그들에게 필요한 사람은 사제도, 레위인도 아니다. 사마리아인과 같이 인간애를 갖춘 사람이다.

크리스천은 여러 가지 뜻에서 예수의 다시 오심을 기다린다. 그때의 예수는 성직자나 기독교 직업인이 아닌 사마리아인 같은 사명을 띠고 오실 것이다.

인간의 한계를 극복하고
세계를 희망으로 이끌어준 기독교

××××××××   **복음은 크리스천의 삶을 통해 성취된다**

"유대인은 표적을 구하고 헬라인은 지혜를 찾으나 우리는 십자가에 못 박힌 그리스도를 전하니"(고전 1:22-23).

바울 사도의 신앙고백이다. 예수의 교훈을 적절히 표현했다.

바울은 예수의 교훈에서 세 가지 진리를 깨달았다. 잘못된 신앙보다 세상의 지혜가 더 중하다는 것, 기독교는 인간적 삶을 완성시키며 구원하는 복음이라는 것, 그리고 그 구원의 복음은 예수를 믿고 따르는 우리 삶을 통해 성취된다는 것이다.

예수와 바울이 산 시대에는 로마가 세계를 지배하고 있었다. 로마는 세상적인 법과 권력이 지배하는 사회였다. 정신적 가치는 상실된 시대였다. 그리스의 철학도 쇠퇴해 삶의 긍정적인 가치를 잃었고, 유대인들의 구약적인 전통과 신앙도 완전히 종적을 찾아볼 수 없는 세태였다.

그런 정신적 빈곤과 황무지 가운데서 하나님의 사람 예수가 태어났던 것이다. 그 생명의 줄기는 그리스의 철학과는 상관이 없었다. 그리스 정신은 신의 존재와 상관이 없는 세상적인 인간을 위한 지혜였다. 그런데 예수는 창조주 하나님의 전통을 이어받은 구약의 후예로 태어났다. 메시아 그리스도는 하나님을 대신하는 사람의 아들로 보내심을 받았다. 그리스 사람들은 상상할 수 없는 존재였고 유대인에게는 믿음의 대상이 될 수도, 버림받을 수도 있는 존재로 등장한 것이다.

기독교는 예수가 그리스도임을 믿는 데서 출발한다. 예수를 그리스도로 믿고 따르는 사람들에 의해 새로운 역사가 시작되고 하나님의 나라가 성취될 수 있다고 믿었다. 그 은총의 체험에 동참하는 신도들에 의해 기독교는 인류 역사의 변화를 책임지게 된 것이다.

어떻게 그런 일이 가능했을까. 유대인들이 믿어오던 구약의 전통과 생명력은 역사 무대에서 사라진 지 오래이고, 종교 국가였던 이스라엘은 신앙의 명맥조차 찾을 수 없게 되었기 때문이다. 그리스 전통의 철학적 사상은 황혼기를 맞고 있었고, 구약의 예언자와 선지자의 가르침은 자취를 감추었으며, 대로마의 세속적 문명의 번영 속에서 히브리인의 구약 신앙은 소멸된 상태였다. 성경에서 보듯이 로마의 총독 빌라도의 권위 앞에 제사장이나 예언자의 음성은 아무런 의미도 없었다. 종교적 신앙의 종식 상태였다.

그 당시 세계를 지배하던 로마의 정신적 빈곤도 인간의 종교적 희망과는 관련이 없었다. 플라톤의 이상주의도 현실적 삶의 가치를 계승하지 못했고, 아리스토텔레스의 인간사회 가치도 역사적 위력을 상실했던 때였다. 로마의 정신계를 지배하는 철학은 스토아 철학이었다. 스토아 철학은 인간의 존재론적 한계에 자족하는 운명론에 빠졌고, 그보다 한 단계 더 나아가 회의주의가 팽배해 있었다.

현대인의 개념으로 표현한다면 인간 존재의 의미와 가치는 운명론적 한계와 허무주의의 길을 암시해 주었을 뿐이다. 현실 생활에서는 처세술과 인간적 지혜로 살아갈 수 있으나 종교적 질문, 즉 삶의 궁극적인 가치와 목적이 무엇인가 묻는 질문에는 해답을 주지 못했다. 로마의 정신과 권력사회를 이끌었던 세네카의 철학이 그 대표적인 현상이다.

◇◇◇◇◇◇ 진리와 자유, 참된 인간애의 원동력

한때 영화로도 제작되어 세계적 관심을 모았던 폴란드의 노벨문학상 수상작 『쿼바디스』는 그 당시 로마의 실상을 잘 보여주는 작품이다. 소설과 영화의 한 장면이 떠오른다.

총리직을 맡고 있던 페트로니우스가 네로왕의 변심으로 죽임당할 것을 예측했다. 그는 죽기 전에 가까운 친구들을 초청하고 잔치를 베푼다. 옆자리에 대동했던 의사에게 오른쪽 손목 동맥을 끊게 하고 출혈이 깊어지자 죽을 준비를 갖춘다. 그는 죽는 순간까지 유언을 한다. 철없는 네로왕에게는 경고의 메시지를 남기고 자신의 인생은 스스로 책임질 때가 왔다고 말한다. 마치 열매가 익으면 다른 열매들에게 '때가 왔으니 나는 먼저 간다'는 듯이. 출혈이 한도를 넘자 그는 조용히 눈을 감는다.

동석했던 철학자 세네카가 죽음에 관한 찬사까지는 아니어도 인간에게는 갈 때가 오기 마련인데 친구인 페트로니우스는 지혜로운 인생을 마무리했다고 예찬하는 장면이 인상적이었다. 그것이 로마를 대표하는 지성인과 지도자들의 인생관이었다. 그들에게는 자연의 필연성과 인간사회의 정신적 지혜는 있었으나 인간과 하나님의 관계는 없었다.

이런 정신적 분위기, 즉 종교다운 종교와 신앙도 사라지고 긍정적인 세계관과 인생관이 황폐해졌을 때 사막 한가운데에 생명력을 갖춘 작은 수목이 자라듯이 태어난 존재가 예수였다. 목수의 아들로 태어나 일찍 세상을 떠난 부친의 뒤를 이어 목수 일을 하며 가족의 생계를 이끌어 갔다.

예수는 30세까지의 가정생활을 마감하고 3년 반의 공생활을 끝낸 뒤에 세상을 떠났다. 그의 짧은 인생은 단절됐던 구약 신앙을 재생시켰으나 질적으로는 완전히 다른 신앙을 선포했다. 그 때문에 예수는 종교계 기득권자들의 증오와 원한의 대상이 되어 죽임을 당했다. 사형의 원인은 종교계가 제공했으나 사형집행은 로마제국의 법에 따랐다. 십자가형에 처해진 것이다.

그 사건 자체는 아무것도 아니었다. 잊히고 말았다면 역사 무대에서 물거품처럼 사라졌을 것이다. 그러나 그의 교훈은 위대했고 비극의 극치였던 죽음은 놀라운 사태를 야기했다. 예수는 사흘 만에 죽음에서 부활했으며 그의 약속대로 하나님의 성령은 생전의 예수의 삶을 더 크게 나타내기 시작했다. 예수가 죽음에서 부활한 사건은 제자들을 통해 수많은 사람에게 예수의 가르침이 생명력을 가진 교훈으로 나타나기 시작했다.

그의 삶과 가르침이 전파되면서 세계적 국가였던 로마는 승화된 기독교 사회로 창건되었다. 기독교의 탄생은 1500년의 기독교 왕국인 중세기 역사를 이끌어 왔으며 현재까지 그 정신적 유산을 통해 사회와 역사가 변화와 발전을 거듭했다.

그런 뜻에서 기독교는 완성된 종교적 신앙을 나타냈고 인간의 지혜와 철학의 한계를 극복하고 세계사를 희망의 길로 이끌어 주었다. 하나님 아버지의 사랑이 생명력과 질서를 가지고 문화와 사회적 가치를 재창조했다. 지금도 우리는 그 역사적 흐름에 동참하고 있다. 진리와 자유 그리고 참된 인간애의 원동력이 되어 왔기 때문이다.

바울의 빌레몬서를 읽으며
깨닫는 인간관계의 해법

◇◇◇◇◇◇ **오네시모에 대한 용서와 사랑을 부탁한 편지**

신약성경은 주로 두 가지 내용으로 되어 있다. 마태복음에서 사도행전까지는 역사적 기록이고, 로마서부터는 사도들의 편지와 신자들에게 남겨준 유훈들이다. 묵시록(계시록)은 상징적 문학성을 띤 미래 역사에 대한 예언서이다. 묵시록을 성경에 포함시키는 것이 타당한가 하는 문제는 역사적 과제가 되기도 했다. 지금도 그 문구의 해석을 둘러싸고 신자들이 고민할 정도로 암시적 내용이 포함되어 있기 때문이다.

사도들의 글 중 많은 부분은 바울의 것이다. 한때 로마서를 어떻게 해석하는가에 따라 교회의 정통성 여부를 따지기도 했고, 교단마다 로마서를 기초로 조직신학을 해석했다. 사도들의 문헌 중에도 그시대와 사회 상황이 많이 반영되어 있어 지금은 문제 삼을 필요가 없는 내용들도 섞여 있다. 그 당시에도 구약적 계명과 율법이 예수의 가르침에 의해 많이 수정되거나 배제되었기 때문이다.

성경을 읽으며 깊은 감명을 받거나 깨닫는 주제는 사람마다 다를 수 있다. 나는 개인적으로 단 한 장으로 되어 있는 빌레몬서를 대할 때마다 깊은 감동과 역사적 사명감을 느낀다. 세 사람의 주인공을 통해 인생과 사회에 던져주는 메시지가 큰 비중을 차지하기 때문이다.

가이사랴 골로새에 사는 빌레몬은 중산층에 속하는 사람으로 바울을 통해 신앙을 물려받았다. 그 빌레몬을 섬기는 오네시모라는 노예가 있었다. 그 종이 주인에게 용서받기 어려운 잘못을 저지르고 도망해 떠돌다가 로마에 당도한다. 거기에서 어떤 과정을 거쳐 신앙을 갖게 되고 마침내는 감옥에 갇혀 있는 바울을 만나게 된다.

옥중의 바울은 자신을 도와줄 사람이 필요했기 때문에 오네시모를 자신의 심복으로 받아들인다. 그러다가 오네시모의 정체를 알게 된다. 바울은 오네시모가 자신에게 매우 필요한 사람이기는 하나 주인에게 돌려보내야 하는 책임을 느낀다. 그래서 빌레몬에게 직접 편지를 쓰고 오네시모에게 그 편지를 갖고 빌레몬에게 돌아가도록 권고한다.

그때 오네시모가 갖고 간 편지가 지금 우리가 읽는 빌레몬서의 내용이다. 바울은 편지를 통해 빌레몬에게 "그대는 내 믿음의 아들이기에 내가 권위로 명령할 수도 있지만, 신앙인다운 자발적 판단과 선택이 중요하니 그대의 자의에 따라 오네시모를 신앙의 동지로 받아주기 바란다. 잘 생각해서 그의 잘못을 용서하고 가족같이 대해 주었으면 고맙겠다"고 부탁한다.

우리가 믿건대 오네시모는 죄사함을 받고 이전보다 더 성실하게 주인을 섬겼을 것이다. 빌레몬도 오네시모를 이전의 노예가 아닌 믿음의 동역자로서 여러 사람과 인간관계를 유지하도록 이끌어 주었을 것이다. 서로 사랑하고 섬기며 함께 기도드리고 이웃에게 봉사하는 행복과 보람을 찾아 누렸을 것이다.

∞∞∞∞∞ 갈등과 투쟁이 아닌 대화와 협력이라는 사랑의 질서

인류 역사에서 노예제도나 그와 흡사한 인간관계는 여전히 남아 있다. 그런 비극적인 인간 존재의 칠흑 속에서 어떻게 모두가 동등하게 행복한 삶을 누릴 수 있을까. 빌레몬서는 이에 대해 바울 사도가 기독교적 해결책을 암시해 주는 내용이다. 인권 문제는 개인 간이나 작은 공동체 내에서뿐 아니라 모든 사회에 깔려 있는 문제이며, 지금은 세계가 고민하는 숙제이기도 하다. 또한 노사 갈등 문제는 우리나라가 안고 있는 최대 관심사이기도 하고 국가적 과제로서 어느 사회나 안고 있다.

바울 사도의 서신 속에는 그런 문제를 해결하기 위한 몇 가지 중요한 암시가 깔려 있다. 계급적 간극이나 노사 문제를 해결하는 방법에는 크게 세 가지가 있을 것 같다.

첫 번째는 힘과 권력으로 해결하려는 투쟁 관계이다. 이는 마르크스주의자들이 택한 방법이다. 싸워서 승리하면 노동자와 농민 다수가 승리하고 기업가나 지주는 패자가 된다. 그렇게 되면 상하가 바뀔 뿐 또 하나의 계급이 탄생한다. 그 신생 계급이 특권을 누리기 위해서는 갈등이 계속되고 투쟁관계가 지속될 뿐이다. 강자가 약자를 지배한다는 사회규범에는 변화가 없다.

두 번째는 정의의 가치를 구현해 기존 질서를 유지하면서 법적 규정을 준수하는 길이다. 지금과 같이 노사 관계도 유지되며 관직의 직책상 상하관계는 지속하면서도 법적 질서에 따라 인권·자유·평등을 유지해 가는 제도이다. 민주국가의 기본 틀이기도 하다. 여기서는 정의로운 인권의 평등 유지가 중요해진다. 갈등과 모순은 최소화하고 인권의 평등을 증진하도록 법적 조치가 확립되어야 한다.

마지막 세 번째는 바울 사도가 제시한 믿음을 같이하는 인간애의 질서이다. 바울 사도는 이것이야말로 최선의 방향임을 가르쳤다. 물이 높은 곳에서 낮은 곳으로 흐르듯이 모든 사회조직에서 상위에 속하는 사람이 하위 사람들에게 먼저 사랑을 베풀라는 뜻이다. 그것은 하나님의 사랑을 받은 대로 나누어주는 길이다. 그것을 가장 쉽게 표현한 교훈이 "네 이웃을 네 자신과 같이 사랑하라"(마 22:39)이다.

그런 사랑의 질서가 확립되면 투쟁이나 불법에 대한 처벌 대신 가장 바르고 경건한 방식으로 인간의 상하관계에 따르는 문제가 해결된다. 그것이 바로 기독교의 정신이다. 굳이 기독교의 정신이라고 강조할 필요도 없다. 인간이 상실한 인간애를 하나님의 은총과 사랑의 질서로 대신하는 것이다.

학자나 예술가가 사회에 기여하듯이 봉사에 목적을 두고 사랑으로 행복을 창출하는 공동체가 된다면 인간에게 주어진 최선의 사회적 공헌을 남길 수 있다. 우리가 원하는 것은 그런 가치관을 가진 사회기관이다. 그런 곳은 정치·문화·의료, 모든 면에서 가장 존경받는 삶의 터전이 된다. 투쟁이 아닌 대화와 협력을 통해 사랑을 창출하는 정신적 원동력이 필요하기 때문이다.

2000년 전에 바울이 남겨준 교훈은 모든 대인관계의 귀감이 아닐 수 없다. 이것은 예수의 마음에서 출발한 사회적 규범의 하나이다.

교리와 진리,
그리고 복음의 관계

◇◇◇◇◇◇◇◇ **율법과 계명의 울타리를 넘어선 팔복의 의미**

내가 중학생일 때, 숭실전문학교의 교수였던 채필근 목사는 존경받는 기독교의 지도자였다. 그가 일본 도쿄대학 종교학과에서 공부하면서 우이(宇井)라는 저명한 불교학자를 방문했을 때, 그 교수의 서재에 마태복음 5장에 나오는 예수의 팔복에 관한 글이 현판에 걸려 있는 것을 보았다. "교수님은 불교학자인데 어떻게 예수의 말씀을 서재에 걸어 놓았습니까?" 하고 묻자, "더 훌륭한 말씀이 없었으니까요"라고 대답했다는 것이다.

젊은 채 목사는 기독교와 불교 사이의 거리를 의식하고 질문했으나, 그 교수는 두 종교의 거리를 떠나 인간문제 해결을 더 소중히 여겼던 것이다.

흔히 예수의 초창기 교훈으로 알려진 산상수훈의 팔복을 읽는 사람들은 그 가르침이 어떤 역사적 배경과 목적을 가지고 있는지 생각하지 않는다. 산상수훈의 중요성은 구약과 유대교가 믿고 따르는 계명과 율법이 배제되어 있다는 점에 있다. "내가 율법이나 선지자를 폐하러 온 줄로 생각하지 말라 폐하러 온 것이 아니요 완전하게 하려 함이라"(마 5:17)는 한 마디가 그것을 증명한다. 더 이상 율법과 계명의 울타리 안에 머물지 말라는 충고였다. 그 대신 모든 인간에게 주어진 선한 윤리를 잘 지키고 예수의 가르침을 따르면 은총의 복을 받는다는 교훈이 전부이다.

산상수훈에서 윤리적 도리에 대해서는 28회나 강조하고 그에 따르는 신앙적 보답은 17회나 언급하고 있다. 이 사실은 구약의 율법과 계명은 더 이상 문제 삼을 가치가 없어졌으니 그보다 상위에 속하는 윤리와 도덕의 가치와 교훈이 더 중요함을 의미한다.

그리고 구약의 계명과 율법은 유대인에 국한된 규범이지만 도덕과 윤리는 전 인류에 속한 문제이므로 신약으로 시작되는 기독교는 유대교를 위한 종교가 아니고 인류의 종교라는 선언이다. 기독교는 구약의 계란에서 태어났으나 일단 닭이 된 후에는 계란으로 돌아갈 수 없다는 뜻이다.

팔복의 교훈은 이러저러한 인간의 도리를 감당하는 사람은 신앙의 축복에 동참하게 된다는 내용이다. 그 안에는 구약적 계명과 율법을 넘어 인간적 도리, 즉 자유와 선으로 향하는 책임을 감당하면 그 사람은 하나님 나라의 일원이 될 수 있다는 뜻이 담겨 있다. 도덕과 양심, 인간의 도리를 포기하거나 감당하지 못하는 사람은 그리스도인이 될 자격이 없다는 선언이다. 그 후에야 진리가 참 자유를 통해 복음이 되는 것이다.

왜 이런 문제가 지금 우리 시대에 제기되는가. 현대인의 신앙은 결코 반(反)이성적이거나 비(非)윤리적인 차원에서는 받아들일 수 없기 때문이다. 그것은 신앙이기보다 버림받아야 할 미신이다. 그런데 세계사를 돌아보거나 때로는 기독교 내부를 보면 그런 수준 이하의 신앙을 기독교적인 신앙으로 잘못 수용하는 경우를 발견할 수 있다.

그 원인은 이성과 양심 이상의 신앙을 구약의 계명과 율법의 영역으로 퇴락시켰기 때문이다. 그리고 그런 계명과 율법을 종교적 교리로 변질시킨 결과이다.

모든 종교는 그 종교성을 유지하기 위해 교리를 필요로 한다. 그 교리가 인간적 도덕성을 넘어 복음인 구원의 가르침이어야 함에도 불구하고 윤리적 수준 이하의 교리로 변질된 것이다.

그런 현상을 우리는 현재의 유대교와 이슬람교의 갈등과 반도덕적인 사회 현실에서 체험하고 있다. 중동 지역의 종교 국가들이 범하는 폐습과 악행은 윤리적으로 판단해도 죄악성을 극복하지 못하고 있다. 그들이 극단적인 종교적 신앙을 버리고 과학과 도덕을 위해 살았다면 지금과 같은 불행한 현실에는 빠지지 않았을 것이다.

◇◇◇◇◇◇◇ **교회를 위한 교리가 아닌 하나님 나라를 위한 진리**

이제 남은 문제는 교리와 진리 그리고 복음의 관계이다. 예수는 이상할 정도로 교회에 대한 관심과 교리의 중요성을 강조하지 않았다. 제자들도 "영생의 말씀이 주께 있사오니 우리가 누구에게로 가오리이까"(요 6:68)라고 고백했다. 그 당시의 교리는 계명과 율법에 해당한다. 그러니까 예수가 주는 교훈은 교회를 위한 교리가 아닌 인간 모두가 따라야 할 진리라고 선언했고, 제자들은 그 진리의 신앙적 권위를 인정했다.

또 하나의 문제가 있다. 진리가 진리로 그친다면 진리는 구원에 이르는 복음이 되지 못한다. 그것은 도덕일 수도 있고 철학일 수도 있지만, 구원의 소식으로서의 진리는 아니다. 우리가 바라는 것은 구원에 이르는 진리이다. 그것은 하나님께서 주시는 말씀이다. 하나님의 말씀은 진리이자 복음이다. 예수는 '하나님 아버지의 말씀이 너희 영혼의 진리가 될 때 복음이 된다'고 가르쳤다. 기독교가 역사적 신앙의 증거로 삼는 것이 바로 그런 계시성이 있는 진리이다. 예수의 말씀은 인간이면 누구나 지켜야 하는 하나님의 뜻이다. 하나님의 구원의 소식인 복음이자 은총의 계시인 것이다. 교회를 위한 교리가 아닌 하나님의 나라를 위한 진리이다. 이런 정신은 우리에게 두 가지 길을 제시한다.

하나는 교회나 교권을 위한 교리를 강요해서는 안 된다는 엄숙한 요청이다. 교권을 위한 교리를 강요하는 사례는 무수히 많다. 안식일 문제 같은 것이 하나의 예이다. 안식일을 지키는 것으로 인해 얼마나 큰 과오를 범했고 범하고 있는지 모른다.

다른 하나는 우리 모두가 받아들일 수 없는 교리는 진리가 되지 못한다는 경고이다. 교리가 구원의 소식이 될 수 있을 때 진리가 되고 복음이 된다. 이에 대해 예수는 우리에게 세 가지 중간 결론을 제시해 주었다.

첫째, 마태복음 5장 마지막을 보면 예수는 "하늘에 계신 아버지의 온전하심같이 너희도 온전하라"고 당부한다. 하나님의 뜻을 따라 세상에서도 모범이 되는 인격을 갖추라는 뜻이다. 인간은 모두가 부족하다. 자타가 인정할 만큼 훌륭한 삶을 산다는 것은 쉽지 않다. 그러나 완전을 위한 공통된 하나의 길은 있다. 동서양의 모든 정신적 지도자들이 인정하고 가르친 교훈이자 아무도 부정할 수 없는 의무는 '삶에 대한 성실성'이다. 공자가 그 대표적인 스승이다.

그러나 개인의 성실성으로 끝나면 공자와 같은 위상에 머문다. 신앙인의 성실성은 겸손하게 열린 마음을 말한다. 진리의 말씀 앞에 마음의 문을 열고, 영원을 사랑하는 영혼의 기대를 거부하지 않는 자세이다. 그런 사람들은 언제나 은총의 선택에 동참하게 된다. 하나님의 말씀을 거부하지 않는다. 나는 기독교 역사를 통해서는 물론, 내 주변 철학자들 가운데서도 그런 신앙의 동반자들을 자주 발견한다. 은총의 선택에 동참하는 사람들이다.

둘째, 예수는 6장 말미에서 신앙인으로서 어떤 인생관과 가치관을 갖고 살아야 하는가를 가르친다. 인간이 갖고 있는 가장 근원적이면서 보편적인 문제는 '무엇을 위해 어떻게 살아야 하는가'이다. 예수는 "너희는 먼저 그의 나라와 그의 의를 구하라 그리하면 이 모든 것을 너희에게 더하시리라"(마 6:33)고 말한다.

세상적인 소유와 욕망은 누구나 갖고 있으나 그것이 삶의 목적은 아니다. 더 중요한 것은 삶의 정신적 가치이며 그것의 궁극적인 목표는 하나님의 뜻이 역사와 사회 속에 성취되는 것이다. 예수는 신앙인의 목표는 거기에서 출발하며 그것을 이루기 위해 노력하라고 가르친다. 경제와 정치는 물론 정신적인 가치와 목적은 하나님의 뜻과 일치될 때 비로소 모든 것이 채워진다는 인생관이다. 구체적인 예를 들어보자. 애국심을 가진 사람은 사업을 하거나 정치를 하거나 무슨 일을 하든지 자신과 사회를 위해 건설적 업적을 남긴다.

그러나 이기적인 목적이나 소유를 위한 수고는 본인은 물론 사회 건설에도 도움이 되지 못한다. "아버지의 뜻이 하늘에서 이루어진 것같이 땅에서도 이루어지게 하소서"라는 기도가 바로 그 뜻이다. 그나라와 그 뜻은 구체적 의미와 가치를 갖는다. 진실·정의·자유의 가치가 거짓·불의·악의·구속을 극복할 수 있는 사회를 만들기 위해 노력하는 사람은 하나님의 나라를 차지하게 된다는 뜻이다. 북한의 공산 정권 같은 세상적 가치를 위한 노력은 하나님의 뜻과 상반되는 반(反)가치들이기 때문이다.

셋째, 예수는 내 말을 믿고 따르는 사람은 반석 위에 집을 짓는 것같이 역사를 건설할 수 있으나, 내 가르침을 떠난 사람은 아무리 애를 써도 모래 위에 집을 짓는 것같이 역사를 파괴하는 결과를 초래할 것이라고 경고한다. 개인과 사회는 물론 역사적 건설을 파괴하는 세력이 어디서 왔는가. 역사가들은 로마가 왜 망했는지 묻는다. 프랑스 혁명이 왜 일어났는지 묻는다. 왜 조선 왕조가 불행한 종말을 초래했는지 묻는다. 진실·정의·자유를 거부했기 때문이다. 역사는 스스로를 심판한다는 원칙을 외면해서는 안 된다. 하나님의 뜻을 위배하거나 역행한 사회와 국가는 역사의 심판을 자초한다.

예수의 교훈이 개인의 심판은 물론 역사적 심판을 동반한다는 사실을 깨닫게 되면 하나님의 뜻을 받아들이라는 예수의 교훈을 거부할 수 없게 된다.

100 years as a Christian

제4부

나라와 교회를
걱정하는 마음

교회에 주어진 기독교적 의무는
그리스도의 교훈을 받아들인 성도들을
잘 이끌어 사회와 역사에 하나님 나라를
건설할 일꾼을 배출하는 것이다.

역사 종교이자
사랑을 완성하는 기독교

기독교 정신에 담긴 역사의식이 세계를 바꾼다

20세기 후반에 세계적으로 존경받는 M. 엘리아데라는 종교학자가 있었다. 그가 유럽에서 미국 시카고대학교로 온 후 그를 따라 유럽에서 미국으로 유학 온 대학원생들도 있었다. 그는 지구상의 모든 종교는 자연숭배나 자연질서를 바탕으로 탄생했으나 구약과 신약은 신의 존재와 더불어 태어났기 때문에 역사 종교라고 강조했다. 다른 종교들을 종교라고 규정한다면 그런 의미에서 기독교는 종교가 아니라는 견해이다.

인간이 인간이라는 범주에서만 살아간다면 종교는 탄생하지 않는다. 인간은 인간이 아닌 자연과 함께 존재하면서 정신적으로는 신(神)적인 존재와 관계를 맺을 때 종교가 탄생한다. 기독교는 인간과 자연의 관계가 아닌 인간과 신의 관계에서 출발했고, 그때부터 기독교는 역사와 더불어 존재해왔다.

구약과 신약도 그렇다. 구약은 이스라엘 민족과 더불어 이어져 온 역사적 기록이다. 후반부의 내용도 그 역사 속에서 태어난 정신적 내용들이다. 신약의 사복음서와 사도행전도 역사 기록이다. 후반부는 역사의 신앙적 교훈을 사도들이 기록한 것이다. 그래서 구약 속에는 종교적 교훈이라고 볼 수 없는 가장 세속적인 내용도 들어 있고, 신약에도 반(反)신앙적인 기록이 포함되어 있다. 신앙이 얼마나 역사적 과업인가를 보여준다.

세계사는 끝나지 않고 현재에서 미래로 지속된다. 기독교도 그런 역사와 더불어 세계 속의 인류와 공존해 간다. 때로는 세계사에서 정신적으로 밀려나기도 하고, 사회에 따라서는 새로운 역사를 만들기도 한다. 하나님의 것과 가이사의 것은 언제나 공존하게 되어 있다. 사도행전 10장에서 우리는 그런 사실을 발견한다.

베드로가 바닷가 욥바에 있는 시몬의 집에 머물고 있었다. 관례에 따라 혼자 옥상에 올라가 기도를 드릴 때, 아래층에서 올라오는 음식 냄새를 맡으면서 식욕을 느끼고 있었다. 무아지경 중에 하늘로부터 네 귀퉁이가 끈에 묶인 큰 보자기가 내려왔다. 그 안에는 온갖 속되고 혐오스러운 동물들이 담겨 있었다.

어디선가 잡아먹으라는 소리가 들렸다. 베드로는 구약의 전통에 따라 속되고 깨끗지 않은 것은 절대 먹을 수 없다고 대답했다. 다시 "하나님께서 깨끗하게 하신 것을 네가 속되다 하지 말라"(행 10:15)라는 소리가 들려왔다. 그러니 먹으라는 있을 수 없는 명이었다. 세 차례나 같은 대화가 반복된 후에 보자기는 하늘로 다시 올라가 버렸다.

놀라움에 휩싸인 베드로가 아래층으로 내려갔을 때 두 명의 손님이 기다리고 있었다. 로마 장교인 백인대장 고넬료가 보낸 사람들이었다. 고넬료가 하나님의 묵시를 받고 베드로를 초청했던 것이다. 그렇게 해서 베드로는 구약 이스라엘 민족의 신앙이 이스라엘 밖의 세계 인류를 위한 종교임을 깨닫고 세계 역사의 발전적 변화를 개척한다. 역사적 기록이다.

바울의 경우도 마찬가지이다. 바울이 아시아 전 지역의 선교여행을 끝내고 아시아 서쪽 끝 드로아 항구까지 갔다. 더 갈 곳이 없어진 바울은 다시 아시아 쪽으로 방향을 바꾸어 다녀온 교회들을 보살피려고 했으나 뜻대로 되지 않았다. 그때 신비로운 환상을 접한다. 유럽 지역인 마케도니아 사람이 나타나 우리 지역에 와서 복음을 전파해 달라는 계시를 받은 것이다.

그것이 계기가 되어 기독교는 아시아의 영역을 벗어나 서구 지역인 유럽으로 진출하게 된다. 그러면서 바울은 언젠가는 세계의 수도 격인 로마까지 가야 한다는 심정을 토로하기도 했다. 그 뜻이 이루어져 기독교의 중심지가 구약의 본거지인 예루살렘에서 로마로 바뀐다. 후에는 유럽 전역을 차지하고 아메리카를 거쳐 일본, 한국에까지 전파된다.

같은 기독교회 안에서도 기독교 정신의 유무에 따라 기독교 내부의 변화를 일으키기도 한다. 현재도 그렇다. 빌리 그레이엄 2세 목사가 부친의 뜻을 따라 캐나다와 노르웨이에서 대부흥회를 개최하기

원했다. 그런데 두 나라의 목회자와 신도들이 반대했다. 이유는 간단하다. 빌리 그레이엄 2세 목사가 지난번 미국 대통령 선거 때 트럼프를 지지했기 때문이다. 기독교 입장에서 본다면 트럼프는 기독교 신도의 자격을 갖추지 못한 사람이다. 반대자들의 주장은 그런 사람을 아메리카의 지도자로 지지한 사람에게 어떻게 기독교 부흥회를 맡길 수 있겠는가 하는 것이었다. 교회 내부의 갈등처럼 보이지만, 실제로는 진정한 기독교 정신의 역사적 가치와 의미를 되새기는 계기가 되었다.

기독교 정신에 내재한 이런 역사의식은 우리와 상관 없는 문제가 아니다. 역사의 주체인 개인과 우리 모두의 공통된 과제이다. 한 사람 한 사람의 역사의식의 공통성이 역사를 바꾸기 때문이다. 그리고 그 역사의식이 역사의 의미와 가치를 주관하면 '역사는 그 자체를 심판한다'는 역사의식을 탄생시킨다.

역사철학자 헤겔은 "세계사는 세계 심판이다"라는 명언을 남겼다. 역사는 스스로 심판한다는 뜻으로 바울의 역사의식, 아우구스티누스의 역사철학과 신학에서 유래한 말이다. 헤겔의 '역사철학'은 기독교 역사 신학의 변신이라고 볼 수 있다.

이런 기독교관이 세계를 크게 변화시켰다. 기독교 안에는 자연숭배라는 관념이 없다. 자연은 인간의 생존을 위한 보조적 존재이다. 인간의 행복을 위해 잘 이용하고 도움을 받을 수 있는 선물로 받아들인다. 그런 가치관이 기독교 사회로 하여금 과학을 발달시키는 계기가 되었고 기독교 국가들이 역사의식을 갖추고 과학정신을 개발하면서 오늘의 세계 역사를 주도해왔다.

기독교 정신은 열린 사회와 사랑의 질서를 만드는 원동력

그렇다면 이런 전통과 지도력을 갖춘 기독교 정신은 우리 역사에 어떤 미래를 약속하고 있는가. 기독교 정신은 역사적으로 닫힌 사회를 열린 사회로 이끌며 과거의 전통을 개선·극복해 미래를 창조하는 원동력을 약속한다. 그런 역사적 변화의 가능성과 사회이념을 다른 어떤 종교보다 더 많이 제시하고 창출해왔다. 앞으로도 기독교는 창조적 진화를 가능케 해야 한다.

물론 이런 문제는 기독교만의 점유물은 아니다. 그 당시의 세계 질서가 그리스의 이성과 철학사상을 바탕으로 이루어져 있었기 때문이다. 그러나 요한복음에는 그리스도의 교훈을 핵심적 진리로 표현한다. 요한복음 저자는 예수의 교훈을 진리 중의 진리라고 말했다. 인간적 삶의 참다운 진리는 기독교 정신에서 성취될 수 있다는 뜻이다. 기독교가 있는 곳에서는 진리와 정직이 필수 가치이다.

구약은 사회와 국가의 기본 가치는 정의라고 가르쳤다. 구약의 하나님은 정의의 하나님이다. 불의를 거부, 심판하고 정의가 강물같이 흐르는 역사관을 염원했다. 역사적으로 로마의 정신을 뒷받침해주었다. 로마가 법적으로 정의의 가치를 실현하는 업적을 남겼다면 그것은 구약적 기독교의 가치와 일치했기 때문이라고 볼 수 있다. 현대 국가는 법치국가이다. 정의의 가치와 의미는 절대적 조건이다.

그런데 신약의 기독교가 출범하면서 정의로 인해 인간 개인의 자유가 위축되거나 배제되면 인간다움의 본질을 상실하기에 자유는 정의보다 더 소중한 가치임을 제시해 주었다. 신약의 인간관은 자유가 정의보다 더 큰 비중을 차지한다.

하나님이 인간을 사랑한다는 것은 정의를 배제하지 않는 개인의 자유이다. 자유가 없는 인간은 모든 것을 상실하기 때문이다. 그렇다면 사회적 정의는 불필요한가. 노력 없이 가능해지는가. 그렇지 않다. 자유가 인간애, 즉 사랑을 갖춘다면 정의는 자연히 뒤따르게 된다. 그것도 역사적 교훈이자 기독교의 정신이다.

예수는 악을 악으로 갚지 말며 보복하지 말라고 가르쳤다. 불의에 대한 보복을 거듭하면 인간적 삶은 파괴될 뿐이다. 사랑이 있는 용서·화해·공존이 구원의 길이다. 그래서 기독교는 개인에 있어서는 자유와 사회적 삶이, 인간관계에 있어서는 사랑의 질서가 절대 우위를 차지한다고 가르쳐준다.

자유는 원시 사회적 가치관이 아니다. 이기적이며 사회질서를 파괴하는 자유는 인간적 자유가 아니다. 정의의 심판을 받아야 한다. 자유는 선의의 경쟁을 통해 사회의 정신적 질서를 높여주며 창조적 기능을 담당한다. 역사발전의 원동력이 되고 인간다운 삶과 행복을 위한 추진력이 된다. 자유가 없었다면 오늘의 세계는 존재할 수 없었을 것이다.

기독교가 인간애, 즉 사랑을 삶의 원천과 목적으로 삼는 것은 인간애에 입각한 자유를 보장하고 증대하며 정의의 질서를 완성시키기 위해서이다. 사랑의 거목에는 자유와 평등이 함께 열매 맺을 수 있다. 사랑은 공존의 질서이자 정의를 완성하는 원동력이기 때문에 기독교 안에서 참 자유와 평등, 정의가 자랄 수 있다. 그 뜻이 역사적으로 가능해지며 궁극적인 역사의 완성을 위한 정도(正道)가 되어야 한다. 그런 뜻에서 기독교는 역사적 종교인 것이다.

사랑이 모든
행복의 원천이다

◇◇◇◇◇◇◇◇ **미국 사회를 충격에 빠뜨린 두 가지 보고**

1960년대 초반은 세계적 냉전시대였다. 그 와중에도 미국과 구소련 간의 대학생 교류가 개선되었다. 나도 시카고대학교에 머물면서 모스크바대학교에서 온 학생 두세 명을 대면할 기회가 있었다. 한번은 모스크바대학교를 다녀온 미국 대학생들의 보고회가 열렸다. 이때 알려진 두 가지 흥미로운 내용이 미국 사회에 작은 파문을 일으켰다.

첫 번째는 세계 여러 나라의 대학생들 중에서 시험을 볼 때 커닝을 가장 많이 하는 대학생이 모스크바대학의 학생이라는 얘기였다. 커닝 방법에도 여러 가지가 동원되는데 심지어는 딕셔너리식(사전식) 방법까지 있다고 했다. 온몸 여러 곳에 쪽지를 숨겨두었기 때문에 약식 메모가 들어 있는 쪽지를 보고 답안지 숨긴 곳을 찾아낸다고 했다.

그렇게 커닝을 많이 하는 과목은 주로 사회과학 분야로 모두 암기해야 하는 내용이어서 그렇다는 것이다. 반면 미국 대학의 사회과학은 토론 중심이어서 문제를 보면 자기 생각을 정리해 답안을 작성해야 하므로 커닝할 필요가 없다고 했다. 소련의 대학에서는 교수까지도 어느 정도 커닝을 묵인하는 것 같다는 보고였다.

두 번째 내용에 더 큰 관심이 쏠렸다. 모스크바대학에서는 밤중에도 남학생이 여자 기숙사를 찾아가거나 어느 때는 여학생이 남자 기숙사에서 나오기도 한다고 했다. 1960년대의 사회정서를 감안하면 놀랄 만한 일이다. 그곳을 방문했던 한 여학생이 모스크바 여대생에게 여기서는 낙태수술을 하는 데 비용이 얼마나 드느냐고 물었더니 처음에는 6~7달러였는데 지금은 15달러까지 올랐다고 스스럼없이 대답했다는 설명이다.

같은 대학생인데 왜 미국 대학생에게는 이 두 가지 보고가 상당히 충격적이었을까. 당시의 미국 대학생 사회에서 시험볼 때 커닝을 한다는 것은 상상도 할 수 없었다. 나도 한 학기 동안 미국 대학에 있었는데 그곳에서는 150년 동안 교수가 시험 감독을 한 일이 없었다. 학생들은 학점 미달로 제적을 당하더라도 자신을 믿어주는 교수나 친구들을 배신할 수 없다는 신념을 갖고 있었기 때문이다.

남녀 간의 성 문제도 그렇다. 그 당시 공산사회에 팽배했던 유물사관을 따르는 대학생들은 종교 신앙을 거부했다. 전통적인 윤리관을 배척하는 풍조가 가득했다. 성적 자유는 그들이 최고로 여기는 가치였고, 서로 마음껏 즐길 수 있으면 그것이 젊음의 권리라고 생각했다. 성관계는 결혼과 상관이 없으며 사회적인 규범에도 얽매일 필요가 없다는 관념이 지배적이었다. 성적 자유를 범죄라고 여기지 않는 것은 물론이고 결혼이나 가정과 연관지어 생각지 않았다.

미국 대학생들도 그 점에는 어느 정도 동의하는 듯했다. 그러나 성은 자신의 인격이나 마찬가지이며 상대방에 대한 인격적 존엄성은 인정해야 한다고 믿었다. 남녀 간의 문제는 가정과 연결되어 있으며 사회적 규범과 평가는 엄존해야 한다고 믿을 때였다.

지금은 우리 젊은이들 사이에도 적지 않은 변화가 생겼다. 내가 대학에 재직할 때만 해도 두 가지 이해하기 어려운 풍조가 있었다. 주로 운동권 출신 학생들에게서 볼 수 있는 풍조였다. 지금 대학생들은 이해하기 어렵겠지만, 노동의 가치를 모르는 젊은이는 사회 지도자가 될 수 없다고 해서 학생 신분을 밝히지 않고 근로자로 취업해 노동을 체험하는 학생들이 있었다. 소위 위장취업이 유행했다. 중국 베이징대학교 교수들 가운데도 방학 때는 농사와 노동 현장에서 직접 체험해야 한다며 노동 체험의 중요성을 강조하는 일부 교수가 있었다. 우리 사회의 노동조합에서도 한때는 노동의 신성한 가치가 논의되었다. 좌파 정치계에서는 '노동자와 농민'을 위한 권위의식을 지금도 전통적으로 받아들이고 있다.

운동권 학생들의 활동이 성행했을 때는 일부 학부모들이 나에게 찾아와 아들딸들이 운동권 동아리에 참여하는 것은 좋은데 남녀평등 주장이 성의 평등과 자유로 변질되는 것 같다며 우려했다. 특히 여학생 부모들의 걱정이 컸다. 장단점이나 선악의 판단은 자유로울 수 있다. 그러나 사회적 전통과 가치관을 무시하거나 유린하는 성의 자유는 제재를 받아야 하며 여기서 사회적 규범이 배제될 수는 없다.

∞∞∞∞∞∞ 성숙한 인간애는 타인의 자유를 유린하지 않는다

몇 해 전 우리는 일련의 사회적 사건으로 충격을 경험했다. 유력한 차기 대선 후보자가 부하이자 여비서에게 고발을 당해 법적 제재를 받았다. 또 서울시장이 스스로 최악의 선택을 했고, 부산시장이 영어의 신세가 되었다. 모두 운동권 출신 세대이다. 그들 때문에 여성의 권리와 인격적 파멸을 호소하는 피해 여성들에게 그럴 수도 있지 않느냐는 비판적 자세를 취하는 비호 세력까지 있었다. 그만한 위치에 있으면서 사회적 권리를 인정받는 사람이라면 부하 여성에게 성추행의 오해를 받을 정도의 행위는 용납될 수 있지 않느냐는 생각을 갖고 있는 부류의 사람들이었다.

더 놀라운 것은 같은 사건에 대해 당시 정치적 여권에 속하는 여성들은 침묵을 유지하고 야권의 여성 단체들이 여권 존중을 호소했다는 점이다. 인권이나 인격의 가치가 정치적 노선에 따라 다른 평가를 받을 수는 없지 않은가.

그렇다고 해서 이 문제가 과학이나 논리로 해명되지는 않는다. 누구나 안고 있는 숙제이며 스스로 반성해야 할 과제이다. 어느 누구도 회피해서는 안 되는 선과 악의 가치 판단에 속하는 양심의 문제이다. 개인은 물론이고 사회의 의무이자 심판의 대상이기 때문이다.

그러나 당사자들은 문제해결 방법을 스스로 잘 알고 있다. 사랑이라는 관념의 문제이기 때문이다. 인간은 누구나 이성 간의 사랑을 마음에 품고 살아간다. 젊었을 때는 보통 연정을 갖고 이성을 대하지만 가정을 꾸리면 사랑의 감정이 부부간의 성숙한 애정으로 승화된다. 성숙한 사랑을 깨닫게 되면 그 사랑은 인간애로 원숙해진다. 인간애는 개인은 물론 사회와 역사의 희망이 된다.

그런 맥락에서 보면 성희롱, 성추행, 성폭행은 용서받을 수 없는 사회악이다. 같은 행위라고 해도 그 동기와 목적에 따라 선과 악이 구별된다. 더 큰 문제는 사회적·역사적 관습과 가치관이다. 아무리 종교적 신념이나 윤리적 관습이라고 해도 상대방의 자유와 인격을 유린하는 행위는 용납될 수 없다.

바람직한 도덕적·종교적 가치는 "남에게 대접을 받고자 하는 대로 너희도 남을 대접하라"(마 7:12) 그리고 "네 이웃을 네 자신같이 사랑하라"는 교훈에 들어 있다. 개인 간의 인격적 사랑이 사회적으로는 인간애의 책임과 의무가 되어야 한다.

교회는 하늘나라의
일꾼을 키워내고 있는가

　교육과 민족 독립에 공헌한 '한 학교 한 교회' 운동

　사람은 누구나 역사의 흐름 속에서 주어진 기간에 자신이 처한 사회와 더불어 최선을 다해 살도록 되어 있다. 지금 우리가 살고 있는 대한민국은 언제쯤 태어났을까. 100여 년 전 3·1운동부터라고 보는 것이 타당할 것이다. 우리 민족의 삶은 3·1운동 이전과 이후가 확연히 다르고 시대정신도 달라졌다.

　3·1운동을 치르면서 일본에 의한 민족적 손실과 비극은 대단했다. 그러나 그때부터 삶의 정신적 단위와 공간이 완전히 바뀌었다. 나와 내 가족을 중심으로 살던 국민 모두가 가정보다 국가가 더 중요하며 민족을 먼저 위해야 가족도 유지될 수 있다는 교훈을 절감했다. 비로소 민족의식이 탄생한 것이다. 그리고 그때부터 국민 모두가 배우고 공부해야 값진 인생을 살 수 있다는 교육에 대한 열정이 절대

과제로 등장했다.

그 열정과 노력은 다른 국가에서는 찾아보기 어려운 변화를 일으켰고, 그 열기는 지금까지 이어져왔다. 교육의 양적 보편화는 물론 질적 향상도 세계 상위권을 차지하기에 이르렀다.

뿐만 아니라 기독교, 즉 개신교가 전래하면서 우리 민족이 세계 무대에 진출할 수 있다는 가능성을 실감하기 시작했다. 우리 민족에게 희망의 길이 열릴 것이라는 자신감을 갖기 시작했다. 개신교 선교사들은 서울·평양·대구·광주에 교회와 더불어 학교와 의료기관을 세워 선구적 모범을 보여주었다.

기독교의 영향을 가장 많이 받았던 신의주와 평양을 거쳐 황해도 일대까지 '한 교회 한 학교' 운동을 전개해 교육과 국가의 독립운동에 크게 공헌했다. 나도 그 혜택을 받으면서 자랐다. 우리 마을 주변에도 사립초등학교 네 곳이 세워졌다. 이런 문화운동을 이끌고 뒷받침하는 언론기관도 괄목할 만큼 성장했다. 동아일보와 조선일보가 태어났고 대중을 위한 월간지들도 앞다투어 등장했다.

그 성장과 발전은 25년간 지속되다가 1945년 해방을 맞았다. 그 민족의식이 국민의식으로 탈바꿈했고, 교육의 놀라운 성과는 국가의 독립을 가능케 했다. 그같은 교육의 결실이 없었다면 오늘의 대한민국도 불가능했을 것이다.

그러나 불행하게도 국제적 현실의 벽은 너무 냉혹했다. 세계 전쟁의 군사적 분담을 위해 설정됐던 삼팔선은 남북 정권의 차이로 국경선이 되었고, 6·25전쟁은 상상할 수 없는 민족적 비극을 초래하면서 휴전선으로 바뀐 지 오래이다. 북한은 평등사회주의라고 볼 수 있는 공산국가가 되었고, 우리는 자유민주주의를 염원하는 대한민국으로서의 체제를 갖추게 되었다.

해방이 되고 6·25전쟁이 발발하는 5년 동안에 주목할 만한 잠재적 변화가 일어났다. 그 하나는 북한의 공산치하를 탈출한 많은 인재들이 대한민국에 합류하게 되었다는 사실이다. 교육 수준이 높은 정신적 자유주의자들, 기독교 신앙을 지닌 기독교계의 지도자와 신도들, 경제적 책임을 감당하고 있던 기업인들, 지주에 해당하는 부유층 사람들이 탈북 남하했다. 대한민국은 그들을 환대했고 함께 새로운 건설에 참여할 동역자로 받아들였다.

안병욱 교수가 항상 나에게 하던 이야기가 있다. "그때 대한민국이 우리를 따뜻하게 품어주지 않았으면 지금 우리는 세계 어딘가에서 떠돌이 신세가 되었겠지?" 이런 인적 이동이 오늘의 대한민국 건설에 큰 도움이 되었다. 그리고 탈북한 사람들 대부분이 기독교 신도들이었다. 세계사에도 이와 비슷한 사례가 있다. 오늘의 미국을 건설한 주인공들 중 많은 사람이 독일의 독재정치와 공산정치를 피해 미국으로 이주해온 지도자들이다. 물론 남한에서도 좌파 인사들이 월북했다. 그러나 북한 김일성 정권은 처음엔 그들을 받아들여 이용했으나 나중에는 배제하거나 숙청했다. 대한민국과는 정반대의 길을 택한 것이다.

대한민국은 70년 동안 우리가 기대했던 것보다 더 놀라운 성장을 이룩했다. 거듭된 시련에도 불구하고 국민들이 절대빈곤에서 벗어날 수 있었고 지금은 세계가 인정하는 OECD 회원국의 일원으로 성장했다. 정부의 시책보다 기업인과 근로자의 노력이 이루어놓은 결과이다. 정치도 그랬다. 이승만 정부로부터 전두환 정권이 끝날 때까지는 많은 희생과 고난의 과정을 겪었다. 독재정권을 막아내기 위해 4·19의 희생이 불가피했고 군사정권을 종식시키기 위한 민주화 투쟁의 가시밭길을 통과해야 했다. 그후 김영삼 정권부터는 권력이 지배하는 역사의 강을 건너야 했다. 현재 정치적 독재와 군사정권을 끝낸 결과로 탄생한 법치국가가 자리잡혀가고 있다. 강자가 약자를 지배하는 국가가 끝나고 법이 정권을 이끌어가는 민주국가의 대열에 참여하게 되었다. 자타가 인정하는 나라다운 나라의 기반이 구축된 셈이다.

∞∞∞∞∞ 신앙이 희망과 진리이자 행복의 길이 되도록

앞으로 반세기쯤 지나면 국민의 창의력과 자율성에 의한 완전한 민주국가에 도달하는 것이 국민의 희망이다. 그런 선진국가에서는 윤리적·도덕적 질서와 인간 가치가 보장되고 선한 질서가 주도하는 세계 시민의식이 탄생해야 한다. 휴머니즘에 뿌리를 둔 민주정치가 뒷받침되어야 한다. 서구사회에서는 기독교가 그 임무를 달성했다. 기독교 정신이 인간애를 바탕으로 삼는 휴머니즘을 탄생시켰고 자유와 평등은 물론 사랑의 정신이 지금까지의 서구사회를 키워왔다. 교회는 그 정신을 탄생시키고 기르는 기능을 담당해왔다. 미국의 역사가 그것의 모범 사례를 보여준다.

그런데 평등사회주의를 신봉하는 북한은 사회주의도 아닌 정신적 독재를 영구화하려는 김 씨 일가 정권이 군림하면서 동포들이 정신·경제·정치의 노예가 되었다. 21세기에 세계 어디에서도 볼 수 없는 불행한 국가로 전락했다. 그 정치이념이 아직은 중국 공산당 및 러시아 정권과 통하고 있기 때문에, 북한은 지금도 6·25전쟁 때 실패한, 무력에 의한 통일의 꿈을 버리지 않고 있다. 이런 정치이념이 그동안 대한민국의 정치사상과 이념에도 잔존해왔고 그 세력을 따르며 또 하나의 좌파 정권을 염원하는 정치권력으로 나타나기도 했다.

이런 시대적 과제를 해결하는 책임은 정치와 더불어 경제에 있다. 그러나 무엇보다 먼저 그 사상의 근거가 되는 세계관과 정치이념의 문제를 해결하는 것이 앞서야 한다. 예를 들어보자. 법치국가의 최대 과제는 정의에 있다. 정의란 무엇인가? 정의는 평등을 위한 가치라고 보는 정치세력이 있다. 지금도 중국을 비롯한 평등사회주의가 그 길을 따르고 있다. 중국은 그 과정을 앞으로 50년 이상은 견지할 것이다. 그와 대조적으로 미국을 비롯해 자유민주주의를 신봉하는 사람들은 좀 더 많은 사람이 자유를 누리는 것을 정의라고 생각한다. 자유가 희망을 창조할 수 있다고 믿는다.

그러나 기독교는 정의를 인간애에 대한 의무와 책임이라고 주장한다. 정의는 개인의 자유를 제약하는 것이 아니다. 자유를 인간애로까지 승화시키면 개인의 자유가 평등을 위한 사회로 발전한다고 믿는다. 사랑의 나무에는 자유와 평등이 함께 열매 맺을 수 있다고 믿기 때문이다. 인간애, 즉 휴머니즘이라는 기초 위에 진실·자유·정의를 기둥으로 삼는 집을 지을 수 있다. 기독교는 그 인간애의 신앙이다. 인간의 존엄성과 가치를 책임지는 종교이다. 인권을 배제하거나 인간의 존엄성을 경시하는 종교가 아니다.

이런 시대적 요구와 기독교 정신을 감안하면 교회는 더욱 필요해진다. 크리스천들이 진실·자유·정의를 위해 노력하고 그 정신으로 봉사하면 대한민국이 법치국가를 넘어 명실공히 선진국가의 희망을 성취할 수 있다. 그래서 신앙은 희망이며 진리이며 행복의 길이 되는 것이다. 교회는 그런 일꾼을 키워내야 하며 하나님 나라는 그들을 통해 건설되는 것이다.

가해자는 회개와 사죄를,
피해자는 용서와 화해를

◇◇◇◇◇◇◇ **원수까지 사랑하는 사람이 선한 역사를 건설한다**

오랫동안 잊고 있던 이야기가 생각났다.

내가 잘 아는 제자 E군의 이야기이다. E군이 연세대학교에 다닐 때, 동향의 여자친구와 사랑하게 되었다. E군이 군복무를 끝내고 여자친구가 대학을 졸업하면 양가의 허락을 받아 결혼하기로 약속했다. E군이 제대 후에 아버지에게 그 뜻을 전했다. 집안의 맏이이자 장손이었기 때문에 부친은 할아버지의 허락을 받고 결혼식을 올리자고 했다.

그 얘기를 전해들은 할아버지는 아들과 손자를 불러놓고 "우선 궁합이 맞아야 하고 규수의 집안이 우리만은 못하더라도 직업만 떳떳하면 허락하겠다"고 약속했다. E군과 부친은 여자친구에게 그 뜻을 전했다. 사주를 받아놓고 문벌을 알아보니 오래전부터 전해오는 이름 있는 가문이었다.

할아버지에게 말씀 드렸더니, 궁합은 참 좋은데 가문 족보는 어떤지 보자고 했다. 한참 살펴보던 할아버지가 "이 혼인은 절대 안 되겠다. 그놈의 집안과 우리 가문이 한양에 살 때부터 원수 사이였다. 내 선친께서 그놈의 집안하고는 절대 혼인을 맺으면 안 된다고 유언까지 하셨다. 다른 규수를 알아보고 이 결혼은 단념하라"고 명령했다. E군 부자는 난처해졌다. 상대방 가문이 좋았기 때문에 쉽게 허락할 것이라고 믿었던 꿈이 깨지고 말았다.

할 수 없이 E군이 그 실정을 여자친구에게 고백했다. 그녀 집안에서는 지금 와서 옛날 실정을 따지고 싶지 않으니 혼인이 성사되었으면 좋겠다는 입장이었다. 여러 가지로 고민하다가 결론을 내린 아버지가 조용히 말했다.

"할아버지가 얼마나 오래 사시겠느냐. 그러니 서둘지 말고 기다려보자."

그런 사연을 알려주면서 E군은 약간 답답한 표정이었다. 할아버지는 은혜를 갚을 줄 모르거나 원수를 갚지 못하는 사람은 인간의 도리를 위반하는 것으로 믿고 있었다. 그러나 누가 보아도 그 할아버지는 잘못을 저지르고 있었다. 선한 해결책은 하나뿐이다. 원수까지 사랑하는 것이다. 그런 행동이 선한 역사를 건설한다. 원수로 여기는 이웃을 용서하고 사랑하는 것이 선한 인간의 도리이다.

우리는 E군 할아버지의 잘못은 잘 알면서도 나 자신이 그중 한 사람이라는 사실은 인정하지 않는다. 동물은 자신을 보호하고 동족을 유지하기 위해 생명을 걸고 싸운다. 삶을 위한 본능적 욕망이다. 아무 생각이 없거나 생각이 얕은 사람은 동물과 비슷한 본능적 욕망 때문에 원수를 만든다. 그 차원을 벗어났다고 해도 소유욕에 집착하거나 그 한계를 넘어서지 못한 사람은 이기적 경쟁의 욕망 때문에 항상 원수를 만들며 살기 쉽다. 인간은 자유가 있고, 자유는 경쟁을 하도록 되어 있다. 재물에 대한 소유욕, 권력을 차지하려는 권력욕, 남들에게 인정받고 싶은 명예욕에 빠지면 이성적 판단력이 흐려진다. 자신의 것을 빼앗긴 사람은 승자를 원수로 여기게 된다.

오래전 미국에서 들은 얘기이다. 두 사람이 오랫동안 정치 선거에서 라이벌로 싸웠다. 이제는 둘 다 늙었다. 한 사람이 이렇게 말했다.

"나는 절대로 그놈보다 먼저 죽지는 않을 것이다. 내가 왜 그놈에게 지겠는가."

그들은 죽을 때까지 원수로 지냈다.

누구나 경쟁심을 갖고 있고 승자가 행복과 보람을 느낀다 해도, 선의의 경쟁을 해야 한다. 선의가 있다면 경쟁에 지더라도 원수관계는 되지 않는다. 운동경기가 그렇다. 패자가 승자에게 축하의 뜻을 전한다. 승자는 감사한다. 다음번에는 그 위상이 바뀔 수 있다. 대체로 정신적 가치를 중요시하는 사람은 인간관계에서 원수를 만들지 않는다. 선의의 가치가 평가받기 때문이다.

지성인들도 불필요한 적대심을 갖는 때가 있다. 한 대학의 영문과에서 있었던 일이다. 문학 분야의 원로 교수와 어학 계통의 원로 교수가 자신들도 모르는 사이에 라이벌 의식에 빠졌다. 업적과 승진과 출세를 놓고 서로 이기적 경쟁을 했기 때문이다. 그 바람에 두 원로의 후배 교수들은 서로 어색해졌다. 결국 같은 과 내에서 인간관계가 소원해지고 대학은 크고 작은 피해를 입었다. 선의의 경쟁을 벌여야 하는 지식인 공동체조차 그런 의식이 결핍되었던 까닭이다. 두 원로 교수가 서로 경쟁하고 반목하는 대신에 대학과 학문을 위해 서로 합심해서 연구했다면 어떻게 되었을까. 자신들의 삶의 가치와 대학이 성장하는 것은 물론 존경과 행복까지 누릴 수 있었을 것이다.

∞∞∞∞ 집단이기주의를 버려야 국민이 행복하다

우리는 정당 간의 갈등이나 정치세력의 분열 때문에 국민이 불행해지는 사례를 자주 발견한다. 정권욕을 위한 이기적 경쟁을 넘어 투쟁도 서슴지 않는다. 후진국가에서는 각 정당이 집단이기주의에 빠져 서로 비난하고 싸우는 행태가 흔히 나타난다. 신생국가나 후진국가만이 아니다. 자칭 선진국이라는 나라의 지도자들도 사욕과 집단이기주의적 권모술수를 저지르는 실정이다. 그래서 정치는 필요악이라는 평가를 받는다.

우리 국민도 그런 피해를 입고 있다. 일본은 지배국이었던 우월감과 국제적 자존심 때문에 한국에 사죄나 용서를 구하지 않는다. 우리는 끝까지 사죄를 받지 못하면 적개심과 항일정신을 포기할 수 없다고 생각한다. 항일정신이 곧 애국심이라고 믿는다. 그 결과는 어떻게 되는가. 선한 국교관계를 해치며 양국 모두의 성장과 행복을 스스로 포기한다. 100년 앞을 내다보는 양국 청소년들의 협력과 우호 증진을 차단하는 결과를 낳는다. 한 보 더 나아가 자유민주주의의 국제적 우호관계까지 방해하는 과오를 범한다. 지난 70여 년간을 그렇게 지냈다.

제2차 세계대전 후 독일의 기독교민주당의 정책과 방향을 살펴보자. 그들은 자국이 과오를 범한 모든 이웃나라와 약소 민족을 찾아다니며 사죄하고 용서를 빌었다. 무릎 꿇고 사죄했다. 용서를 구하는 회개자 앞에 상대국들이 국교의 문을 열었다. 일본과는 정반대의 길을 택했다. 그 결과는 어떻게 되었는가. 독일은 국제적 존경심을 되찾고 유럽은 공동 번영과 평화의 길을 함께 영위하고 있다.

문제는 간단하다. 가해자는 회개와 사죄를 택하고 피해자는 용서와 화해의 손을 잡는 데 있다. 개인도 그렇다. 상대방이 먼저 사죄하고 용서를 구하지 않는다고 해도 적대감을 가지거나 보복을 감행할 필요가 없다. 서로 상대방의 장단점을 찾아 인간애에 호소해야 한다. 사랑은 모든 시기, 질투, 증오, 보복의 감정을 해소할 수 있기 때문이다.

내 잘못을 먼저 깨닫고 사랑의 손을 내밀어야 한다. 악에 대한 악의 보복은 양자 모두의 공멸을 초래할 뿐이다. 욕심을 멀리하고 정당한 삶의 가치를 소중히 여겨 선의의 경쟁을 할 수 있으면 된다. 과거의 악을 해결해야 할 문제의 원인으로 삼지 말고 미래를 위해 희석시키는 지혜가 필요하다.

나는 지금도 존경하는 크리스천 친구의 눈물 어린 고백을 잊지 못한다. 같은 직장에서 20년을 함께 지낸 동료가 있었다. 내 친구를 괴롭히고 이기적 정쟁을 멈추지 않았던 동료가 먼저 세상을 떠났다. 그 장례식에 참석한 내 친구는 이렇게 기도 드렸다.

"하나님, 제가 주께서 보내주신 친구를 진심으로 사랑하지 못했습니다. 저의 잘못을 용서해 주시기 바랍니다. 제가 더 큰 마음으로 사랑했다면 우리는 서로 존경하고 위해 주는 기쁨과 행복을 누릴 수 있었을 것입니다. 모든 잘못은 저에게 있었습니다. 주님께서 저에게 베풀어 주신 사랑의 작은 뜻이라도 그에게 나누어주었다면 친구를 보내는 제 마음도 감사했을 것입니다. 저의 부족을 용서하시고 먼저 부르심을 받은 친구의 영혼을 주님의 따뜻한 품에 안아주십시오."

기독교 대학의
본분은 무엇인가

열린 공동체를 지향하는 기독교 대학

우리는 기독교가 기독교회와 일치한다는 생각을 관습적으로 갖고 있다. 그러나 기독교 공동체는 교회만이 아니다. 많은 의료기관, 교육기관, 사회사업기관들도 오래전부터 기독교 공동체로 존재했다. 교회는 그런 공동체의 모체가 되어왔다. 나는 기독교 학교에서 수학했고 연세대학교에서 일했다. 기독교 학교의 장단점을 직접 체험해온 셈이다.

기독교 학교의 장점은 열린 공동체라는 점이다. 구약에서 신약에의 길이 그랬다. 기독교는 출발할 때부터 인류와 세계를 향해 마음의 문을 닫지 않았다. 폐쇄적인 사고나 우리끼리라는 사고방식은 기독교의 본성이 아니다. 그리스도 안에서는 모두 한 식구가 된다. 그런데 연세대학교에서 받은 교수들의 인상은 그렇지 못했다. 연대 출신도 아니고 크리스천도 아닌 교수들은 학교의 주인이 못 되고 소외감을 느끼기 십상이었다. 그래서 다른 대학으로 적을 옮기는 교수들도 있었다. 내가 잘 아는 경제학자도 주인의식을 느끼지 못해 다른 대학으로 떠났다.

한번은 가까운 교수가 찾아왔다. 한 대학에서 초빙을 받았는데 옮길까 한다며 상의했다. 나는 "누구보다도 연세대학교를 사랑하는 사람이 연세대학교의 주인이 아니냐"고 만류했으나, 결국 그는 다른 사립대학의 주임교수로 갔고 얼마 후 그 대학의 중책을 맡았다. 그 대학의 주인이 된 것이다.

미국에서는 모교 출신 졸업생이 모교의 교수가 되는 일은 찾아보기 힘들다. 그렇게 되면 동질사회가 되어 발전이 없다는 인식이 일반적이다. 또 대학은 사회를 위해 인재를 키우는 데 목적이 있기에 우리끼리 함께 잘살자는 사고는 용납하지 않는다.

그런데 연세대학교는 교수라면 크리스천이어야 한다는 관념이 초창기부터 잠재해 있었다. 배타적이지는 않아도 크리스천만의 동질적 공동체 의식이 깔려 있었다. 동문들의 파워가 강해질수록 애교심이 깊어지고 같은 크리스천이라는 공감대가 형성되기 때문이다. 미션 스쿨인 어떤 중고등학교에서는 학교에서의 직책이 먼저인데도 ○○선생이라는 호칭 대신 ○○장로라는 호칭으로 부르기도 한다.

앞서 이야기했듯이 연세대의 교지는 '진리와 자유'인데, 사상의 자유는 물론 모든 사람이 서로의 자유로운 창의성과 인격을 소중히 여기는 지성 사회가 되어야 한다. 졸업생이 아니기 때문에 소외감을 느낀다든지 교회에 나가지 않기 때문에 대학을 위한 건설적 발언과 비판을 하지 못하는 공동체가 되어서는 안 된다. 어떤 대학보다도 학구적이고 자유로운 분위기가 되어서 대학 사회에 모범을 보여주어야 한다.

내가 아는 장로 한 사람이 지방대학의 총장으로 부임했다. 처음 맡은 중책이어서 취임 얼마 후부터 교목실장과 협의해 크리스천 교수들이 모여 대학을 위한 기도 시간을 갖기로 했다. 세월이 지나면서 기도 모임의 회원이 늘어나고 대학의 간부들은 총장의 체면을 세워주느라 의무적으로 참석했다. 겉으로는 별문제 없이 잘 운영되었다. 그러나 세월이 지나는 동안 참석하지 못하는 교수들과의 거리감이 생기고 또 이른 아침 시간의 모임이다 보니 참석 교수들에게도 부담이 되었다.

그러다가 박정희 정권이 끝나면서 대학마다 크고 작은 변화가 생겼다. 그 대학의 총장이 교수들로부터 불신을 받고 학원 분위기가 총장 생각과 다른 방향으로 움직이게 되었다. 결국 총장은 임기를 채우지 못하고 떠났다.

나에게 그 소식을 전하는 교수의 말에 따르면 학교를 위한 애교심을 강조하는 교수 몇 사람이 다른 많은 교수와의 불협화음을 만들었다고 했다. 처음엔 의무나 강요가 아니었던 기도회가 권고로 변하고 그 권고가 요청으로 변질되면서 표면화된 결과를 만든 셈이었다. 내가 잘 아는 또 다른 기독교 대학에서도 그와 비슷한 사건이 있었다. 총장이 직간접적으로 교회 출석과 신앙을 기대했던 모양이다.

또 다른 사건도 있었다. 어느 기독교 대학의 사회적으로 명망 높은 한 교수가 신문사가 기획한 좌담회에서 담배를 물고 있는 장면이 보도되었다. 그 기사와 사진을 본 대학 간부 한 사람이 총장에게 강하게 항의했다. 기독교 대학의 교수로서는 용납할 수 없는 처신이라는 이유였다.

그 대학의 총장은 내가 잘 아는 분이었다. 오랜 세월 미국에서 지냈기 때문에 한국 실정에는 상세하지 못했다. 그가 나를 만나서 어떻게 했으면 좋을지 조언을 구했다. 내가 "아마 H교수가 앞장섰을 것 같은데 그 교수는 대학의 체면과 이사회 회원들의 분위기를 잘 알기 때문에 계속 문제 삼을지도 모릅니다. 총장으로서 '나는 그 교수만큼 대내외적으로 존경받는 교수를 원한다. 대단치 않은 실수를 가지고 문제 삼고 싶지 않다'라는 뜻을 밝히는 것이 좋겠습니다"라고 말했다. 해당 교수는 다른 대학이 탐내는 존경받는 교수였기 때문에 그렇게 조언하는 것이 좋겠다고 생각했던 것이다.

대학 민주화운동이 한창일 때 H교수는 일반 교수들의 요청에 의해 대학을 떠나게 되었다. 어디에 잘못이 있었을까? 대학을 교회적 신앙의 연장으로 생각하는 풍조가 만들어낸 편협된 관념 때문이었다고 생각한다. 나도 여러 대학에 가보았지만 신앙적 행사가 모두 교회의 연장이었다. 대학은 대학다운 분위기가 필요하며 그 분위기가 대학의 기풍과 전통이 되어야 한다.

기독교 대학이 범하기 쉬운 또 하나의 잘못은 신앙적 교리나 전통으로 다른 사람들의 인격이나 삶의 가치를 평가하는 습관이다. 기독교는 언제 어디서나 다른 사람의 인격과 삶의 가치를 받아들일 수 있어야 한다. 예수는 다른 사람을 심판하지 말라고 했다. 하늘을 두고 맹세하거나 예루살렘을 두고 맹세하는 것은 죄라고 가르쳤다(마 5:34-35 참조). 맹세란 자기를 절대화하는 종교적 악습이다. 긍정과 부정은 있을 수 있다. 그러나 심판과 맹세는 누구에게도 허락되지 않는다.

∞∞∞∞ 교회 밖 하나님 나라를 실현하는 기독교 대학

내가 잘 아는 철학과 교수 친구가 있었다. 기독교 대학 총장이 그 친구의 취임인사를 받으면서 "여기는 기독교 대학입니다. 교회에 나가셔야 합니다"라고 말했다. 긴 세월이 지난 뒤 그 교수가 대학을 떠나면서 나에게 한 얘기가 있다. "총장의 그 말씀만 없었다면 나도 대학을 떠나기 전에 기독교 교인이 되었을지 모르겠다"는 고백이었다. 좀 과장해서 말한다면 인격을 무시당하면서는 신앙을 가질 수 없다는 뜻이었다.

만일 총장이 그 교수에게 "아시는 대로 우리 대학은 기독교 대학입니다. 그러나 부담은 갖지 마시고 학생들과 학문을 위해 수고해 주세요. 저는 그런 교수님들을 존경합니다"라고 했으면 어떻게 되었을까.

나는 일본에서 조치대학교에 다녔다. 천주교 예수회에 속하는 대학으로, 우리나라의 서강대학교도 같은 천주교 예수회 소속 대학이다. 그런 대학에서는 종교적으로 관여하지 않으며 종교와 독립된 학문을 표방한다. 학생들은 전혀 기독교 신앙에 대한 관심을 갖지 않는다. 대학도 기독교 신앙과는 별도의 학문적 기관으로 취급된다.

내가 조치대학교를 다니는 5년 동안 한 번도 신앙적 권유를 받은 적이 없었다. 천주교인들은 대학 캠퍼스 옆에 있는 성당에 나가는지 몰라도 나는 한 번도 그런 학생을 본 기억이 나지 않는다. 학문과 신앙은 별개의 것이며 대학은 학문과 사상의 전당이라는 관념이 뚜렷했다. 대학 운영은 천주교 예수회에서 맡았고 신부 교수들도 있으나 기독교 신앙과는 관련이 없었다. 지금은 신학과가 생겼지만, 그 당시에는 신학을 전공한 학생은 철학과에 있었다. 그러나 다른 대학 철학과와 차이가 없는 교과목이었다. 연세대학교처럼 채플시간이 있고 기독교 과목 수강을 요청했다면 많은 학생이 대학을 떠났을지도 모른다.

미국에서 가장 역사가 오래된 대학은 모두 사립대학이고 설립 초기에는 신과대학 중심인 경우가 꽤 있었다. 유럽 대학들이 그랬으니까. 그러나 신과대학은 거의 독립적이었고 대학으로서 학문과 사상의 자주성을 확보했다. 그리고 인문학이 폭넓은 영역을 차지했다.

나는 시카고대학교에 머무는 동안에는 대학 밖의 교회를 찾아다녔고, 하버드대학교에서는 대학 교회에 참석했다. 그때 하버드대학교의 이념적 밑바탕에는 여전히 기독교 정신이 자리 잡고 있다는 사실을 느꼈다. 총장은 예배시간에 성경 본문을 낭독하고 설교는 대학 내외의 저명한 신학자 목사들이 담당했다. 그 전통이 아메리카의 정신적 기반을 형성하고 있었다. 물론 신앙은 선택이지 권유나 요청은 아니다. 강요는 더더욱 아니다. 그것은 인격에 대한 모독이다. 그것이 대학다운 대학의 선택이다. 그럼에도 그 대학의 뿌리는 기독교 정신이 지키고 있었다.

긴 세월이 지난 지금 회상해본다. 내가 연세대나 숭실대는 물론 이화여대에서도 신앙집회를 이끌고 기독교 정신도 어느 정도 남겨 주었다고 생각한다. 그 안에는 교회적이고 교리적인 기독교 정신보다 인생의 진리로서의 기독교 정신과 하나님 나라를 건설하는 사명을 심어주는 요소가 들어 있었다. 목사가 아닌 평신도로서, 신학자가 아닌 철학자이자 인문학자로서, 성직이나 교회 중직이 없는 신앙인으로서, 진리와 사회를 걱정하는 한 지성인으로서 그런 책임을 맡았던 것 같다. 내가 선택한 길이라기보다 맡겨주신 책임이었던 것이다.

지금도 내가 연세대학교나 다른 기독교 대학에 기대하는 것은 교회적인 기독교 학교가 아닌 기독교 정신을 교육하고 이어가는 학교의 역할을 담당하는 것이다. 교회 밖 하나님 나라를 위한 대학, 사회와 역사를 기독교 정신으로 이끌어 가는 대학이 그것이다.

그러기 위해서는 기독교 정신을 바탕으로 삼아 학문적 진리와 사회적 진실을 수호하는 학생들을 배출하고, 자유를 통해 창조적 생산과 기능을 발휘할 수 있는 일꾼을 키워야 한다. 그리고 무엇보다도 중요한 것은 인간애, 즉 휴머니즘에 입각한 기독교 정신을 공유하는 역사에 동참해 이 사회를 이끌어갈 지성인을 길러내는 교육기관이 되는 것이다. 그것이 기독교 대학의 본분이며 기독교 정신을 갖춘 대학이다.

교회가 존재하지 않는
사회가 가능한가

교인수가 줄고 교회가 사라지는 안타까운 현실

1972년 정초부터 7개월 동안 미국, 캐나다, 유럽, 중동, 동남아 지역에서 보냈다. 그 기간은 종교문제에 관심을 갖고 여행한 두 번째 세계일주였다. 당시 내 관심사 중 하나는 사상가들이 지적했던 '종교가 없는 사회가 가능할까' 하는 문제였다.

미국과 유럽에서는 기독교회가 점차 사라지고 있었다. 내가 방문했던 한인 교회들은 생기 있고 활발한 성장을 보였지만 미국인들의 교회는 점차 퇴락해가고 있었다. 특히 동북부 대도시의 교회가 그랬다. 지방 교회들은 교단에 따라 서로 합병하는 것을 자주 보았다. 교인들의 수가 줄었기 때문이다.

나는 젊었을 때부터 키르케고르에 관심을 갖고 있던 터라 유럽을 갔을 때 덴마크 코펜하겐에 들렀다. 일요일이 되어 도심지에 있는 교회를 찾아갔다. 예배시간이 되어 3, 4명의 목회자가 교단에서 예배를 준비하는데 교인들은 별로 보이지 않았다. 많아야 20명 정도였을까. 사회를 맡은 목사는 계속 예배당 입구만 관심 있게 보는 것 같았다. 옛날 같았으면 예배당 2층까지 600여 명이 모였을 것이다. 그래도 특별행사가 있거나 성탄절과 부활절에는 많이 모인다고 했다.

다음 일요일은 런던에서 보냈다. 주택지 주변에 있는 호텔이었기에 토요일 오후에 예배드릴 교회를 찾아가 예배시간을 살펴보았다. 관광 시간을 맞추기 위해서였다. 예배시간이 주일 낮이 아니고 주일 저녁 때로 되어 있었다. 다음날 저녁 예배시간에 맞춰 교회를 찾아갔다. 큰 교회는 아니었지만 30여 명이 모여 예배를 드렸다. 그런데 광고시간에 "오늘 예배를 끝으로 다음 주일부터는 가까이 있는 ○○교회에서 함께 예배를 드린다"고 발표했다. 이상한 생각이 들었다. 예배가 끝난 뒤 물어보았다. 교인이 대폭 줄어들어 할 수 없이 같은 지역 교회와 합병했다고 대답했다.

파리에 갔을 때는 유명한 노틀담 성당에 들러 미사에 참석했다. 200명이 채 안되는 신도들이 모였다. 그런데 같은 시간에 성당과 주변을 지나가는 관광객의 발길은 그칠 줄 몰랐다. 로마의 성베드로 교회도 마찬가지였다. 미사가 진행되는 장소는 성당 안 십자가 모양의 머리 부분에 해당하는 곳이었다. 신도들은 안쪽 계단 비슷한 장소에 자리 잡고 신부는 뒤쪽 끝 약간 높은 제대에서 미사를 집전했다. 그런데 참석한 사람은 대부분 전 세계에서 모여든 신부, 수녀들과 열성적인 평신도들인 것 같았다. 미사가 집전되는 동안에도 많은 관광객이 성당

안을 계속 드나들었다. 그 인파 속에 로마 시민들이 있는지 궁금했다.

귀국길에 도쿄에 들렀다. 주일 낮 예배를 드리러 내가 자주 다녔던 교회로 갔다. 옛날에는 300~400명이 모이던 교회였는데 교인이 반쯤은 줄어든 것 같았다. 목사님의 설교는 좋았다. 서울의 어떤 교회보다도 성경적이면서 신학적 이해를 돕는, 오래간만에 듣는 설교다운 설교였다. 저녁 예배는 유명한 번화가에 있는 긴자(銀座)교회 예배에 참석했다. 이곳도 예전에는 300~400명이 모이던 교회였는데 지금은 30~40명이 참석했다. 재적 교인만 해도 수백 명은 될 것 같다는 생각이 들었다.

10여 년 전 어느 날 일본 중부 나고야에 있는 일본 교회에서 설교를 하게 되었다. 예배당으로 들어서는데 입구 게시물에 '강사 연세대 김형석 장로'로 되어 있었다. 혼자 속으로 웃었다. 미국에 있는 한인 교회에서는 대부분 나를 장로로 소개하곤 했는데 그것을 그대로 따라한 것 같았다. 목사는 아니지만 장로는 되었을 것이라는 선입관 때문이었을 것이다.

예배시간이었지만 약간 길게 설교를 했다. 예배가 끝난 뒤 몇몇 교회 간부들이 모여 차를 마시는데 맞은편에 앉아 있던 한 여자분이 "오늘은 제 남편도 예배에 참석했는데, 남편이 설교를 들으면서 눈물을 닦아보기는 처음이었다'며 고마워했다"는 얘기를 전했다. 어떤 내용에서 눈물을 흘렸는지 궁금했다. 일본 사회의 중산층을 대표하는 교우들이 200명 정도 출석했던 것 같다. 하루를 같이 지내면서 담임목사가 얘기해준 대로 안정된 교회라고 느꼈다.

내가 가기 얼마 전에 로마의 교황이 필리핀을 거쳐 일본을 다녀 갔는데 필리핀에서의 열렬한 환영에 비해 일본에서는 지극히 조용한 신도들의 모임으로 끝나 사회적 이슈는 되지 못했다는 얘기를 전해 들었다.

몇 해 전에는 네덜란드 암스테르담시에 있는 유명한 교회가 예배실을 없애고 문화 공간 등으로 개조했다는 소식이 전해졌다. 예배 드리러 오는 신도들이 거의 없기 때문이다. 아마 앞으로는 지금 기독교가 보존하고 있는 성당이나 예배당보다 더 큰 규모의 건물은 지어지지 못할 것 같다. 옛날에는 유럽이나 기독교 국가에 가면 어딜 가나 눈에 띄는 건물이 교회당이었다. 하지만 지금은 같은 도시에 가도 교회보다 더 웅대한 건물이 많이 지어져 교회당은 보이지 않는다.

이런 외형적인 변화가 뚜렷해졌다고 해서 기독교가 축소·소멸되어가고 있는 것인가. 그렇지는 않다. 우리나라 불교의 경우를 생각해보자. 원불교가 탄생하면서 과거의 불교는 어떻게 변화했는가. 산중에 불당을 짓는 일보다 교육기관과 병원을 설립하고 있다. 원불교 관련 지역 어디에 가도 불상을 비롯한 공간적 장식은 찾아볼 수 없다. 종교의식도 완전히 변했다. 그렇다고 불교가 없어진 것은 아니다. 불교의 정신은 새로운 양상을 갖추었고 사회에 대한 기여도도 더욱 증가하고 있다.

이와 정반대되는 경우도 있다. 코란경의 계명을 율법화해 그 가르침을 교조주의로 신봉하는 이슬람 사회에서는 교조적인 정신과 신앙의 변화가 없기 때문에 앞으로 200~300년이 지나도 세계 무대에 진출할 희망이 보이지 않는다. 또한 구약을 신봉하는 유대교와의 갈등으로 인류의 후진성을 모면하지 못할 것 같다.

◇◇◇◇◇ 교회 부흥 대신 기독교 정신의 사회 기여가 핵심

중요한 것은 그 종교가 지니고 있는 외형적 규범이나 의식보다 정신적 가치가 사회적으로 인정받는가 여부이다. 지금 우리는 세계 정치에서도 그런 현상을 느끼고 있다. 미국의 트럼프 전 대통령은 미국 보수 교단의 지지를 받고 있다. 그와 반대로 독일의 메르켈 수상은 정치 무대에서 기독교와 관련된 이야기는 꺼내지 않으면서도 기독교민주당(기민당)이라는 소속 정당이 제2차 세계대전 직후의 서독 정치계와 연결된다고 생각한다. 세계 지성인들은 메르켈 수상의 통치력 안에 다른 무엇보다 기독교 정신이 깔려 있음을 인정한다. 사회가 기대하는 것은 기독교 교회의 부흥이 아니고 기독교 정신의 사회적 생명력과 기여이다.

이런 점을 감안하면 핵심은 교회가 얼마나 기독교 정신을 담아내느냐에 있다. 교회가 기독교 정신을 외면하거나 위반한다면 기독교 정신을 믿고 따르려는 신도들은 교회를 떠나는 게 당연하다. 그 결과 기독교 정신까지 사라지는가. 그렇지는 않다. 기독교 정신은 교회 밖에서 하나님 나라 건설의 임무를 담당하게 된다.

그런데 여기에 문제가 있다. 기독교 정신은 받아들이는 사람에 따라 같을 수 없다는 사실이다. 진실은 사회적 가치이다. 그러나 거짓말을 하지 않는 사람은 진실을 실천한다. 아무리 교육 수준이 낮은 사회라고 해도 죄책감 없이 거짓말을 하던 사람이 교회를 통해 정직한 삶을 찾게 된다면 그는 기독교 정신을 받아들인 것이다. 다른 사람을 심판하고 욕하던 사람이 겸손해지며 자기 반성을 하게 된다면 그것도 기독교 정신의 생활화라고 볼 수 있다. 그러므로 그런 사람들을 위해서는 교회의 존재 가치가 있다.

그러나 정직과 진실이 이미 사회적 가치로 보편화된 사회에서는 그런 수준의 교회는 필요하지 않다. 그 시대 사람들의 교육 수준과 이성적 양심의 수준에 따라 교회의 수준도 성장해야 한다. 교인들이 더 높은 수준의 설교나 교훈을 교회에 요청할 수도 있다. 교회의 유무보다는 교인들과 사회인의 정신적 필요에 따라 교회의 가치 기준이 달라진다.

우리 역사도 그렇다. 3·1운동 때부터 민주사회로 접어들기 전까지는 교회가 사회에 큰 도움을 주었다. 그러나 지금은 사회의 지성인들과 크리스천들은 오히려 기독교 정신에 뒤진 교회를 걱정한다.

기독교 사회학자인 한완상 교수가 40년쯤 전에 영락교회 신도들의 의식구조를 조사 발표한 적이 있다. 그 결론에 따르면 영락교회는 이제 사회에 더 높은 수준의 정신적 기여를 할 만한 원동력을 상실했다. 사회의 정신적 가치 기준이 높아졌기 때문이다.

천주교회에서도 비슷한 상황이 나타나고 있다. 상당히 많은 신부가 정의구현사제 운동 같은 사회참여의 임무를 선언하고 나섰다. 그 방향과 내용이 대한민국의 정신적 방향과 수준보다 뒤져 있다고 판단한 평신도들이 바티칸에 주의와 통제를 요청하는 제보를 했다. 교황청에서는 그 타당성을 인정해 신부들의 반성을 요청한 사례가 있다.

지금 우리 사회에는 대형 교회가 많아지고 있다. 그 이면에는 교육 수준이 높지 못한 신도들이 교회를 선호한 영향이 컸다는 견해가 일반적이다. 제3자는 기독교 정신의 수준이 어느 정도인가를 물어 판단한다.

현재 교회 출석 인원수가 줄어들고 있는 것은 어느 교회나 공통된 현상이다. 그것의 원인은 사회 지성인들의 정신적 기준이 높아졌거나 반대로 교회의 기독교 정신이 약화된 것에 기인한다. 어느 쪽이든 책임은 교회 지도층에 있다. 선진 기독교 국가의 교회가 외면당하고 있다는 사실이 그 선례이다. 기독교는 정신적 선진 국가가 되기 위해 노력해야 한다. 교회가 커지기 위해 지적 수준이 낮은 국민이 많아지기를 원하는 기독교가 존재해서는 안 된다.

물론 더 중요한 문제가 남아 있다. 인간은 누구나 자아완성과 구원을 위해 신앙을 갖는다. 또 그 신앙은 사회적·역사적 사명의식과 함께할 때 의미가 있다. 나아가 세계사의 완성을 위한 신앙은 더 차원 높은 과제가 된다.

정의를 완성하는 것은
사랑이다

◇◇◇◇◇◇ **사형수 이 중사에게 하나님 사랑 전한 군목**

잊을 수 없는 이야기 하나가 있다. 오래전 일이다.

경북 안동 부근에 한 고아원이 있었다. 이 군은 그곳에서 자라다가 18세가 되어 고아원을 떠나게 되었다. 갈 곳도 없고 취직도 힘든 상황이라 군에 입대하기로 했다. 제대 후에는 어디라도 길이 열릴 것 같았으나 더 갈 곳이 없었다. 생각 끝에 이 군은 직업군인이 되었다. 중사의 계급까지 올라갔다.

군에서 가장 즐겁고 행복한 때는 휴가를 즐기는 기간이다. 그러나 휴가 때 갈 곳이 없던 이 중사는 고향집처럼 여기는 고아원을 찾아가곤 했다. 나이 들어 주변 사람들과 자신의 신세를 비교해볼 때마다 외롭고 쓸쓸함을 느꼈다.

'나 같은 사람은 왜 태어났을까?' 스스로에게 물어봤다. 무엇이 자신에게 주어진 인생의 길인지 찾아보지만 희망과 행복은 그를 떠나 멀어져가는 것 같았다. 누구 때문인가. 그의 잘못은 아니다. 운명의 부조리 때문이다. 인생에 대한 실망감이 이렇게 살다가 인생이 끝나고 말 것 같은 절망감으로 바뀌기 시작했다.

어느 날 이 중사는 신병들에게 수류탄 전술을 가르치다가 수류탄 2개를 군복 주머니에 넣고 탈영했다. 자유로워지고 싶었는지도 모른다. 안동 시가를 헤매다가 술집에 들러 막걸리를 많이 마셨다. 잔뜩 취기가 오른 채 거리를 걷던 이 중사는 극장에서 영화감상을 끝내고 몰려나오는 사람들을 보았다. 순간 '나만 버림받고 너희 모두는 즐거운 인생을 사느냐'는 울분을 느꼈다. 군복 주머니의 수류탄이 생각났다. 자기도 모르게 안전핀을 뽑고 군중 속으로 던졌다.

돌이킬 수 없는 사건이 벌어졌다. 몇 사람이 희생되고 이 중사는 체포되었다. 세상이 이 사건으로 떠들썩했다. 지휘관들이 책임에 몰려 옷을 벗는가 하면 사단장까지 문책을 당했다. 이 중사는 군 재판에 회부되어 사형이 언도되었고 남한산성 근처 육군교도소에 수감되었다. 모든 것을 단념한 이 중사는 조용히 삶을 마감하기로 스스로 결심했다. 살아남는 것이 치욕스럽게 느껴졌다. 이런 삶을 살기 위해 태어났는가 하고 생각하는 것 자체가 저주스럽고 원망스러웠다. 사형이 집행될 날만을 하루하루 기다리는 운명이 되었다.

이 사건을 처음부터 전해 듣고 관심을 가졌던 군목이 이 중사를 한두 차례 방문했으나 이 중사는 반기지 않았다. 조용히 죽게 내버려 두었으면 좋겠다고 생각했는지도 모른다. 물론 면회 올 사람도 없고 세상은 다시 조용해졌다. 군목만이 이 중사를 위해 자신이 할 수 있는 일이 무엇인지 찾아 기도를 드렸다. 군목은 왜 이런 일이 생겼는지, 누구의 책임인지, 자신이 군목으로서 할 수 있는 일은 무엇인지, 이 중사가 저렇게 인생을 끝내도 되는지 고민했다.

그런 기도를 드리면서 군목은 모든 사태의 원인을 깨달았다. '사랑의 단절'이었다. 누구도 이 중사에게 사랑을 베풀어 주지 못했다. 이 중사는 사랑을 받지 못했기 때문에 사랑이 무엇인지 몰랐고, 자기도 그 많은 사람 속에 살면서 사랑을 해보지 못했다. 그런 사랑의 단절이 만든 비극이라고 생각했다.

다시 이 중사를 찾아간 군목은 이 중사의 손을 붙잡고 울었다. "이 중사, 우리 모두의 죄를 용서해 주기 바란다. 너를 사랑해 주지 못한 나도 죄인 중에 한 사람이다. 너는 사랑을 받지 못했기 때문에 아무도 사랑하지 못했다. 사랑이 없는 세상에 너 혼자 있다가 떠날 수는 없다"라고 호소했다.

이 중사도 함께 울었다. 군목이 말했다. "과거에도 너를 사랑했고 지금도 너를 사랑하고 앞으로도 네 영혼을 사랑해줄 분에게로 가자." 이 중사는 울음을 그치고 "저를 그 하나님께 보내주세요"라면서 군목에게 애원했다.

그 애정 어린 만남이 계기가 되어 이 중사는 신앙의 길을 택했다. 군목은 이 중사를 위해 눈물의 기도를 드렸고 이 중사는 군목이 가르쳐 주는 성경을 읽으면서 함께 찬송을 부르기도 했다. 이 중사는 군목을 기다렸고 군목은 갈 때마다 위로와 속죄의 가르침을 주었다.

여러 날이 지났을 때였다. 이 중사가 "제가 듣기로 죽을 때 장기와 눈을 다른 사람에게 기증하면 새 생명을 얻게 할 수 있다고 하는데, 가능한지 좀 알아봐주세요"라고 부탁했다. 가능성 여부를 알아본 목사는 이 중사에게 눈의 각막을 원하는 사람에게 기증할 수 있다고 알려주었다. 다른 장기는 총살형이어서 안 되었다. 그렇게 며칠이 지난 후에 이 중사는 죽음을 맞게 되었다.

얼마의 세월이 지난 뒤, 나는 그 사형장에 참석했던 안과 군의관을 우연히 만나게 되었다. 군의관은 당시 이 중사와 나눈 이야기를 전해 주었다.

이른 아침에 이 중사가 차에서 내리자, 군목이 옆으로 다가가 남기고 싶은 유언이 있는지 물었다. 모든 것을 단념했던 이 중사가 안과 군의관이 오셨는지 묻고는 군의관 앞으로 다가가 "군의관님, 저는 육신의 눈은 떴으나 마음의 눈을 뜨지 못해 많은 사람에게 죄를 지었습니다. 제 눈을 받은 사람은 육신의 눈만이 아니라 마음의 눈도 함께 떠서 제가 하지 못한 일, 사람들에게 사랑을 베푸는 일을 해달라고 부탁해 주세요"라는 유언을 남겼다. 그러고는 군목과 함께 찬송을 부르다가 생을 마감했다.

그 현장의 목격담을 전하는 군의관은 "그날 아침의 이 중사는 누구보다도 침착하고 담담했습니다. '저렇게 착한 젊은이가 어떻게…'라며 저도 눈물을 닦았습니다"라고 말했다.

또 긴 세월이 지났다. 내가 캐나다 해밀턴한인교회에서 설교를 마친 후 교회관 아래층에서 몇 사람이 모여 식사를 하게 되었다. 그

때 초로의 은퇴 목사가 내 옆자리에 앉았다. 그러면서 "교수님, 그 당시 이 중사를 하나님 품으로 보낸 군목이 바로 저입니다"라고 말하면서 내 손을 잡았다.

✦✦✦✦✦✦ 사랑의 단절로 고통받는 이들을 품는 것이 신앙인의 책임

나는 이 중사의 인생과 죽음을 회상할 때마다 지금 우리 주변에도 이 중사처럼 사랑을 받지도, 사랑을 하지도 못하는 사람이 많다는 생각을 지울 수가 없다. TV나 신문을 통해 '사랑의 단절' 때문에 인생을 포기하거나 불행과 고통을 이웃에게 남기고 가는 사람을 보면 그들이 나와 내 가족일 수도 있다는 생각을 하게 된다. 이런 생각은 사람이면 누구나 갖는다. 이들을 끌어안는 것은 우리 모두의 책임이다. 특히 교육자나 신앙인의 책임이다. 그들을 외면한다면 우리 사회는 어떻게 되겠는가. 기독교는 교리보다 믿음을 가르치고, 믿음의 열매는 사랑이라고 가르친다. 사랑 없는 믿음은 신앙이 아니다. 교리는 신앙을 위해 존재한다.

세상 사람들은 이 중사 같은 사람은 벌을 받아야 한다고 말한다. 벌을 받으면 그것으로 끝난다. 이 중사가 내 가족이나 친구였다고 해도 그렇게 생각할 수 있을까. 나 자신이 그런 처지가 되었다면 어떨까. 나는 실수로 친구를 죽게 한 아들을 둔 아버지를 만난 적이 있다. 그 아버지는 우리가 잘 아는 큰 교회의 집사였다. 그는 나에게 "지옥이 있으면 제가 대신 갈 테니 아들의 죄를 용서해 주십시오"라는 기도를 드린다고 했다.

교회와 세상에 사랑이 없다면 그곳이 곧 지옥이다. 사랑을 단절시키는 사람이 악의 종이다. 정치인이나 일반인들은 죄를 범한 사람은 처벌을 받으면 된다고 생각한다. 죄를 단죄하는 것이 법의 정의니까. 그러나 인간다운 삶은 그것으로 끝나지 않는다. 정의는 인간다운 삶을 위한 수단이자 방편일 뿐, 정의를 완성하는 길은 사랑이다. 사랑을 외면하거나 거부하는 정의는 기독교 정신이 아니다. 그래서 우리는 구약의 정의의 하나님을 예수를 통해 사랑의 아버지로 받아들이는 것이다.

기독교는 기적이 아닌
은총의 종교이다

◇◇◇◇◇◇◇ **그리스도의 정신을 깨닫고 인생의 변화를 경험한 사람들**

예수가 세상에 있을 때 항상 세 종류의 사람들이 주변에 있었다. 첫째, 가장 가까이에는 12제자를 비롯한 제자들이 있었다. 둘째, 예수가 어떤 사람인지 호기심을 갖고 그가 무엇을 하는지 보려고 따르는 군중이 있었다. 셋째, 서기관과 바리새인들, 즉 유대교 기득권자이자 종교 지도자들이 있었다. 그들은 예수에게 비판 섞인 제안을 했다. 애매모호한 태도와 가르침으로 사람들을 유혹하지 말고 하나님이 보내신 사자라는 증거로 표적을 보여달라고 요구한 것이다. 과거 구약 시대의 기적을 기대하는 그들에게는 예수가 기적을 베풀 수 있는지가 유일한 관심사였다.

그 얘기를 들은 예수는 "악하고 음란한 세대가 표적을 구하나 선지자 요나의 표적밖에는 보일 표적이 없느니라"(마 12:39)고 했다. 그

266

러면서 "요나가 밤낮 사흘 동안 큰 물고기 뱃속에 있었던 것같이 인자도 밤낮 사흘 동안 땅 속에 있으리라"(마 12:40)고 말했다. 구약에서와 같은 기적이 아닌 예수 그리스도의 죽음과 부활을 통해 삶과 신앙의 변화가 그들 모두의 마음속에서 일어날 것임을 가르쳤다. 예수는 당시의 종교적 기득권자들이 요구하는 표적이 신앙의 본질이 아님을 선언했다.

우리나라 기독교계에서 가장 지성적인 지도자로 존경받는 김재준 목사는 유교 전통의 무신론자로 출발했다. 그리스도의 부르심을 받고 신앙을 깨달았을 때에는 그 충격이 너무 컸던 탓에 얼마 동안은 전신에 열이 나는 것 같은 착각을 할 정도였다고 고백했다. 나는 열네 살 때 나름대로 신앙을 받아들였다. 그리고 얼마 동안은 지금까지와 다른 삶을 살게 될 것이라고 느꼈다. 그 생각의 변화는 지금까지 이어지고 있다.

내가 친근히 지냈던 허 군은 장로의 가정에서 자랐고 박 군은 목사의 아들로 태어났으나 둘 다 북한에서 공산주의자로 변신했다. 그러나 나는 예수 그리스도를 떠날 수가 없었기에 공산주의자는 될 수 없었다. 그런 갈림길에서 택한 변화가 내 인생을 결정지은 것이다.

내가 쓴 책 중에 『당신은 무엇을 믿는가』(개정판은 『김형석 교수의 예수를 믿는다는 것』)가 있다. 그 책을 읽고 인생의 변화를 깨달은 제자 노광해 교수가 보낸 편지 내용을 지금도 잊지 못한다.

노 교수는 고등학교 때 제자이다. 미국에서 학업을 끝내고 텍사스대학교의 교수가 되었다. 그는 나이가 들면서 깊은 고민이 생겼다.

더 늦기 전에 한국 대학으로 적을 옮겨볼까 하는 고민이었다. 한국에서 교수가 되었다면 평생 사제 간의 깊은 정을 나누며 살았을 텐데 미국에서는 그렇게 하지 못하는 아쉬움을 느꼈던 것이다. 미국 교수 사회에서는 제자와 끈끈한 교류를 맺는 사제 간의 정은 찾아보기 어렵다. 제자들도 학점을 따면 그뿐이고, 서로 헤어지면 남남이 된다. 인간적인 교류는 찾아볼 수 없다. 노 교수는 한 해 동안 안식년을 얻어 영남대학교에 머물기도 했다. 그러나 가족관계도 있어 한국으로 교수직을 옮길 길은 열리지 않았다.

그러던 중 한번은 휴스턴 방문 길에 한국 책방에 들렀다. 관심 있는 책들을 살피다가 내가 쓴 『당신은 무엇을 믿는가』라는 책이 눈에 띄었다. 옛날 은사에 대한 그리움도 있고 해서 책을 사서 읽기 시작했다. 오랜만에 읽는 내용이어서였을까. 시간이 나는 대로 열심히 읽었다. 자기가 읽지 않는 동안에는 그의 아내도 읽곤 했다. 다 읽고 난 후 그가 나에게 편지를 보냈던 것이다.

한국의 교수가 되지 못한 것을 아쉬워하고 있었는데 내 책을 읽고 생각을 바꿨다는 내용이었다. 그는 자기가 미국 대학의 교수가 된 것은 한국 학생들보다 교수에게 사랑을 받지 못하는 미국 학생들을 사랑해 주라는 뜻으로 받아들였다. 이제부터는 진정으로 미국 제자들을 사랑과 정으로 대해 주고 한국 교수의 위상을 높이며 존경받는 교수다운 교수가 되기로 했다고 써 있었다.

그 책의 내용보다도 훨씬 높은 그리스도의 정신을 깨닫고 받아들인 것이다. 노 교수의 부인도 미국 사회에서 고립된 동양인의 한 사람으로 일해왔는데 이제부터는 따뜻하고 정이 통하는 사랑을 나누고 베푸는 생활을 하기로 결심했다고 했다. 그것이 인간다운 자세이며 신앙인다운 뜻이었음을 깨닫게 된 것이다. 새로운 사명감이 새 인생을 출발하도록 했다는 감사 인사를 담은 편지였다.

∞∞∞∞ **기적이 아닌 인간적 삶의 완성이 은총이다**

나는 노 교수의 결심이 내 책의 내용이 좋아서였다고 생각지 않는다. 주님께서 내게 베풀어 주신 뜻이고 부부에게 새로운 선택과 희망을 주었을 뿐이다. 그것은 기적도 아니고, 인간의 한계를 넘어선 불가능을 가능으로 바꾼 결과도 아니다. 알지 못했던 것을 깨닫게 하고 삶에서 더 높은 가치와 목적을 찾게 한 것이다.

예수는 너희는 세상에서 빛과 소금의 사명을 감당하라고 가르쳤다(마 5:13-16 참조). 누구나 해야 할 일을 깨닫고 실천할 수 있도록 도와주신 것이다. 어둠을 밝히는 빛은 어둠이 있어야 존재 가치가 있고, 음식의 맛을 내는 소금은 음식이 있어야 존재 가치가 있다. 그 자체로서는 존재 가치를 인정받지 못한다. 신앙이란 구약 시대의 기적을 원하지 않는다. 신앙은 있을 것을 있게 하고 이미 있는 것을 더 완전하게 하는 원동력이다.

예수는 여기에 더 놀라운 교훈을 추가했다. 구약의 기적을 신앙의 핵심이나 필수라고 생각하는 사람들은 지혜를 갖춘 이방인들의 비판과 심판을 받게 된다고 경고한 것이다. 그 뜻은 잘못된 종교적 신앙보다 인간의 삶을 바른 방향으로 이끌어 가는 지혜가 더 필요하다는 뜻이다. 인간적 삶을 이끌어 가는 원천은 이성과 양심이다. 종교인이 아니어도 이성적 판단과 양심적 가치를 추구하는 사람은 잘못된 신앙인보다 더 훌륭하다. 이성과 양심 이하 수준의 종교보다 선한 선택을 한 것이다. 종교를 빙자한 사회악보다 선하고 소망스러운 인간관계가 예수의 뜻임을 암시해 준다. 그것은 기독교 정신을 지향하라는 의미이기도 하다.

이런 점을 감안하면 종교는 기적 같은 초인간적이고 비사회적인 목적을 이루려는 신앙을 위해 있는 것이 아니다. 인간다운 인간, 인간적 삶의 완성을 위해 세속적인 인생관과 가치관을 떠나 예수 그리스도의 뜻과 삶을 받아들여 새로 태어나야 한다는 교훈이다. 만인이 다 갖고 있는 '무엇을 위해 어떻게 살아야 하는가'에 대한 문제를 예수의 삶과 교훈을 통해 해결하라는 뜻이다.

불교도가 된다는 것은 석가의 가르침이 자신의 인생관과 가치관이 되는 것이듯이, 크리스천이 된다는 것은 예수의 가르침이 자신의 새로운 삶의 목적과 방법이 되는 것이다. 그렇게 그리스도를 받아들이는 사람이 하나님의 뜻을 따라 살도록 되어 있기 때문이다.

그러면서도 예수는 기적이 필요하다면 내 삶 자체의 존재 의미를 하나님의 뜻으로 받아들이라고 말한다. 예수는 목적이 있어 태어났고 목적이 있어 스스로 죽음의 길을 걸어갔다. 그것이야말로 신앙을 모르는 인간의 입장에서 본다면 기적 중의 기적이다. 예수는 짧은 공생활 동안 세 차례나 당신의 죽음을 예고했다. 목적이 있는 죽음으로 인류 전체에게 새로운 삶과 희망을 약속했다.

　그리고 예수는 생애를 통해 참 삶과 영원한 삶이 무엇인가를 보여주었고 성령의 존재와 이끄심을 약속하고 실천했다. 그것은 하나님의 사랑과 은총의 사실이다. 기독교는 기적이 아닌 삶과 역사 속에서 은총의 사실로 나타났고 지금도 계속되고 있다. 이는 기적보다 실재적이고 희망적인 구원의 약속이다.

교인들이 교회를
떠나는 이유는 무엇인가

기독교의 사회적 사명을 망각한 교회

한때 『교회가 죽어야 예수가 산다』라는 책이 나와 화제가 된 적이 있다. 책의 주된 내용은 교회주의 기독교에 대한 비판이었다. 기독교 공동체로서의 교회가 기독교의 모체 역할을 담당해 왔으나 지금과 같은 교회로서는 오히려 기독교 정신과 기독교의 근본 가치를 훼손시키고 있다는 기독교 내부로부터의 자성과 비판의 목소리였다. 기독교 선진사회인 미국, 캐나다, 유럽을 다녀온 사람은 누구나 교회는 약화되고 기독교 정신이 역사적·사회적으로 더 큰 역할을 담당하고 있음을 발견하게 된다.

우리 주변에서도 그렇다. 한국을 대표하는 영락교회가 예배 장소는 한정되어 있는데 교인이 많아지자 강남에 새로운 예배당을 계획한 일이 있었다. 넓은 주차장을 갖춘 아시아에서 가장 크고 모범적인 교회 건축을 시도했다. 교회 안에서 보면 새 예배당이 절실했고 또 그 노력이 성공한다면 기독교의 자랑스러운 성과가 될 것이라고 믿었다. 그런데 교회 내부에서는 물론 사회적 여론은 과거와 달랐다. 마치 베트남 전쟁 때 미국에서 화려한 성당을 계획했다가 교계 안팎에서 비판의 여론이 증폭되어 취소한 경우와 비슷한 상황이 되었다.

그 무렵 영락교회의 원로인 최창근 장로를 만났다. 나에게 새 예배당 건축을 어떻게 생각하느냐고 물었다. 내 대답은 간단했다.

"예수님께 물어보세요. 무엇이라고 하시겠어요? 내가 찾아갈 곳은 아시아에서 제일가는 교회가 아니고 버림받고 고통받는 교회 밖 양떼들이 있는 곳이다'고 대답할 것입니다."

후에 영락교회는 그 계획을 취소했다. 불편한 점도 있으나 지금 그 자리를 지켜주어 우리 모두가 감사하게 생각한다.

내가 잘 아는 교수가 유럽 여행을 하고 돌아와 "중세기는 기독교 전성기였는데 예수의 교훈과 생애에 비추어보면 무엇을 남겼는지 의심이 간다"고 말했다. 교회가 왕성해질수록 예수의 가르침과 정신은 사라지는 것 같다는 생각이 들었다는 것이다. 교리가 강조될수록 진리는 사라지고 교권이 강해질수록 인간애와 인권은 영혼 내부로부터 멀어진다는 걱정이었다.

천주교도 개신교의 측면적 비판을 받아 20세기에는 큰 변혁을 선언했다. 사회가 교회를 위해 있는 것이 아니고 교회가 사회를 섬기기 위해 존재한다는 사고의 전환이 일어난 것이다. 우리나라에서도 김수환 추기경이 부임하면서 사회를 위한 교회로 기독교의 존재 가치와 사명을 전환시켰다.

그런데 한국에서는 교회가 부흥하고 큰 교회가 세워지면서 기독교의 사회적 사명은 망각한 채 교회를 위한 교회가 목적인 듯이 잘못된 방향을 택하고 있다. 그런 이유로 잘못된 교회가 죽어야 예수의 정신과 기독교가 역사의 희망이 된다는 내용의 책이 출간되고 많은 신도가 그것에 공감했던 것이다.

10여 년 전의 일이다. 미국에 갔다가 신앙의 후배인 시애틀의 김준 장로로부터 "교수님, 이 책 보셨어요? 미국에서는 많은 독자가 공감하고 있습니다"면서 『그들은 왜 교회를 떠났을까?』라는 제목의 책을 소개해 주었다. 「미주한국일보」의 종교 담당 여기자가 쓴 책이다.

미국에 있는 한인 교회 대부분은 한국 교회의 성격과 방향을 그대로 뒤따르고 있다. 그 책의 내용도 한국과 미국의 교회 모두 교인 수가 줄어들고 있는데, 그렇다고 그들이 기독교 신앙을 떠나는 것은 아니고, 교회 때문에 신앙이 잘못되거나 병들어서는 안 되겠기에 교회를 멀리하게 된다는 진단이었다. 그러면서 교회에 출석하지 않는 신도가 늘어나고 있는 것에 대해 걱정했다.

그 책에 이런 내용의 글이 실려 있다. 전통 있는 교단에 속하며 수천 명 신도가 소속되어 있는 서울 동쪽에 있는 어느 큰 교회에서 목사님이 설교 도중에 이렇게 말했다.

"이번에 인도네시아에서 큰 쓰나미로 수십만 명이 피해를 입었는데, 인도네시아 국민들이 기독교를 믿지 않고 다른 신앙을 가졌기 때문이다."

교인들은 그 말에 "아멘"이라고 화답했다. 그 저자는 이런 교회가 아직 우리나라에 존재한다는 사실이 믿어지느냐고 반문했다.

◇◇◇◇◇◇◇ 교회가 사회의 모범을 보여주지 못할 때

이런 현상의 배후에는 많은 문제가 깔려 있다. 선진국 어디에 가든지 목회자는 대학원까지의 과정을 밟는다. 그런데 우리나라의 일부 교단과 신학대학교에서는 그런 과정을 밟지 못한 목회자가 배출된다. 그런 목회자들은 교인들의 교육 수준이 높아지는 것을 반기지 않는 역설을 초래한다. 말하자면 일부 목회자들이 인문학적 소양을 갖추지 못하고 있으며 교회 운영 책임자들의 수준이 일반 사회보다 후진적이라는 얘기이다.

내 친구나 후배들은 대부분 교수들이다. 그들은 교수의 입장에서 교회나 교단 내부의 운영이 좀 더 사회에 모범을 보여주었으면 좋겠다는 불만을 표시한다. 나 역시 그렇다. 잘 아는 교수와 같이 강연을 끝내고 서울로 돌아오는 기차를 탔다. 그 교수도 "선생님 저도 교회의 장로입니다. 그러나 교수 사회에서는 제가 장로라는 말을 하지 않을 때가 많습니다. 교회가 사회의 모범을 보여주지 못하기 때문인 것 같습니다"라며 우려 섞인 말을 했다.

이것은 우리 교회의 미래와 국가의 장래를 위해 크리스천 스스로가 책임져야 할 숙제이다. 그러나 더 심각한 문제가 있다. 지금 우리 교회가 추구하고 있는 정신적 가치관과 사회지도층이 책임지고 있는 정신적 가치관의 거리가 너무 멀어지고 있다는 사실이다. 과거에는 그 괴리가 더 심각했다. 프랑스 혁명 때도 그랬다. 국민들은 자유·평등·사랑을 호소했다. 그런 소중한 삶의 가치와 의무를 담당하지 못한 혁명의 대상은 바로 교회를 배경으로 한 왕족과 귀족, 사제들이었다. 이것은 정치계와 종교계가 국민의 절박한 요청인 자유·평등·사랑의 가치와 질서를 지켜주지 못했다는 증거이다. 국민을 대상으로 사상의 자유를 억압했고 가난한 국민들에게 베풀기보다 교회와 왕족을 섬길 것을 강요했다. 사랑은 개인의 선택이지 사회질서가 되지 못했다. 러시아 공산주의 혁명 때도 마찬가지였다. 혁명 세력은 기독교에 대항해 유물사관을 주장했고 사회 공동체로서의 교회는 주어진 책임을 감당하지 못했다. 그 대상이 기독교였기 때문에 공산국가에서는 모든 종교가 버림받게 되었던 것이다.

물론 기독교의 사회적 공헌이 없는 것은 아니다. 기독교가 남겨준 희망의 가치관은 휴머니즘에 기반을 둔 민주주의를 성장시켰다. "최대 다수의 최대 행복"이라는 공익 가치의 모태가 되기도 했다. 그런데 문제는 교회가 교회 지상주의에 빠지면서 교회를 위한 교리주의와 교권주의를 강조하며 기독교의 기본정신을 외면한 데 있다. 그런 과오를 범하게 되면 교회가 작아져야 예수의 정신이 커진다는 평가를 부인할 수 없게 된다.

기독교의 정신적 가치의 기초는 무엇인가. 사랑, 즉 인간애이다. 인간애의 기반은 열린 사회를 위한 책임과 의무이다. 사랑은 공존의 질서이다. 철학자들은 그 뜻을 다원가치 사회라고 정의한다.

원수도 사랑하라는 가르침은 원수들과도 공존할 수 있어야 한다는 뜻이다. 개인 간의 문제만이 아니다. 공동체 간의 질서이자 국가 간의 과제이기도 하다. 국가 및 민족 간에 벽을 쌓고 폐쇄사회를 지향하는 정치는 역사를 건설하지 못한다. 구소련이 무너지고 러시아로 복귀했다. 폐쇄사회가 국제 무대에서 부흥하고 세계사에 기여한 예가 없다. 우리가 북한 사회와 동포를 볼 때마다 동포 간의 열린 마음과 사랑이 얼마나 절대적인가를 발견하곤 한다.

인간애의 두 번째 기반은 인간에 대한 존엄성이다. 인간이 종교를 위해 존재하지 않는다. 모든 종교가 인간의 존엄성과 가치를 존중하기 위해 존재한다. 기독교는 그 방법과 사명을 그리스도의 사랑을 통해 구현하려 했고, 인간의 존엄성과 인간적 삶의 완성을 위해 예수의 교훈을 복음으로 삼아왔다.

그런데 교회가 교회주의에 몰입하면 교권이 필요해지고 그러다 보면 인권보다 교회의 권위를 택하게 된다. 하나님은 인간을 사랑하지 교회를 사랑하시지 않는다. 교권을 유지하거나 높이기 위해 인간의 자유와 인권을 수단으로 삼는다면 교회는 기독교의 진리를 역행하는 과오를 범한다.

교회에 주어진 기독교적 의무는 무엇인가. 그리스도의 교훈을 받아들인 성도들을 잘 이끌어 사회와 역사에 하나님 나라를 건설할 일꾼을 배출하는 것이다. 교회는 이런 성스러운 책임을 수행할 수 있어야 한다. 교회 안에서 우리끼리 즐기고 행복하자는 교회는 존재할 필요가 없다.

정치를 외면하지 못한
운명에 대한 변명

1972년 여름, 유럽 여행 중에 노르웨이를 방문한 적이 있다. 비가 부슬부슬 내리는 이른 아침이다. 오슬로에 있는 왕궁 문 앞에 서 있는데 한 아주머니가 짐이 담긴 시장바구니를 들고 왕실 문을 향해 가고 있었다.

내가 관광지도를 살피면서 여기가 왕궁 앞 광장이냐고 물었더니 그렇다고 했다. 나는 "이런 무거운 짐을 들고 왜 왕궁 문으로 들어가느냐"고 다시 물었다. 그 여인은 우리 집이 저 위쪽인데 이 문과 왕실 정원을 지나는 길이 지름길이기 때문이라고 대답했다. 의아하게 생각하면서 다시 지도를 펼치고 광장 맞은편에 별로 커 보이지 않는 이층집 건물을 가리키며 저 건물이 국회의사당이냐고 물었다. 뜻밖에도 초라해 보이는 건물이었기 때문이다. 그 여인은 그렇다고 말하면서 내 표정을 짐작했는지 '국회의사당이 크면 뭐해요. 저 정도의 건물이면 충분하지'라는 표정을 지었다.

나도 속으로 생각해보았다.

'그래 국회의사당이 크다고 해서 국민들이 더 행복해지는 것도 아니고 민주정치가 더 빨리 성장하는 것도 아니지.'

여의도의 국회의사당은 1975년에 많은 돈을 들여 지었다. 그 당시에는 서울 초등학교의 건물에 화장실이 변변치 않아 집이 가까운 어린이들은 자기 집에 가서 용변을 볼 정도였다. 너무 분에 넘치는 집을 지으니 국회의원들이 밤낮 싸움질을 하는지 모르겠다는 생각이 들 만도 했다.

UN 발표에 따르면 세계에서 가장 행복하게 사는 국가들은 주로 북유럽의 작은 나라들이다. 그런데 특이하게도 그 나라들은 우리처럼 정치 투쟁을 일삼지 않는다. 정치는 건설적인 상식으로 충분하다. 정치를 위한 정치를 하다보면 정권 투쟁으로 번지고 그것이 국민들의 자유와 행복을 침해한다. 국민생활이 정치의 수단이 되고 때로는 제물이 되기도 한다. 우리가 아직 그런 위상을 벗어나지 못하고 있다. 공산주의 국가들이 행복하지 못했던 것은 정치이념을 위해 국민들의 자유와 행복을 수단과 제물로 삼았기 때문이다.

그런데 나 같은 세대의 사람들이나 국민들은 정치적 소용돌이를 벗어날 여유가 없는 역사를 보냈다. 나는 나라의 주권을 빼앗긴 일제강점기에 태어나 25세 때 광복을 맞았다. 그러니까 철들기 전부터 우리 민족의 비운을 체험하는 정치적 암흑기를 거치지 않을 수 없었다.

내 모교였던 숭실중학교는 신사참배를 거부했기 때문에 폐교당하는 운명을 겪었다. 기독교회의 지도자들은 반역으로 몰려 고문과 투옥을 면하지 못했고, 일본에 협력하지 않거나 항일적 발언과 행동을 한 사람은 삶의 터전을 잃어야 했다. 중학교 4학년 때 내 옆자리에 앉았던 친구는 학생의 신분으로 경찰서에 끌려가 고문을 당했고 결국은 그 후유증으로 목숨을 잃었다. 같은 반의 친구였던 윤동주 시인의 운명도 그러했다. 그러니 어떻게 정치적 관심 밖에서 살아갈 수 있었겠는가.

해방 이후 나는 2년 동안 평양, 그것도 만경대 주변에서 보냈다. 북한 정권은 그들의 정치 사상에 맞지 않으면 갖가지 이유로 숙청했다. 자유를 사랑하는 지성인들은 일제강점기 때보다도 더 절박한 정치적 압박 아래서 살아야 했다. 혼자 조용히 살도록 내버려둘 수 없느냐고 물을 길조차 없는 상황은 경험해보지 못한 사람은 모를 것이다.

대한민국을 찾아 탈북했으나 얼마 지나지 않아 6·25전쟁에 휘말리지 않을 수 없었다. 4·19가 일어났는가 하면 곧 5·16쿠데타를 겪었다. 가난과 싸우면서 지루한 민주화 투쟁을 직간접으로 치렀다. 거듭되는 데모와 혁명을 외치는 좌파들의 음모를 외면할 수 없었다. 학생노동자들의 투쟁이나 파업과 무관하게 살 수가 없었다. 선거 때마다 바뀌는 정권의 향방에도 주의를 기울여야 했고 지도자로 나서는 정치인들 하나하나의 정치노선과 남북관계를 살피지 않고는 편히 지낼 수 없는 날들이었다. 마치 우리는 정치적 동물로 전락했다는 생각이 들 때가 없지 않았다.

나는 교수직을 그만두면서부터 자유로운 지성인으로 살 수 있으면 좋겠다고 염원했다. 그러나 그 꿈은 계속 좌절될 수밖에 없었다. 돌이켜보면 나 같은 사람도 정치적 관심과 참여가 없이는 살아갈 수 없었던 것이 한평생의 숙명이었다. 탈정치적 삶을 사는 사람은 애국자가 아닐 정도로 모진 세월을 살았다. 지성인은 물론 종교계의 성직자들까지도 정치의 자녀로 태어나는 것이 후진국가 국민의 운명이었는지도 모르겠다.

⬦⬦⬦⬦⬦⬦ 자유와 평화를 파괴하는 세력에 맞서온 인생

나 개인의 견해가 강해진 것은 사실이다. 그러나 공산정권과 대결하면서 자유와 평화를 지킨다는 것은 결코 용이한 일이 아니다. 공산주의에 동조하거나 당원으로 암약하는 사람들이 우리 주변에 있다는 사실을 알게 되면 더욱 그렇다. 그렇다고 해서 공산정권과 북한의 동포들을 동일시해서는 안 된다. 우리가 경계하고 증오하는 것은 북의 정권과 정권을 조종하고 있는 공산당이다. 그들은 대한민국이 자유민주주의로 존재하는 한 우리 정권과 국가를 인정도 용납도 하지 않는다.

나와 비슷한 위치에 있는 사람들에 대해 감성적이며 낡은 이념을 가진 보수 세력이라고 지칭하는 젊은이들을 자주 대한다. 그러나 우리가 경원하며 증오하는 것은 어떤 자연인이나 한 인물이 아니다. 그들이 사회악의 대행자들이기 때문에 반대하는 것이다. 그들은 우리의 자유와 평화를 파괴하는 사람들이기 때문이다. 그 세력이 선량하고 행복하게 살아야 할 권리가 있는 국민들을 정치이념과 정권의 노예로 삼고 있기 때문이다.

역사의 법칙은 간단하다. 진실을 위해서 거짓을 배격하며, 사랑과 공존의 질서를 위해 독선과 투쟁을 일삼는 세력을 용납하지 않는 것이다. 공산주의자들은 그들이 신봉하는 목표달성을 위해서는 어떤 수단과 방법을 사용해도 정당하다고 주장한다. 거기에 따르는 것이 허위와 조작과 폭력의 정당성이다. 당이 결정하는 일에는 과오가 없기 때문에 당원은 물론 국민들은 무조건 복종해야 한다. 그 결정이 일단 혁명으로 이어지게 되면 그에 따르는 무자비한 투쟁과 전쟁도 불사한다.

한 가지 예를 들어보자. 세계 어느 나라에서도 잔인한 폭력이 따르는 린치(私刑)는 용납되지 않는다. 법에 의한 판단이 아닌 개인이나 단체가 내리는 형벌은 인권을 유린하는 반(反)인륜적인 죄악이다. 일부 광신적인 종교단체를 제외하고 린치가 자행되는 사회는 없다. 그러나 공산주의자들은 인민재판이라는 명목 아래 그런 천인공노할 범죄 행위를 자행한 예가 얼마든지 있다.

인간이 사는 사회에서 타인에게 피해와 고통을 주는 범죄를 저지르면 법적 제재를 받아야 한다. 불법적 행위에 대한 법적 규제가 필요한 것이다. 게다가 모든 사람이 자신의 사상과 인생관 및 가치관까지 제재를 받는다는 것은 상상조차 할 수 없다. 그러나 공산 이념을 비판하거나 반대하는 사람은 공산사회에서 생존권을 유지할 수 없다.

모든 종교와 도덕의 기본은 인도주의 정신에 있다. 사랑과 자비, 서로 위해 주는 삶의 즐거움과 행복이다. 그러나 그들은 그런 행위와 사상에 대해 무자비한 투쟁을 가하라고 강요한다. 공산사회에는 보수 정당이 없고 야당도 존재하지 못한다. 공산당의 결정에 대한 비판과 반대는 용납될 수 없는 범죄로 간주하기 때문이다.

나 같은 세대의 사람들이 일제에 항거해야 했고 반공적 자세를 외면할 수 없었던 것은 불행한 역사의 산물이다. 그러나 이성적 사유와 자유의 권리를 지키기 위해서는 최선의 지혜와 용기가 필요했다. 나는 불행하게도 두 사람의 남로당원과 함께 직장에서 일한 경험이 있다. 두 사람 다 교육자이며 그중의 한 사람은 널리 알려진 국립대학의 교수였다. 언론에 보도되기도 했다.

또 다른 한 교수는 비밀리에 북한 조직과 무전 연락을 하다가 적발되기도 했다. 그들은 절대로 대한민국을 비판하는 일이 없다. 그렇다고 북한 정권을 옹호하거나 칭찬하지도 않는다. 자신은 정치와 완전히 무관한 듯이 처신한다. 그러나 당의 지시와 업무는 소홀히 하지 못한다. 그중 한 교수는 당원이었기 때문에 북으로 가기 위해 공항에 나갔다가 체포되었다.

◇◇◇◇◇◇ **이성과 자유의 가치를 지키려는 지성인의 책임을 다하고자**

이런 달갑지 않은 얘기를 하는 이유가 있다. 나처럼 교수라는 직업을 가진 사람이 정치적 목적을 위해 간첩이 된다거나 종교 지도자인 신부나 승려가 정치적 책임 때문에 비밀조직원이나 간첩이 된다면 세상은 어떻게 되겠는가. 인간의 존엄성과 양심의 가치는 무엇이 되며 인간의 권리는 어디서 찾아볼 수 있겠는가.

그러나 그런 일을 최고의 가치로 인정하면서 때로는 영웅시하는 사회가 공산주의 사회이다. 일제강점기는 종전과 해방으로 끝났으나 마르크스주의 사상은 북한의 정권이 존재하는 한 지금도 끝나지 않고 남아 있다. 북한 정권은 세계에서 가장 원초적인 사회주의를 잘못된 방향으로 전개시켜 가고 있다.

물론 마르크스주의와 공산당이 출발할 당시에는 소외계층을 위한 꿈과 유토피아적 이상이 있었다. 그 당시에는 그와 유사한 사회주의 사상이 여럿 있었고 지성인들은 그 이상주의적 사회개혁을 원하기도 했다. 그러나 화려하게 등장한 공산주의가 1세기 후 종식을 고하게 된 것은 자유민주주의나 자본주의 또는 시장경제 때문만은 아니다. 그들의 잘못된 선택과 인류성을 무시한 가치관에 기인한 것이다. 공산사회는 그 스스로가 자신의 무덤을 준비한 셈이었다.

나 같은 사람은 탈정치적인 사회, 정치적 관심이 비교적 덜한 사회에 살고 싶었다. 정치보다 소중한 정신적 가치와 인간적 의미를 찾아 높이는 일에 참여하기를 원했다. 그러나 정치적 올무가 발목을 잡았다고나 할까. 앞서 말했듯이 주어진 여건이나 절박한 과제와 무관할 수 없는 시대에 살았다. 이성과 자유의 가치를 유지하기 위해서였고 이웃과 겨레의 고통스러운 운명을 모른 체할 수 없었기 때문이다.

애국심이란 조국의 자유와 평화를 유지하고 증대시키는 책임이다. 휴머니스트는 인간다움과 더 많은 사람의 행복을 책임져야 한다. 사회를 떠난 개인이 있을 수 없고 시대적 의무를 회피하는 지성인은 악을 범하는 사람이다.

정치는 그 자체가 더 좋은 삶과 사회를 위한 수단과 방편이다. 과정일 수는 있어도 궁극적 목적은 아니다. 사회적 비극은 정치를 목적으로 착각하는 데서 비롯된다. 더욱이 정치의 수단이며 도구여야 하는 정권을 목적화하는 것은 만 가지 악의 뿌리가 된다. 정치적 범죄는 정권지상주의에서 태어난 것이다. 진실을 허위로 바꾸고, 양심을 이데올로기의 노예로 삼으며, 인간을 이용하거나 수단화하는 정치는 영구히 역사 무대에서 버림받아야 한다.

더 많은 사람의 행복을
추구하는 기독교의 경제관

◇◇◇◇◇◇ **일에 대한 열정이 나라 경제를 살린다**

오늘(2022년 2월 3일) 아침, TV에서 뉴스를 보았다. 중동 아프간에서 굶주린 어머니가 식량의 여유가 있는 사람에게 어린 자녀를 팔았다는 이야기, 자신의 장기를 팔아 먹거리를 샀다는 소식이 나왔다. 아이를 판 어머니와 장기를 판 남성의 사진까지 보도되었다. 이것이 숨길 수 없는 우리의 현실이다.

예수도 공생활을 시작했을 때, 돌들로 떡을 만들어보라는 악마의 유혹을 받았다. 우리가 소중히 여기는 짤막한 주님의 기도 안에도 '일용할 양식을 주옵소서'라는 소원이 들어 있다. 경제문제는 그만큼 중요하다. 인간 생존의 절박한 과제이기 때문이다. 그것은 교회 신도들에게만 국한되지 않는다. 인류 전체의 과제이자 절대빈곤을 해결하지 못하고 있는 지역에서는 절체절명의 급선무이기도 하다.

나 같은 평범한 신앙인이 보고 깨달은 경험담을 소개하는 것으로 기독교적 경제관의 일면을 살펴보고자 한다.

내가 스무 살, 대학생활을 하기 위해 일본으로 갔을 때였다. 가장 뼈저리게 느낀 것 하나는 일본 사람들이 정말 부지런하고 열심히 일한다는 사실이었다. 내 친구이자 의사인 김하용은 30여 년 후에 일본 지방 보건소 책임자로 일한 적이 있었다. 그도 나와 꼭 같은 고백을 했다. '게으름은 죄악'이라는 사고는 경제적인 측면만이 아니라 역사의 교훈이다. 일생을 게으르게 산 사람은 사회적 책임을 포기한 사람이다. 그때부터 우리 민족도 언젠가 한 번은 일을 사랑하는 시기를 겪어야 하리라는 소원을 가졌다.

6·25전쟁으로 피난생활을 할 때였다. 나는 가족과 함께 부산 대연동 교회에 머물고 있었다. 어느 날 밤 꿈에서 누군가의 안내를 받아 대연동 저수지로 갔다. 안내한 사람이 36년 동안 굳어진 얼음이 깨질 테니까 자세히 보라고 했다. 쩌렁쩌렁 소리를 내면서 저수지 밑까지 얼어붙어 있던 얼음이 깨져 나갔다. 그 밑을 내려다보았다. 사람들의 크기가 까만 개미떼같이 작게 보이는데 그 수많은 개미가 쉬지 않고 일하면서 돌아다니고 있었다. 그 장면에 도취되어 한참을 바라보고 있는데 안내한 사람이 "이제 너희 국민도 저렇게 일을 사랑하는 때가 올 것이다"라고 말했다. 놀라움과 함께 꿈에서 깨어났다.

30년의 세월이 지난 1981년이었다. 서울대학교 사회학과에서 한국인의 의식구조를 설문조사해 그 결과를 발표했다. 설문 항목 중 하나가 "당신은 먹고 사는 것에 대한 걱정이 없고 생활이 안정되어도 일을 하겠는가?"였다. 국민의 86%가 "일하겠다"고 답했다. 나는 그 통계를 보면서 이제 국민경제는 걱정할 필요가 없겠다고 생각했다. 단군 이래 처음 있는 일이라고 느꼈다. 그런 변화는 우리 안에서보다 아시아의 다른 나라들이 먼저 인정했다.

그즈음 호주의 밥 호크 수상이 우리나라를 방문한 적이 있었다. 그는 호주에 돌아가 "한국 국민들의 일에 대한 열정과 사랑에 깊은 감명을 받았다"며 "지금은 호주의 경제수준이 한국보다 앞서 있으나 곧 한국이 일본 다음의 경제국이 될 것"이라는 감동적인 얘기를 남겼다.

그 무렵에는 나도 시간이 허락되는 대로 경제 성장을 도왔다고 자부한다. 기업체의 중간 간부들은 물론 고위층도 월요일에서 토요일 오전까지 직장에서 일하고 토요일 오후에는 연수원으로 직행했다. 일요일까지 교육을 받는 것이 보통이었다. 기업체는 연수원을 두세 곳 운영하기도 했다. 그렇게 축적된 여력이 오늘의 경제 부흥을 가능케 했던 것이다. 일을 즐기며 사랑하는 국민에게 주어지는 혜택을 체감했던 시절이었다.

◇◇◇◇◇◇◇ **개인적 소유에서 사회적 공유와 기여로의 변화**

내가 처음 미국을 방문한 것은 40대 초반이었다. 1961년 겨울 뉴욕 컬럼비아대학교에서 경제학을 전공하는 고등학교 때 제자를 만났다. 내가 "미국에 머무는 동안 아메리카의 의회민주주의가 정치적으로는 최상의 방법이라는 것은 알겠는데, 캐나다를 비롯한 유럽식 사

회주의의 장점을 따르는 미국 자본주의 경제는 잘 이해가 되지 않는
다"고 말했다.

내 얘기를 들은 제자가 설명한 내용은 내 생각과 달랐다. 200년
전, 유럽에서 이주해온 사람들이 열심히 일한 이유는 일의 대가, 즉
경제적 가치를 스스로 소유할 수 있었기 때문이었다. 그러나 세월이
지나는 동안에 소유에는 한계가 있으며, 소유를 위한 이기적 경쟁은
사회경제를 해칠 수 있다는 사실을 깨닫게 되었다. 경제의 성과는 개
인의 소유가 아닌 공유체제에 필요함을 알게 된 것이다. 사회적 공유
라는 가치가 더 많은 국민의 행복을 가져다주기 때문이다.

그러다가 지금은 주식체제가 발달하면서 초대기업이 생겼다. 그리
고 그 기업체들이 자신의 존재가치를 인정받으려면 소유와 공유의 한
계를 넘어 사회에 기여하지 않으면 살아남을 수 없는 시대가 되었다.

제자는 그렇게 경제가 기여체제로 바뀐 지 오래라고 설명해 주
었다. 그리고 그것을 가능케 한 배후가 기독교 정신이 남겨준 휴머
니즘적 가치라고 했다. 그런 휴머니즘적 가치가 존속되는 한 미국의
자본주의는 버림받지 않을 것 같다는 것이 내 제자의 결론이었다.

당시 구소련의 흐루쇼프 수상이 UN총회에 다녀갔을 때의 일화
이다. 흐루쇼프 수상이 뉴욕 거리를 시찰하다가 록펠러센터까지 갔
다. 으리으리한 시설을 둘러본 그는 "한두 개인이 저렇게 방대한 시
설을 소유하려면 얼마나 많은 가난한 사람이 그 밑에서 고생했겠느
냐"고 했다. 그러나 미국인 중 누구도 그 건물이 록펠러 대표 명의로
되었다고 해서 록펠러의 소유물이라고는 생각지 않는다. 원하는 사

람은 누구나 주주가 될 수 있고 기업 경영의 이윤을 사회를 위해 쓸 수 있는 기여체제가 갖춰져 있기 때문이다.

또 흐루쇼프 수상이 농촌의 한 가정을 방문했다. 집주인에게 냉장고 안을 보여달라고 하더니 며칠분의 배급이냐고 물었다. 집주인은 2주에 한 번씩 시장에서 사들이기 때문에 계산해볼 수는 없고 필요하면 얼마든지 구입한다고 말했다. 미국 국민들은 배급제를 전혀 몰랐기 때문에 그런 대답을 했던 것이다. 안내하는 사람이 흐루쇼프 수상에게 도로나 교량은 민간인의 자본으로 구축하고 수익 기간이 지나면 국가 소유가 된다고 설명했다. 그 얘기를 들은 흐루쇼프 수상은 봉건사회보다 뒤진 중세의 경제관이라고 비꼬았다. 미국 경제의 다양성을 이해할 수 없었던 것이다.

∞∞∞∞∞ **얻는 것보다 베푸는 것에 가치를 둔 기독교 경제관**

이런 얘기를 나눈 후에 하버드대학교로 갔다. 그때 하버드대학에는 세계적으로 알려진 신학자 R. 니부어 교수가 특강 강사로 1년간 머물고 있었다. 그가 강의실에서 학생들에게 들려주던 얘기가 생각난다. 그는 강의를 통해 이렇게 권고했다.

"지금 여러분은 선조들로부터 물려받은 아메리카의 부(富)를 차지하고 있다. 그 경제적 유산은 우리 것이기 때문에 우리가 누릴 자격이 있고 그 권리는 당연하다고 생각한다면 아메리카의 장래에는 희망이 없다. 그 부를 전 세계의 가난한 나라에 나누어주어야 한다.

그 모든 나라가 잘살게 되면 아메리카는 더 큰 혜택을 차지하게 되며 여러분의 후대는 세계 역사 발전에 기여하는 주인공이 된다."

나는 그의 강의를 들으면서 그것이 바로 기독교의 경제관이라고 공감했다.

젊은 시절 가난과 싸우며 일의 소중함을 체험했다. 그렇게 살다가 80세쯤 되었을 때였다. 아무것도 아닌 듯싶지만, 소중한 사실을 깨닫게 되었다. 일의 목적은 '내가 그 일을 함으로써 다른 사람들이 얼마나 인간다운 삶을 찾아 누리며 행복해질 수 있을까'에 있다는 것이었다. 일의 궁극적 가치와 목표는 사람들의 삶의 가치를 높이며 행복을 더해 주는 것에 있다. 정치가는 정치를 통해 국민의 행복을 보장해 주며, 기업가는 기업경영을 통해 가난한 사람의 빈곤을 해결해 준다. 예술가는 예술 활동의 결과로 많은 사람에게 정서적 풍요를 제공해 준다.

그런 생각이 굳어지면서 또 새로운 인생관을 갖게 되었다. 지금까지는 돈과 수입이 소중했으나 앞으로는 내가 경제적인 지출이나 시간을 바치더라도 가치 있고 중요한 일은 해야겠다는 생각이다. 그래야 그들이 행복해질 수 있으니까. 그것을 실천할수록 얻는 것보다 베푸는 것이 더 값있는 삶임을 체험하게 된다. 그런 생활을 계속하다 보면 내 인생의 보람을 찾게 되고 내 인생의 사회적 의미와 가치를 증대시켜 행복감을 얻게 된다. 내가 주는 것보다 더 많은 보람을 누린다. 체험해본 사람은 누구나 인정하는 사실이다.

이처럼 경제의 발전과 개인의 성장이 같은 맥락에서 이루어지고 있음을 발견한다. 경제의 사회적 확장뿐만 아니라 경제적 가치의 수준도 높아짐을 깨닫게 된다. 과거에는 경제가 선결 과제였다면 이제는 경제보다 더 소중한 정신적 가치가 경제의 목적이 된다. 그리고 그 정신적 삶의 가치는 더 많은 사람의 행복과 인간다운 삶을 위한 것이 된다. 그것은 더 높은 인간애의 수준까지 올라갈 수 있다. 인도주의적 가치 구현이자 인간애의 성취가 가능해진다.

그래서 예수는 "너희는 먼저 그(하나님)의 나라와 그의 의를 구하라 그리하면 이 모든 것(너희에게 필요한 것)을 너희에게 더하시리라"라고 가르쳤던 것이다. 이런 뜻을 깨닫게 된다면 기독교의 경제관이 인류 역사의 희망을 약속해 준다고 믿어도 좋을 것이다.